政治思想史

History of
Political
Thought

思想史

西洋と日本の両面から学ぶ

長谷川一年
Kazutoshi Hasegawa

竹島博之
Hiroyuki Takeshima

萩原 稔
Minoru Hagihara

望月詩史
Shifumi Mochizuki

村田 陽
Minami Murata

著

法律文化社

はじめに

　本書は，主として大学で初めて政治思想（政治哲学）を学ぼうとする人に向けて書かれた，西洋および日本の政治思想通史である。

　政治というものを辞書的に定義するならば，社会内の意見や利害の対立を調整し，安定と秩序をもたらす作用ということになるだろう。そのような営みは，おそらく人類の歴史とともに古い。人間は複数で存在する限り，政治を必要とするからだ。しかし，ポリティクスという言葉が古代ギリシアの都市国家ポリスに由来するように，あるいはデモクラシーの語源がギリシア語のデーモス（民衆）とクラティア（権力）にあるように，政治という活動を自覚的に認識し，実践したのは，古代ギリシア人が最初であった。

　そうした自覚的な問い直しを通して，政治に関する様々な語彙が生まれ，政治を語る文法が整えられていく。政治思想（政治哲学）の始まりである。古代ギリシア以来，優れた思想家は優れた思想史家でもあって，自らが生きる時代の問題を，常に過去の思想家の言葉を手がかりに考え，その思索を言葉として残してきた。本書の【西洋編】は，このように積み上げられてきた西洋政治思想2500年の歴史を３部構成の下に描き出す。第Ⅰ部は古代ギリシアから中世まで，第Ⅱ部はルネサンスから19世紀末まで，第Ⅲ部は20世紀以降を扱っている。そこには，混迷を深める現代社会にとって有益な示唆が見出されるに違いない。と同時に，扱い方によっては道を誤らせる危険な発想も含まれているかもしれない。あらゆる意味で政治思想史を学ぶ意義は大きいといわなければならない。

　【日本編】は，幕末から1945年の敗戦までを扱う第Ⅰ部と，敗戦から1990年代までを扱う第Ⅱ部の２部構成である。【西洋編】と比べると取り上げる期間が約150年と非常に短いが，この間に西洋政治思想が日本政治思想に与えた影響は計り知れない。とはいえ，長い時間をかけて形作られてきた西洋政治思想が，短期間に，しかも怒涛のように受容されたことで，それらの本質を十分に理解するだけの時間的余裕がなかったり，場合によっては誤解に基づく反発を

生み出したりしたのも事実である。その意味で，日本政治思想の歴史を振り返ることは，異なる背景の下で形成された思想を理解することの難しさを痛感すると同時に，それでもその努力を決して諦めてはならないということを再確認する契機ともなるだろう。

　本書の特徴の一つは，ご覧のように，一冊で西洋と日本の政治思想史を学べる点にある。近現代日本の政治思想史は，良かれ悪しかれ西洋政治思想の受容史という一面を持っているので，前者を理解するには後者についての知識が不可欠である（本書の【日本編】で西洋の思想家に言及する場合，【西洋編】の関連する章を示しているので適宜活用してほしい）。逆に，日本で西洋政治思想史を学ぶということは，「自由」「平等」「社会」「民主主義」といった，明治期以来の翻訳語を通して考えることを意味しており，西洋の知と格闘した先人たちの努力に対して無関心ではいられまい。いずれにせよ，日本とは異なる社会的土壌から生み出された政治概念を自家薬籠中のものとするには，西洋政治思想史と日本政治思想史の両面への目配りが必要とされる。

　執筆にあたっては，平易でオーソドックスな叙述を旨とした。限られた紙数のなかで十分に紹介できなかった思想家や学説も少なくないし，専門家からみれば単純化の誹りを免れない記述もあるかもしれない。ウィトゲンシュタインにならっていえば（この天才言語学者についても残念ながら言及できなかったが），本書は登りきった後に投げ捨てる梯子にすぎないのであって，もっと深く政治思想を学んでみたいと思った人は，巻末の参考文献に挙げられた研究書に挑戦してほしい。そこからさらに豊穣な政治思想の世界が開けてくるだろう。われわれ執筆者も，これらの先行研究から多大な学恩を受けており，今回も改めて数多くのことを教えられた。

　なお，本書において西洋の思想家から引用する場合，原文を参照したうえで既存の翻訳を改変している箇所があるが，もっぱら地の文との兼ね合いを考慮してのことである。日本の西洋政治思想史研究が，膨大な翻訳の蓄積によって支えられていることはいうまでもない。

　こうして本書が完成するまでには，法律文化社の舟木和久氏と八木達也氏に一方ならぬお世話になった。最初に舟木氏に本企画をご提案いただいてから，

　もう何年もの月日が流れてしまった。その後，企画を引き継いでくださった八木氏にも，作業の遅延でご迷惑をおかけしたうえに，煩瑣な編集作業でお手を煩わせた。お二人のご尽力なしには，本書は日の目をみなかったであろう。ここに記して心からの感謝を申し上げたい。

2023年12月

執筆者一同

目 次

第III部　現代の政治思想

【日 本 編】

第I部　近代の政治思想

第II部　現代の政治思想

西洋編

第 I 部

政治思想の源流

　第 I 部では，政治思想の源流と目される古代ギリシアの思想（ヘレニズム）と，ユダヤ・キリスト教の思想（ヘブライズム）に遡り，そこから古代ローマ世界を経て中世ヨーロッパに至る西洋政治思想の流れを追う（全 8 章）。

　第 1 章では，古代ギリシアの哲学者ソクラテスを取り上げ，その生と死の意味を探る。第 2 章では，ソクラテスの弟子プラトンについて，イデアと哲人王という基本概念に焦点を合わせつつ，その民主主義批判の論理を追跡する。第 3 章は，プラトンの弟子で，政治学を含む「万学の祖」と称されるアリストテレスの思想を紹介する。第 4 章では，ポリスの衰退を背景に生み出されたヘレニズム期の思想に照明を当てる。第 5 章では，古代ローマの政治史を概説し，そこに登場した哲学の特徴を確認する。第 6 章は，ユダヤ教とキリスト教の成立状況について取り上げ，旧約聖書と新約聖書から政治思想的含意を抽出する。第 7 章は，ローマ帝国末期の教父アウグスティヌスの思想を中心に，信者を拡大するキリスト教と世俗権力との緊張に満ちた関係について考える。第 8 章では，中世ヨーロッパの「キリスト教共同体」のなかから近代政治思想の萌芽が出現してくる社会的・思想的状況を概観する。

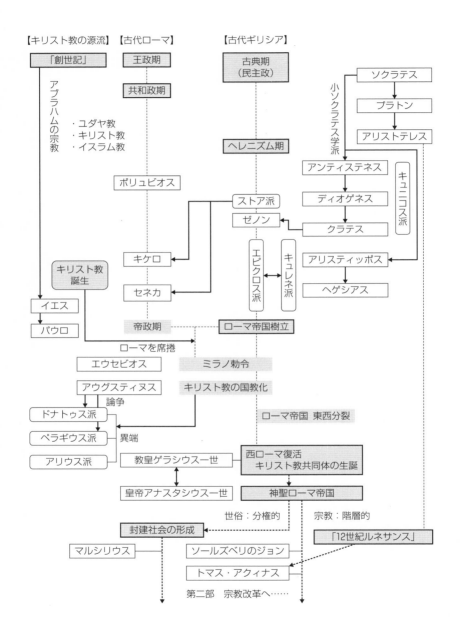

第 1 章　ソクラテスの政治思想

　これから西洋政治思想史を論じるにあたって，その出発点として，まずは古代ギリシアの哲学者ソクラテスを取り上げよう。彼はアテナイというポリスから終生離れることはなく，最後はアテナイ市民から死刑判決を下されてその生涯を閉じた。自ら著作を残さなかったため，彼の死後に弟子たちが執筆した著作を通じてその哲学と人物像が知られている。特に弟子のプラトンの著書に描かれたソクラテスの哲学は，後世の思想家たちに多大な影響を及ぼすことになる。

　本章では，直接ソクラテスの哲学や思想に入る前に，その背景をなすポリスとソフィストについてあらかじめ触れておこう。次いで，ソクラテス哲学の中核をなす「無知の知」の思想や「善き生」の考え方をみたうえで，最後にソクラテス裁判と彼の死について考えたい。

1　ポリス

　ソクラテスが生きた時代は，今から約2500年前の紀元前500年から400年頃の古代ギリシアである。古代ギリシアには，「ポリス」と呼ばれる小さな都市国家があり，それは現代の国家とは比べものにならない小規模の政治共同体であった。ポリスは，（数え方によるが）当時の古代ギリシアのなかにおよそ数百から1000も存在しており，規模も制度も多種多様であった。

　政治学は，ポリスに関する学問として始まった。政治学を表す「politics, Politik, politique」という英・独・仏語も，古代ギリシアの都市国家「ポリス（polis）」に由来する。なかでも注目すべきは，ソクラテス，プラトン，アリストテレスといった偉大な哲学者を次々と輩出した「アテナイ」という名のポリスである。そこでは，市民が自由かつ対等の立場で，討論を通じて政治に参加する直接民主的な制度が実践されていた。

　ただし女性や子供，そして生産活動に携わる奴隷は政治から排除されており，また家長でなければ政治への参加資格が認められていなかったため，人民全員が政治に参加できたわけではない。その意味でアテナイの直接民主政に

は，現代の観点からみれば，様々な制約や限界があったのは確かである。それでも，約2500年前というはるか昔に，広場に大勢の市民が一堂に会し，みんなで政治やポリス全体の公共の事柄について話し合い，投票に基づいて意志決定を行うという政治形態が実現していたことは，やはり驚くべきことであろう。

というのも当時の世界の国々は，たいていは人民が政治に関わることがほとんどなく，強力な権力を持つ一人の王や君主が恣意的に支配する専制政治だったからである。ましてや日本などは当時まだ縄文時代であり，人々は竪穴式住居に住み，狩猟採集による原始的な生活を送っていた時期である。

そんななか，当時の古代ギリシアのアテナイだけは，他国とまったく異なり，直接民主政を実践していた。時代的な限界があったとはいえ，成年男子市民が議論と投票に参加する「民会」が国家の最終的な意志決定機関として存在しており，また30歳以上の成年男子市民による民衆法廷によって裁判が行われていた。こうした自由で民主的な雰囲気が，市民の知的活動を刺激し，古代ギリシアに偉大な哲学者を生み出す貴重な土壌となっていたのである。

古代ギリシアの政治思想を理解するためには，その背景として直接民主政を実現していたアテナイの政治体制があったということを，まずは押さえておかなければならない。

② ソフィスト

ソクラテスの思想や哲学を理解するためのもう一つの背景として，ゴルギアス，カリクレス，トラシュマコスらに代表される「ソフィスト」と呼ばれる人々が挙げられる。ソフィストは，言葉の本来の意味は「知者」であり，紀元前600年頃にアテナイに現れた哲学や修辞学の教師のことを指す。修辞学とは，言葉の装飾に関する学問であり，言葉を効果的に用い，物事を巧みに表現する技巧やレトリックを教える学問である。お金を取ってそれらを青年に教授するソフィストが当時のアテナイに蔓延っていたわけだが，それは一体なぜなのか。

多くの市民に支持された意見が採用されるのが民主政治である。民主政治で重要なのは，「暴力による強制」ではなく「言葉による説得」である。したがって，アテナイのような民主政下では人前で話す弁舌に長け，多くの市民を言葉巧みに惹きつける者が，おのずと強い発言力を持つことになる。そのため当

時，政治に野心を抱く若者たちは，謝礼金を払ってでもソフィストから実用的な弁論術や修辞学などを熱心に学び，自らの演説や弁論に磨きをかけていた。

　ソフィストに共通の手法として，「physis（自然）」と「nomos（法，慣習）」の対比を強調し，「ピュシス（自然）」の優位を主張するというレトリックが挙げられる。「ピュシス」とは，自然の決まりごと，自然法則といった意味で，「ノモス」とは，人為的な決まりごと，法律や習慣を指す。例えば，「徳を守り正しく生きるべきだ」という意見に対して，ソフィストたちは，そんなのは人間が勝手に作った決まりごとにすぎないと反論する。そして，欲望に従って自分の利益を追求するのは人間以外の動物にもみられる「自然なこと」であり，不正ではない，と主張するわけである。このように自然（ピュシス）を拠りどころに人間が作り上げたこと（ノモス）を相対化し批判するというのが，ソフィストに固有の論法である。

　ここからソフィストの次のような特徴が導かれる。一つはポリスの絶対性の否定である。彼らは，政治共同体やその法などは人為的に作られたものにすぎないとして，ポリスやノモスを絶対視しない。これは当然，ポリスの弱体化を招くことにつながる（ただし，この観点からすれば，当時のポリスにあった奴隷制も，人間が作り出した制度にすぎないということになる。ソクラテス・プラトン的な文脈では，ソフィストは一方的に批判されがちだが，ソフィストの主張のすべてが全否定されるべきというわけではない）。

　二つ目は実力主義である。人間の世界も自然界と同様，強者の論理に従って動いており，ポリスも所詮は強者が弱者を支配するために人間が作り上げた仕組みにすぎないとされる。三つ目は利己主義である。個人の利己心は自然なものとされ，共同体全体の利益よりも，個人の利益を優先することが正当化されてしまう。

　市民がみな自分の利益ばかりを優先すれば，ポリスの民会は，共通の利益や公共の利益を実現する場ではなく，自己利益を要求し奪い合う争いの場になってしまうだろう。そのためにソフィスト仕込みの弁論術や修辞学を駆使して市民を扇動する者がいれば，ポリスの意志決定は歪められ，不可能となってしまう。民主政治は，政治に参加する市民が共同体全体にとって何が望ましいかを考え，意見を出し合い，合意を目指すことを前提にしている。こうした前提を

掘り崩すような教えを若者に授けるソフィストは，都市国家アテナイの直接民主政を脅かし，その荒廃を招きかねない存在となっていた。

　このようなソフィストに対抗するのが，まさにソクラテスである。ソクラテスは，ソフィストの考え方に疑義を唱え，彼らを厳しく批判した。そして，ソフィストとの対話を触媒にして，自らの哲学を構築し広めていく。この点においてソフィストは，ソクラテス哲学が誕生するうえで重要な背景をなしているのである。

③　無知の知

　ソフィストの多くが外国人であったのに対して，ソクラテス（前469-前399）はアテナイで生まれ育った哲学者である。彼自身は，実は著作を一つも残していない。にもかかわらず，現代にまでソクラテスの哲学が伝えられているのは，彼の死後，弟子たちがソクラテスの述べていたことを思い出して，それを書き残したからである。ここでは弟子の一人であるプラトンの著作に即して，ソクラテスの思想をみていこう。

　ソクラテスは「問答法」という独自の手法を用いて，美，愛，正義など様々なテーマについて哲学的実践を行った。問答法とは，対話を通じて相手の矛盾や無知を明らかにしつつ，より高次の認識や真理へと導くやり方である。つまり，真理と称する意見や主張に対して様々な角度から質問を繰り返し，返答に矛盾があること，対話の相手がその物事について実はよく理解していないことを指摘し，それによって相手の無知を自覚させ，より深い知を探求する，という技法である。

　具体的には，ソクラテスはソフィストやその弟子たちを聴衆がいる広場（アゴラ）で話しかけ，彼らと特定のテーマをめぐって対話を始める。ところが，知識を売り物にしているはずのソフィストたちが，ソクラテスの質問に答えるなか，自説が袋小路に行き当たり，返答に窮するに至る。その結果，「あなたは，知っているつもりになっているだけで，実はその物事についてよく知らないではないか」とソクラテスに問い詰められる。これに対してソフィストが「ではソクラテス，お前は分かっているというのか」と反論すれば，すかさず彼は，「自分は何も知らないが，自分が知らないということだけは知っている」

という「無知の知」の教説を説き，相手の反論にトドメを刺すわけである。

4　善き生

　知らないのに知ったつもりでいるソフィストの無知を暴くというソクラテスの手法は，ソフィストからすれば，おのれの知的傲慢や自惚れを知らしめられることになるため，ソクラテスに怒りや反感を抱くものも少なくなかった。とはいえソクラテスは，彼らを挑発して怒らせることを意図していたわけではないし，ましてや自分の優秀さをひけらかそうとしていたわけでもない。では彼の問答は，いったい何を目的にしていたのだろうか。

　人はいかに生きるべきか。この問いに対するソクラテスの回答は，「人はただ生きるのではなく，善く生きなければならない」。では，どうすれば「善き生」という徳のある生活を送れるのか。それには正と不正の区別が重要となる。つまり，「正しいこと」と「間違ったこと」を正確に見分け，常に正しい方を選び，間違ったことをしない。そうすれば，善く生きることができるのである。

　正と不正を正確に区別できなければ，自分は正しいつもりでも，実は間違ったものを選んでしまい，意図せず不正を犯してしまうことが起こる。ソクラテスによれば，最大の不正は正義の名で行われる不正である。最大の不正を犯すおそれがあるのは，自分は正しい知識を知っていると思い込み，自らの無知に無自覚なソフィストであろう。ソクラテスがソフィストに対して「無知の知」を対置したのは，正義の名で行われる最大の不正を防ぎ，アテナイ市民を有徳な生活に導くためだったのである。

5　ソクラテスの死

　問答法を駆使して次々と有名なソフィストを論破していくソクラテスの活動は，アテナイの若者たちに大きな影響を与えることになる。そして，ソクラテスに心酔し感化された若者たちが，ソクラテスの営みを模倣し，そこかしこでソフィストに議論を吹っ掛ける事態が続出する。そのため，公衆の面前でおのれの無知を晒されたソフィストたちのなかには，ソクラテスを嫌悪し，蛇のように煙たがり，さらには憎悪を抱く者さえ現れる。こうした反感が原因とな

り，ソクラテスは有力政治家を背景に持つ人々によって告発され，裁判にかけられることになる。その嫌疑は，「ソクラテスはポリスの信じる神とは別の神を信じ，若者を腐敗堕落させている」というものであった。

　ソクラテス裁判は，500人の市民が陪審員となり公衆の面前で行われた非常に民主的な裁判であった。ところが下された判決は，ソクラテスを死刑に処すというものであった。この結果，ソクラテスは死刑判決を受け入れ，毒杯をあおって死ぬこととなる。

　当時は監獄の警備が緩かったので，看守にわずかな付け届けさえ払えば，深夜に脱獄することが容易にできた。実際，アテナイ市民の多くは，ソクラテスが脱獄するだろうと考えており，クリトンなど周囲の人たちもソクラテスを脱獄させようと画策していた。ところが，肝心のソクラテスがかたくなに脱獄を拒否し，そのまま死刑判決を受け入れてしまったのである。

　ソクラテスの行った哲学的実践に対して，若者を堕落させた廉で死刑というのは，明らかに間違った不当な判決である。正しく生きることを説いたソクラテスが，なぜこのような不正な判決をそのまま受け入れたのか。これは，ソクラテスが常々唱えていた「善き生」の教説に反するのではないか，という疑問が思い浮かぶだろう。プラトンの『クリトン』という著作では，間違った判決とはいえ，正式な裁判で下された判決に従わず脱獄するのは，ポリスの法を犯す不正な行為だからという理由が，ソクラテスの口から述べられている。

　ここで気づくのは，間違った判決に従って死刑を受け入れることも，判決に従わずに脱獄することも，いずれも不正になってしまうということである。「善き生」を希求し続けたソクラテスが，人生の最後で不正から逃れられない袋小路に追い込まれていた。とはいえ，脱獄よりも命を断つという，より重大な帰結を伴う不正を選んだのはなぜなのか。冤罪事件では，間違った判決をなすがまま受け入れて死ぬよりも，不正な死刑判決に立ち向かうことこそ正義にかなった振る舞いではないのか。ソクラテスの死については，なお疑問が残るだろう。

　ソクラテスの死に衝撃を受け，優れた哲学者を処刑した民主政治の問題性に正面から立ち向かうことになるのが，次章で扱うソクラテスの弟子プラトンである。

第 **2** 章　プラトンの政治思想

　　前章では，ソクラテスの思想や哲学について論じた。ソクラテスは，「ただ生き
　るのではなく，善く生きること」を唱えた。彼の議論は哲学を中心に展開された
　が，本章で取り上げるプラトンは，「善く生きる」というテーマを国家や政治に結
　びつけて展開したところに大きな特徴がある。
　　プラトンの政治思想によって本格的に西洋政治思想史が始まるといっても過言で
　はなく，後世への影響は非常に大きい。彼の弟子であるアリストテレスは，プラト
　ンを批判的に克服する形で自らの哲学や政治思想を形成しているし，新プラトン主
　義という一つの学派も生み出している。また，20世紀のイギリスの哲学者ホワイト
　ヘッドは，西洋哲学の歴史がプラトンへの膨大な注釈であるとさえ述べている。
　　本章では，プラトンの経歴や基本思想である洞窟の比喩，イデア論，哲人王の構
　想，理想国家論や共産社会など彼の政治構想についてみていこう。

①　洞窟の比喩

　プラトン（前426-前347）はソクラテスの弟子の一人であり，ソクラテスと同
じく古代ギリシアのアテナイに生まれ育った哲学者である。プラトンがソクラ
テスに出会ったのは，おおよそ20歳の頃とされており，28歳のときにソクラテ
スの死を経験している。

　もともとプラトンは政治家を志していたが，ソクラテス裁判と彼の死に直面
して，政治の世界で生きるのをやめてしまう。そして紀元前387年にアカデメ
イアという学園をアテナイに設立し，アリストテレスをはじめ多くの優秀な人
材を輩出することに尽力するようになる。つまりプラトンは，政治ではなく研
究と教育に人生を捧げることへと方向転換したのである。彼は数多くの著書を
残し，その大半はソクラテスを主人公にした対話編という形をとっている。

　プラトンの初期作品は，ソクラテスの思想を忠実に書き起こしたものだとさ
れる。だが中期になると，ソクラテス思想の模倣から脱して，プラトン独自の
理想を唱えるようになった。そして後期では，現実政治と折り合いをはかり，

中期の理想的な議論を修正したと一般に捉えられている。

　プラトンは抽象的思考を駆使する哲学者でありながら，同時に文才に長けた人物でもあり，その才能は著作の随所に遺憾なく発揮されている。なかでも有名な叙述が「洞窟の比喩」である。この比喩は，プラトン哲学の根底にあって繰り返し現れる基本的な着想であり，彼の政治思想を理解するうえでも欠かせない。そこで「洞窟の比喩」という詩的なイメージの説明から話に入りたい。

　森にある深い洞窟のなかに，複数の人間が閉じ込められ，鉄の鎖で縛りつけられている。彼らは生まれてこのかた，この洞窟から外へと出たことがない。この洞窟の囚人たちは，洞窟の奥の壁しかみることができないように縛り付けられ，後ろを振り向いて外の世界をみることはできない。

　洞窟の入口からは，外の明るい光が差し込んでいる。洞窟の途中には通路があり，そこを様々な人や物が，ときに音を立てながら通っていく。声や音も，洞窟の壁に反響して，正確に聞き取ることはできない。本当の世界は洞窟の外にあって，洞窟での影や音は，現実世界のほんの一部を不完全な形で映し出しているにすぎない。にもかかわらず，生まれてからずっと外へ出たことがないために，囚人たちは，洞窟の壁に映し出される影や反響した音こそが，現実の本物の出来事だと信じ込んでいる。

　プラトンの描くこの不思議な比喩は，いったい何を意味しているのか。それは，洞窟に閉じ込められて，壁に映し出される「影」を本物だと思い込んでいるこの囚人こそが，まさに今の私たちの姿だ，ということである。ソクラテスの「無知の知」の教え，すなわち「本当のことを知らないのに知っているつもりになっている」とはどのような状態なのかということを，プラトンなりの感性で詩的に描いてみせたのが，この「洞窟の比喩」なのである。

　この話には続きがあり，そこには，ソクラテス哲学を越え出たプラトン独自の思想が現れている。それによれば，囚人のなかから洞窟の世界に疑問を抱き，自分を縛り付ける鎖を取り払って，洞窟を這い出る人が現れる。そして，外に出た人は，影ではない本当の世界を目の当たりにする。その結果，再び洞窟のなかに舞い戻って，影を本物だと信じている囚人たちに「この洞窟の世界は本当の世界ではなく，洞窟の外に真の世界があるのだ」と外に出るよう説得し，囚人たちを洞窟から救い出そうとする人が現れるとされる。

　プラトンの基本思想が詰め込まれたこの「洞窟の比喩」を念頭に置きながら，以下では彼の政治思想の内容をみていこう。

② イデア論と哲人王

　プラトンの主著は，中期に書かれた『国家（ポリテイア）』であり，先述した「洞窟の比喩」もこの書物に出てくる逸話である。そのためここでは，プラトン思想の核心が述べられた『国家（ポリテイア）』を中心に論じていく。

　それによれば，人間は普段，「真実」ではなく「ドクサ（臆見）」に囲まれて生活している。ドクサとは，一見「正しさ」を装ってはいるが，真偽の疑わしい一つの意見にすぎないものを指す。つまりソクラテスのいうように，人間は真実を知っているつもりになっているだけで，実際には本当かどうかよくわからないドクサを真実だと信じ込み，それに従って生きているというわけである。だが，単なる一つの意見にすぎないドクサには，当然，誤りも含まれており，ドクサに従っていては正しい政治は行われないし，むろん人々の「善き生」も実現できない。正しい政治が行われるためには，政治家が真実を知り，真実（＝イデア）に従って政治が行われなければならない。

　プラトンによれば，この世界は「感覚界」と「イデア界」に分けられるという。感覚界とは，人間が直接五感によって知りうる現実世界のことである。私たちが普段，生きているこの移ろいゆく現象の世界は，不完全な仮象であり，いわばイデアの影にすぎない。これに対してイデア界とは，真の実在の世界，完全で真実の世界のことを指す。イデアは，哲学的探求によってのみに近づくことができる永遠で客観的な究極の存在である。

　例えば，円のイデアは「ある定点から等距離にある点の集まり」と言い表せるが，円の完全な形は思い浮かべることはできても，現実世界で純粋な円そのものに出会うことはない。私たちが丸い図形を見て円だと認識したり，コンパスで円を描いたりできるのは，それらが円のイデアを模倣し，分有しているからである。だが，そうした経験的・感覚的に知りうる円形の事物は不完全で，現象の世界におけるイデアの仮の姿にすぎない。逆に，円のイデアこそが円の完璧な姿であり，本当の実在なのである。

　プラトンによれば，人間の生も政治も，ドクサではなくイデアに従わなけれ

ばならない。そうであるならば，真実を探求する学問である「哲学」こそが，政治や「善き生」を導くべきだということになる。「洞窟の比喩」に立ち返るならば，洞窟というドクサに満ちた感覚界から自力で這い上がって，外の本当の世界，すなわちイデア界に辿り着くのが哲学者である。そして真の世界を知り，再び洞窟のなかに戻って囚人たちを説得し，彼らを洞窟の外へと連れ出すのは教育者であり，教育を受け，イデアを知ることのできる卓越した者が政治を担う。つまりイデアを探究する哲学者は，知り得たイデアに基づいて，人々を導く政治家の役割も担わねばならないのである。「哲学者が王となるか，王が哲学者にならない限り，人類の不幸は決してなくならないだろう」(プラトン)。

　哲学と政治の一致，これこそがプラトン思想の核心にある「哲人王」の構想である。真実を知る哲学者が政治を行うか，もしくは国家を統治する政治家が，同時に真実を探求する哲学者になるしかない。哲人政治とは，人々が「善き生」を送るには，哲学的探究によってイデアを認識するに至った哲学者による統治が望ましいとする思想である。

③　最善国家

　では，このような哲人政治を実現するためには，どのような政治制度が求められるであろうか。プラトンは，「最善の国家体制」と「正しい魂のあり方」がアナロジー（類比）の関係にあると捉える。そのため，ここではまずプラトンの唱える人間の魂の説明から入りたい。

　プラトンによれば，人間の魂は理知的部分，気概的部分，欲望的部分の三つに分けられる。理知的部分とは人間の理性や知恵を指し，気概的部分とは勇気や大胆さといった人間の資質である。そして欲望的部分とは人間の本能的な欲求を指しており，人間の心は，この三つの部分から構成されている。重要なのは三つの部分の調和を保つことであり，それぞれが固有の役割を果たし，自らの分をわきまえ，他の部分が果たすべき役割に介入しないのが，正しい魂のあり方である。そして，理知的部分が他の二つに対して優位に立つ形で，調和が保たれることが望ましいとされる。

　これに対して，魂の間違ったあり方とは，他の部分の固有の役割を侵害し，特に気概的部分や欲望的部分が理知的部分の優位を侵害してしまうことであ

る。例えば，本能的な欲望に理性と勇気が奉仕するような魂では，ときに残酷な犯罪を招いてしまうだろう。また，勇気ばかりが先走り，理性的な状況判断と死を恐れる本能的欲求がなおざりにされれば，戦場ではいたずらに命を落としかねないだろう。このように人間の魂は，理知的部分の優位の下で三つの調和が保たれることが大切なのである。

　プラトンによれば，国家のあり方も，このような人間の魂のあり方に対応する。国家における理知的部分とは，統治者すなわち政治家である。ポリスで最も優秀な理知的人間が，国家全体を配慮する「知恵」に基づいて哲人政治を行うべきだとされる。国家の気概的部分に当たるのは戦士である。彼らは，「勇気」に基づいて民衆を保護し，ポリスの安全を確保する役割を担う。統治者と戦士は，合わせて「守護者」とも呼ばれる。そして国家の欲望的部分に当たるのは，農民などの生産階層であり，彼らに求められるのは「節制」である。国家の三つの階層は，それぞれが自らの仕事に専念し，哲人政治家が優位する形で三つの調和が保たれることが，正義にかなった最善国家なのである。

　プラトンにとって，知恵に基づいて哲人政治が行われる王政ないし貴族政が理想の政体である。これに対して，気概の勝った戦士や軍人が国家を支配するようになると，名誉支配政へと転落する。さらに堕落が進むと，欲望が支配原理となり，富裕層が金銭で支配する寡頭政が生じる。金持ち支配が生み出す貧富の格差に耐えかねて，貧困層が富裕層を打ち倒して成立するのが民主政である。だが民主政では，欲望が解放され，過度の自由によって無秩序がもたらされてしまう。無秩序な状況に耐えられなくなった大衆の不満を巧みに利用して，最も劣った者が専制政治を行う僭主政へと移行し，政体の堕落がピークに達する。以上のように，プラトンは政体の堕落過程を論じることで，哲人政治からの変質に警鐘を鳴らすのである。

④　共産社会

　最善国家を実現するには，「守護者」に優秀な人材を集めなければならない。そのためプラトンは，「守護者」に限ってある種の共産社会のような制度構想を提唱している。

　その特徴の第一は「能力による役割分担」である。三つの階層は世襲も固定

もされず，適材適所で振り分けられ，能力に合った教育を施すとされる。ここから，2500年前の当時としては画期的な男女両性の平等が唱えられる。個人の適性に基づいて役割が振り分けられるので，優れた能力を有し十分な教育を受けた者であれば，性別に関係なく守護者になれるという。

　第二の特徴は「私有財産の禁止」である。守護者は，何よりもポリス全体の利益を優先し，私的な利益に走らないようにしなければならない。そのためプラトンの描く理想国家では，守護者に限って私有財産の保有が禁止される。これはあくまで自己利益の優先や政治の私物化を防ぐためであり，守護者には生活に必要なものは十分与えられるとされる。

　三つ目の特徴は「夫婦・子供の共有」である。これはプラトン思想の最大の問題箇所とされているのだが，それによれば，守護者に限っては夫婦と子供はポリス全体で共有されることになる。優れた統治者と戦士を国家のなかで再生産するために，家族制度を解体し，優れた者が集団で共同生活をする。守護者たちはみな住居と食事をともにするのみならず，異性や子供までも共有する。そうすることで，自分の家族だけではなく，自然にポリス全体のことを考えるようになるという。固定された男女の組み合わせよりも様々な男女の組み合わせから子供が生まれる方が，より優秀な人間が誕生する可能性が高まる。こうした優生学的な配慮からも，夫婦共有というプランが提示されている。

⑤　民主主義への問題提起

　プラトンの政治構想は，一言で表せば「エリート主義」である（ただしエリートたちは，ポリス全体の利益のためにかなり窮屈な共同生活を送らねばならない）。その前提には，前章で論じた「ソクラテスの死」があるのはいうまでもない。アテナイでは，民主主義が誤りを犯し，偉大な哲学者を死に追いやってしまった。現在では民主主義が最高の政治制度だと思われがちだが，プラトンは，衆愚政治とその克服という民主主義に対する根本的な問題提起をしている。

　プラトンは，「善き生」の探求という点でソクラテスの意志を引き継ぐが，ソクラテス流の個別の対話で人々を正しい認識に導き，衆愚政治を免れるというのは限界がある。そこで彼は，エリート主義的な形で国制を全面的に変革し，哲人政治によってポリスに「善き生」を実現しようとしたのである。

第 **3** 章　アリストテレスの政治思想

　西洋政治思想史において，アリストテレスは，ソクラテスやプラトンと並ぶ古代ギリシアを代表する大思想家である。20世紀ドイツの著名な哲学者ハイデガーも，アリストテレス哲学の再解釈から自らの存在論哲学を築き上げており，アリストテレスの意義は約2500年経った現在でも，決して薄れてはいない。

　アリストテレスの研究分野は論理学，哲学，倫理学，政治学，家政学（経済学），詩学，修辞学，自然学，生物学など多岐にわたり，彼は膨大な著作を残して諸学問を体系化したことから「万学の祖」といわれる。そうしたなかで，彼は政治学をどのように論じたのか。偉大な師匠であるプラトンとの対決についても触れながら，「中庸」を軸にした彼の哲学や政治学の基本的な特徴をみていこう。

① 略　歴

　アリストテレス（前384-前322）はプラトンの弟子の一人であり，マケドニア王国の植民地スタゲイロスの生れで，父はマケドニア王の侍医であった。17歳でアテナイにやって来て，プラトンの設立した学校アカデメイアに入学。そこで約20年間学び，指導する立場にも回った。プラトンの死後，一時アテナイを離れ，各国を遍歴したとされる。

　アリストテレスは，アテナイを離れている間，当時のマケドニア王の息子で，後のマケドニア王アレクサンドロス3世の家庭教師をしていた時期がある。アレクサンドロス3世は，後に世界帝国を作り上げることになるあのアレクサンドロス大王である。すなわち古代ギリシアには，ソクラテス→プラトン→アリストテレス→アレクサンドロス大王という一連の師弟関係が存在しているのである。

　アリストテレスは，教え子のアレクサンドロスが王に即位すると，再びアテナイに戻り，リュケイオンという学校を設立し，そこで研究と教育に勤しむ生活を送る。だが，紀元前323年にアレクサンドロス大王が亡くなると，マケドニアの力は大きく衰退し，アテナイ市民の間でアテナイを占領するマケドニア

に対する反発が強まる。アレクサンドロス大王から強力な支援を受けていたアリストテレスは，アテナイ市民の反マケドニア感情に身の危険を感じ，アテナイを脱出して母方の故郷であるエウボイア島のカルキスに避難するが，その翌年の紀元前322年に62歳で亡くなってしまう。

　アリストテレスは，自らの政治学を構築する際，158もの国の制度や政治家を調査し，その資料を収集・分類していた。その存在は古代から様々な書籍で言及されるものの，原本は散逸し，その信憑性を疑う声もあった。ところが，19世紀にエジプトで，アリストテレスが書いた『アテナイ人の国制』という文書が発見された。その結果，彼が実際に多くの国制を調査・分析したうえで，自らの政治学を展開したことが明らかとなったのである。

② プラトン批判

　アリストテレスは，アカデメイアでの修業時代，まずは師であるプラトンの思想を受容するところから自らの学問を出発させた。だがアリストテレスは，プラトン哲学に違和感を抱くようになり，次第にプラトンの思想を厳しく批判するようになる。一説には，プラトンとアリストテレスは師弟関係にありながらも，晩年は二人の関係は険悪なものであったとされる。

　プラトンは，師ソクラテスの思想をそのまま受け継ぎ，さらにそれを発展させるという形で自らの思想や哲学を築き上げた。これに対してアリストテレスは，師プラトンに影響を受けつつも，その思想を批判し，それと対決するなかから自らの思想を形成したのである。そこでまずは，アリストテレスがどのようにプラトンを批判したのかをみていこう。

　第一は，プラトンの共産社会論に対する批判である。前章でみたように，プラトンは理想国家において，「守護者」は財産のみならず子どもや女性までも共有するという共産社会の構想を唱えた。この構想に対しては，多くの人が違和感を抱かざるをえないであろうが，アリストテレスもこの点を執拗に批判する。それによれば，女性や子どもの共有をすれば，かえって争いの原因になる。「守護者」という優秀な階級の人間であっても，欲望もあれば野心もある。したがって，プラトンのいうような共産社会を作れば，ポリスが最善の政治体制になるどころか，逆に秩序は乱れ，ポリスは混乱に陥ってしまうだろう。

　これに対してアリストテレスは，現実の家族制度を重視する。家族とは，ポリスを支える大元の土台であり，家族を解体するのは，ポリスの基礎を掘り崩すことにほかならない。つまり，プラトンの共産社会の構想は，ポリスを強固にするどころか，かえってポリスを破壊することになるというわけである。

　アリストテレスによる二つ目の批判は，プラトンが多様性を軽視している点に向けられる。例えば，プラトンの理想国家論では，人間を統治者，戦士，生産者の三つの階層に分類しているが，アリストテレスによれば，人間は，たった三類型に分けられるほど単純なものではない。

　またプラトンは，すべての善の原因となる究極の「善のイデア」があるとするが，これに対してアリストテレスは，多様性を擁護する立場から様々な善があることを認め，すべての者が従わねばならない単一の普遍的な善があるわけではないと主張する。プラトンは，感覚的に知ることのできる現実世界よりも抽象的なイデア界を重視したのに対し，アリストテレスは，現実の世界に向き合い，存在の多様性や複雑さに目を向けたのである。

　三つ目は，プラトンのイデア論の否定である。プラトンは，この世界をイデア界と感覚界に分けて，自然や存在の生成や消滅によって左右されないイデアの世界を「真の実在」とした。しかしながら，現実を超越し，個物の外に独立してあるイデア界といったものは，アリストテレスからすれば実際には存在せず，プラトンの作り出した空想でしかない。

　以上の三点が，アリストテレスによるプラトン批判の要点である。アリストテレスは，いま目の前にある現実や具体的な経験を重視する現実主義者・経験主義者なので，常識的で実現可能な説を唱え，プラトンのような極端で理想的・非現実的な主張はしない。だが，現実主義だからこそ現状肯定に陥りやすく，実際に彼は，古代ギリシアでは当たり前であった奴隷制を肯定している。これに対して，プラトンは理想主義者であるがゆえに，能力主義の観点から男女差別や奴隷制を否定した。このように，プラトンとアリストテレスは発想の仕方が根本的に異なるのであり，両者のこうした思考様式の違いは，後の時代にも大きな思想的対立軸として繰り返し現れることになる。

③　質料と形相

　次に，アリストテレス哲学の基本をみていこう。彼の哲学的核心は，「質料（ヒューレ）」と「形相（エイドス）」という二つの言葉から捉えることができる。「質料」とは，物質を作り上げている素材や材料を指す言葉であり，これに対して「形相」は，物事のあるべき姿や完成形のことを指す。家でいえば，材木が「質料」，完成した家の形が「形相」である。形相は，プラトン哲学における「イデア」に対応する概念であるが，その内容は異なっている。

　プラトンの場合，イデア界は個物の外，現実を超越したどこかに存在するとされ，個物の物質的世界とイデアの形式的世界とを明確に分ける二元論的な世界観をとっていた。これに対してアリストテレスは，「形相は質料に内在する」と考える。すなわち，完成形は個物のなかにあらかじめ内在しており，プラトンのイデアと区別してそれを「形相（エイドス）」と呼んだ。形相は質料に内在し，質料を導きながら自己を実現し完成させる。これこそアリストテレス哲学の核心であり，それはプラトンと異なり，形相と質料を同じ物質的世界のなかに位置づける一元論的な世界観なのである。

　例えば，植物の場合，単なる丸い小さな種からきれいな花が咲くとは想像がつかない。だが種を土に植え，水をやり，それが太陽の光を受けて成長すると，華やかな色彩の美しい花が咲く。アリストテレスは，「質料」である種のなかに，満開となったときの花の姿があらかじめ内在していると考える。いずれ姿を表すこの完成した花の姿こそ「形相」であり，質料は形相という最終目的に向かって成長し，おのれを実現し自己を完成させて行く。人間も同様である。あらゆる個物はその完成形に向かって絶え間なく発達しており，この世界は「質料」から「形相」への不断の生成発展の過程にあるのである。

　世界は特定の目的に向かって一方向に進んで行くというこうしたアリストテレスの世界観は，一般に「目的論（teleology）」と呼ばれる。目的論は，キリスト教の終末論や共産主義思想のように，アリストテレス以降，様々な形をとりながら繰り返し思想史上に登場することになる。

④　ポリス的人間

　次に，アリストテレスの政治思想を『ニコマコス倫理学』と『政治学』とい

う二つの著作に依拠してみていこう。アリストテレスは，その目的論的な思考に基づいて，人間には実現すべき究極の目的として「最高善」があり，最高善の実現こそが「幸福（エウダイモニア）」であると主張する。最高善とは，卓越性（徳）に即した活動のことであり，それは「知的卓越性」と「倫理的卓越性」に分けられる。

「知的卓越性」とは，理性を働かせて物事の認識に努める観照的生であり，これを卓越性（徳）に即した最高の活動とした。これに次ぐ第二義的な徳が「倫理的卓越性」である。これは，勇敢さ，節度，正義といった善き人間が身につけるべき美徳のことを指す。アリストテレスは，徳のある行動をするには，何よりも「中庸」が大切であると説く。中庸とは，超過や不足といった極端な状態を避けて適度な中間を選び，バランスの取れた振る舞いをすることである。

例えば，「勇敢さ」という徳は，「恐怖」と「無謀」の中間の状態である。ビクビク怯えて敵に立ち向かうことができないのではなく，逆に後先考えずに無鉄砲に敵陣へと突撃するのでもない，その中間の状態が「勇敢さ」である。また「節度」は，「欲望に溺れること」と「何にも欲しない鈍感さ」との中間である。人は「節度」を持って生きるべきとされるが，欲望に振り回されるのでも，無欲の境地に達するのでもなく，両者の中間で適度にバランスよく振る舞うのが「節度」であり，そうした節度ある振る舞いこそが「善き生」とされる。

「最高善」を達成するには，制度や法律によって人間を導くことが不可欠であり，その役割は「政治」に求められる。徳は，その時々で思慮を働かせて発揮されるのではなく，一つの状態として習慣化されるものである。そして，そうした習慣化をもたらすのが，まさにポリスなのである。ポリスでの生活や活動，教育を通じて，善き人間が身につけるべき徳が習慣化されるのであり，市民はポリスの秩序を通じて倫理的卓越性を完成させるのであった。

したがって，形相に向かって自らを完成させるためには，人間は，ポリスのなかで生きなければならない。ここから，アリストテレスの有名な言葉が出てくる。すなわち，「人間は，自然本性によってポリス的な動物（zoon politikon）である」。人間は，ポリスのなかで生きて初めて徳が涵養される。最高善の実現や自己の完成は，ポリスのなかでしかできない。ポリスを必要としないのは，人間以外のもの，すなわち野獣か神のいずれかであると述べられている。

⑤　最善の国制

　では，どのようなポリスのあり方が望ましいのか。アリストテレスの政体論では，支配者の数と支配の目的に基づいてポリスが6つに分類される。

表　ポリスの6つの政体

	公共の利益（正しい国制）	自己利益（逸脱した国制）
一人支配	王政	僭主政
少数者支配	貴族政	寡頭政
多数者支配	ポリテイア	民主政

　一人の人間が自分の利益のために支配する「僭主政」は最悪の政体であり，それに次ぐ悪しき政体は少数の人間が自分たちの利益のためだけに支配する「寡頭政」である。「民主政」は，三つの政体のなかではまだ害は少ないが，ポリスで多数を占める貧民の支配に陥るという問題がある。

　アリストテレスにとって，徳を身につけた優れた一人の王や卓越した少数の貴族がポリス全体の利益のために支配する「王政」ないし「貴族政」が最も望ましい政体であった。だが，「聖人賢者による支配」のような政体は，理論上は理想であっても，現実には実現困難である。では，実現可能な政体のなかで最善の国制は何か。彼によれば，多数者が公共の利益のために統治を行う「ポリテイア」がそれである。

　ポリテイアは純粋な形では存在せず，現実には「少数の富者による寡頭政」と「多数の貧民による民主政」の混合となる。そしてポリテイアは，富者でも貧民でもない「中庸」の人たち，すなわち中間層が多数を占めるとき安定し，最も望ましい政体となる。なぜなら，富者は支配されることを嫌い，貧民は支配する術を知らないが，中間層は支配する側にもされる側にも適応できるからである。こうしてアリストテレスは，中間層が支える一種の混合政体を，実現可能なもののなかで最も望ましい政体であると論じたのであった。

　以上みてきたように，アリストテレスは，人間がポリスのなかでこそ完成されるとし，ポリスに理想の国制を見出した。だが，まさにそのポリス中心の古代ギリシア世界を解体したのは，皮肉にも，自らの教え子であるアレクサンドロス大王だったのである。

第**4**章　ヘレニズムの政治思想

古典古代では，「人はいかに生きるべきか」という倫理的な問いをめぐって議論が展開された。そして，その問いに対する答えが，あるべき政治構想に直結していた。本章で取り上げるヘレニズム期の政治思想もまた，様々な思想家たちによる「生」をめぐる問いとの格闘から生み出されたものである。この時期は，古代ギリシア文明や都市国家ポリスが衰退し，ギリシアとオリエントの混合文化を特徴とし，帝国や王国など広大な版図を持つ政治体制を背景とする。

この点を踏まえながら，キュニコス派，エピクロス派，ストア派を中心にヘレニズム期の政治思想をみていく。そして，コスモポリタニズム（世界市民主義）という現代にまで受け継がれる重要な政治思想が，どのように生み出されるに至ったのかをたどっていこう。

1　ヘレニズムとは何か

一般には馴染み深いとは言い難いヘレニズム期の政治思想について解説するのが本章である。そこで，まずは「ヘレニズムとは何か」という基本的な説明から始めねばならないであろう。

今から約2500年前に栄えた古代ギリシアは，数百もの小さな都市国家（ポリス）が乱立する世界であった。しかしながら，紀元前340年ごろ，ギリシアの北方に位置するマケドニア王国のアレクサンドロス大王が，強大な軍事力によってギリシアを滅亡させ，全ギリシアをマケドニアに併合。これによって古代ギリシア文明は，その終わりを迎えた。

加えてアレクサンドロス大王は，ヨーロッパやアフリカの地中海に面した地域を征服し，それには飽きたらず東方遠征にまで乗り出す。これによって，エジプト，ペルシアと，現在でいう中東・イスラム地域をも征服する。さらに遠くインド近くまで遠征し，最終的にはアジア，アフリカ，ヨーロッパにまたがる大帝国を樹立するに至った。

このときアレクサンドロス大王は，優れた文明を持つギリシア人を大勢引き

連れて東方遠征へと向かい，占領地域の統治をギリシア人に任せた。その結果，ギリシア文化と東方地域の文化（オリエント文化）とが混ざり合い，融合することになる。これが，いわゆる「ヘレニズム」である。ヘレニズムとは，もともと「ギリシア風の」という意味を持つ言葉で，ヘレニズム文化とは，発達した古代ギリシア文明と，現在でいう中近東アジアに元々あった土着のオリエント文化とが融合した「ギリシア風のオリエント文化」を指す。

アレクサンドロス大王は，東方遠征からの帰路，熱病に冒され亡くなってしまう。一人の強烈なカリスマ的指導者がいなくなったことで，跡目をめぐる後継者争いが勃発。この後継者戦争がしばらく続いた後，世界帝国はマケドニア王国，シリア王国，エジプト王国の三つに分裂する。そして，これらの王国がそれぞれ勢力を拮抗させながら，数百年の間，並存する時代が続いた。

その後，紀元後30年前後に，イタリアのローマが急速に台頭し，地中海一帯を統一してローマ帝国を樹立するに至って，ヘレニズム時代は終わりを迎えた。したがって，紀元前336年から紀元後30年前後の，アレクサンドロス大王の支配期からローマ帝国樹立までの約300年の期間を指して，一般にヘレニズム時代と呼ぶ。「ヘレニズム」とは，古代ギリシア文明が終わり，キリスト教文化が現れるまでの中間期，ギリシア文明とオリエント文化とが融合した混合文化の時代である。

② キュニコス派

ヘレニズムの政治思想として，まずはキュニコス派を取り上げたい。キュニコス派の源流をたどれば，ソクラテスにまで遡る。ギリシア哲学の主流派はプラトンが継いだ流れであり，ソクラテス→プラトン→アリストテレスと続いて，その後も彼らの思想が継受され西洋政治思想史の本流を形成していく。だが，ソクラテスの哲学に影響された者はそれ以外にもおり，キュニコス派はそうした傍流（小ソクラテス学派）の一つに位置づけられる。

西洋編第Ⅰ部第1章で述べたように，ソクラテスは民主的な裁判で不当判決を受け，死刑となった。ソクラテスを敬愛する弟子たちはみな，ソクラテスの死に深い衝撃を受け，例えばプラトンは哲人政治を唱え，ポリスの制度を抜本的に改革するという理想に燃えた。これに対して，ソクラテスの直接の弟子

で，プラトンよりもソクラテスとの付き合いの長かったアンティステネス（前444-前365）は，プラトンとはまったく逆の対応をとる。彼は，ソクラテスの死に直面して，優れた哲学者を死に追いやったポリスとその制度を「改革」しようとするのではなく，「軽蔑」するという態度をとったのである。

　主流派のアリストテレスは，ポリスのなかで生きてこそ人間は最高の存在になれると考えたが，これとは反対にアンティステネスはポリスを見限り，ポリスでの自己完成という倫理的な理想を放棄してしまう。そして，悪しきポリスの影響を受けずに生きることこそ人間のあるべき生であるとし，そのためには，ポリスやその制度からできるだけ距離をおいて影響を受けないようにし，自足した質素な生き方をするのが理想であると唱えた。

　長年にわたって教えを受け，良好な子弟関係さらには友情をも築いてきたソクラテスの死を考えるとき，このような態度を示したアンティステネスには同情を禁じえない部分もあろう。キュニコス派は，ポリスと距離を置き，自足的で質素な生活を理想とするこうしたアンティステネスの思想が起点となる。

③　ディオゲネス

　そして，このアンティステネスの弟子が，本章のキーパーソンとなるディオゲネス（前412?-前323）である。ディオゲネスはかなりの変わり者で，当時から様々な奇行で有名であった。あまりにも変人だったために歴史に名を残した人物であるといっても過言ではない。

　ディオゲネスは，すでにアレクサンドロス大王率いるマケドニアに征服されたアテナイに住んでいた。彼はいつもボロ布を身にまとい，「樽の賢人ディオゲネス」といわれるように，酒樽（正確には，酒を貯蔵する大きな甕を横にしたもの）を住み家としていた。

　アテナイの人々は，こうしたディオゲネスの生き方を，まるで犬小屋に住む犬のようだと嘲笑し，彼を「犬」と呼んだ。ディオゲネスを描いた絵画や彫刻には犬も一緒に描かれることが多いが，それは彼が愛犬家だったからというよりも，彼自身が犬のような生活を送っていたためである。犬は，ギリシア語でkyon（キュオン）と表し，それがもとでkynikos派（キュニコス派）と呼ばれるようになった（日本語では「犬儒派」と訳される）。「犬」と呼ばれることに対し，

ディオゲネスは「愚かな人間には噛みつくからね」と言い返したとされる。

　ディオゲネスの父親は，アテナイの植民地シノペで通貨の発行を担う役職にあったが，にせ金を作って処罰された。そのため息子の彼は，シノペから追放され，アテナイに流れ着いた。ところがディオゲネスは，こうした自らの経歴を周囲に隠すどころか，逆に自慢していたという。にせ金作りというポリスの法や制度を否定し愚弄した父を誇りにしていたことからも，ポリスに背を向け軽蔑するキュニコス派の特徴が垣間見えるだろう。

　また，あるときアレクサンドロス大王が，変わり者で有名なディオゲネスにわざわざ会いに行き，樽の中を覗きながらディオゲネスに対して，「何か望みはないか。何でも望みをかなえてやるぞ」といった。だがディオゲネスは，「日が当たらなくて寒いから，そこをどいてくれ」と返したとされる。当時の皇帝に向かって「そこをどけ」と答えたのは，彼がいかに政治に背を向けていたかを象徴する逸話だといえよう。

　またディオゲネスの絵画や彫刻には，犬と同時に「灯籠（ランプ）」も同時に描かれることが多い。これは，後にニーチェが『悦ばしき知識』(1882) で取り上げる彼の奇行に由来する。ディオゲネスは，天気のいい昼間にもかかわらず，夜道を照らす灯籠を手に持ち，何かを探すそぶりをしながら「人間はいないか，人間はいないか」と叫んで街中を徘徊したとされる。これは，この街には真っ当な人間が見当たらないと当時のアテナイを当てこすり，暗に批判しているわけである。

　このようにディオゲネスは，いかにもひねくれ者の哲学者といった風情の人物であった。しかし，その背景には，キュニコス派に共通する人生哲学が存在する。その核心は，世俗のことに惑わされず，自然に従って生きることこそ人間のあるべき生き方だ，というアンティステネスから受け継いだ思想である。富・権力・名声といった俗世間の欲求を放棄し，自然な暮らしをすることで人は幸せを得ることができるのである。

　ならば，ポリスのなかでそんな嫌味なことをしていないで，人里離れた森や山のなかで一人暮らせばよいではないか。だが，世間に背を向けた生き方というのは，生き方それ自体が，世俗の価値観に囚われたポリスの人々に対する痛烈な批判となる。そのためキュニコス派は，自然に従った生き方をポリスのな

かで実践することに意義があると考えた。節制と倹約に基づく自然な生き方を，世俗の欲求にまみれた人々にみせつけることにこそ意味があるというわけだ。

主流派のプラトンは，ディオゲネスを「狂ったソクラテス」だと毛嫌いしていたとされる。だが，他方でディオゲネスの生き方は，当時，少なからぬ模倣者を生み出すことになった。それが一つの学派を形成するに至り，キュニコス派となるわけだが，特に教義や教えはなく，ディオゲネスの生き方を真似るというのがキュニコス派の流儀であった。つまりディオゲネスは，「言葉」ではなく「実践」で，「哲学」ではなく「生き方」そのもので，自らの思想を受け継ぐ後継者たちを育てたのである。

小さな政治共同体であるポリスが隆盛していた古代ギリシアは，人々にとって政治は身近なものであった。だが帝国や王国の時代になると，政治は，個々人からかけ離れたものになる。政治や世間に背を向けるキュニコス派は，直接民主的なポリスが解体し，政治が個人から遠ざかったヘレニズムの時代状況を映し出しているのである。

④　エピクロス派

次に，エピクロス派をみていくが，エピクロス派と聞くと，一般には「快楽主義」がイメージされがちである。しかし，利那的な肉体的快楽の探求を善とする典型的な快楽主義は，アリスティッポス（前435-前360）を始祖とするキュレネ派という小ソクラテス学派の一つが唱えた思想である。キュレネ派は，美食，飲酒，性的放縦といった今このときの肉体的な快楽を可能なかぎり多く享受することが幸福であると唱えた。すなわち，強い肉体的快楽を絶えず持続的に得ることこそが，彼らにとって望ましい生き方であった。

しかし，肉体的快楽を獲得し続けるのは安易なことではなく，快楽に満ちた生活を送れるのは，現実にはごく一部の恵まれた人々でしかない。そのため後期キュレネ派のヘゲシアスになると，人生には苦痛と悲しみが絶えないのだから快楽に満ちた幸福は不可能であり，できるだけ苦痛と悲しみを避けることを目指すべきとする「消極的な快楽主義」を主張するようになる。そして，生の苦しみに無頓着になれないのなら，苦痛や悲しみを避けるには死んだほうがよいとして，人々を自殺へといざなう教説を唱えた。実際，ヘゲシアスの講義は多

くの自殺者を生み出し，当時の王プトレマイオス２世が彼に講義をするのを禁止する事態にまで至る。今現在の生を満喫する肉体的快楽主義から，およそ正反対の志向性を有する「ペイシタナトス（自殺勧誘者）」への逆説的な転化は，それ自体，利那的・享楽的な生の末路を示唆していて興味深い。

　これに対してエピクロス派は，快楽主義の一種ではあるが，キュレネ派とはかなり毛色の異なる思想である。エピクロス派の創始者エピクロス（前342-前271）は，苦痛を除去して，純粋な快楽を求めることが幸福だと述べたが，その際の快楽とは「魂の平静」を意味しており，心を煩わされない生き方を善しとした。つまり「快楽」とはいっても，エピクロスが重視したのはあくまで精神的な快楽であり，心を乱されない平穏な「思索の生活」こそが最高の快楽と捉えたのである。これが後に時代を経るなかで，エピクロス派は，愛欲や飲酒といった刹那的な快楽を追い求める危険思想だとして批判されてしまうのだが，それは根本的な誤解である。

　プラトンの有名な思想に，「哲学者が王となるべき」という「哲人王」の構想がある。だが，これとは反対にエピクロス派は，政治に関わる生活は「魂の平穏」をかき乱すものでしかないと考える。したがって，哲学者は政治に関わるべきではないし，支配者であることも欲しないとして，プラトンの「哲人王」の構想を批判する。エピクロス派からすれば，政治は，人々の心の平静を保ってくれるかぎりで有用であるにすぎず，哲学的思索に耽る観照的生に比べて取るに足りないものである。ここから彼らは，多くの人が政治に関わらなくてすむ安定した君主政こそが望ましい政治体制であると主張した。

　このように，エピクロス派の政治思想は，まったくもって非政治的である。「人はできるだけ政治に関わるべきではない」というのが，彼らの基本信条である。こうしたエピクロス派の主張も，キュニコス派と同じく，政治が自分に直接関係のない遠くの出来事になっている現実を反映している。政治に関わる生き方が望めなくなり，その結果，「魂の平穏」といった観照的な生を重視する考え方に傾倒していくことになったのである。

⑤　ストア派

　以上のようなキュニコス派やエピクロス派の非政治性をみると，政治思想と

いう観点からは，ヘレニズム期は何ら生産的な議論を生み出さなかったのかと思われるかもしれない。だが，ヘレニズム期にも後世に大きな影響を与えた思想がある。それはストア派の哲学である。

「ストイック」という言葉の語源となったストア派の思想は，禁欲的であることに大きな特徴がある。始祖はゼノン（前336-前263）であり，彼の作った学校がストアという場所にあったので「ストア派」と呼ばれるようになった。

ストア派も，エピクロス派と同様に，人間にとって最も大切なのは「心の平安」であると主張する。ストア派の場合，心の平安を保つには，人間が自然に持っているとされる欲望や情念を断念することが最も大切だと考える。欲望や情念を放棄すれば，何が起こっても動じない境地に達することができる。このようにストア派は，外的な出来事に心が動揺しなくなる状態に至ることを何よりも重視する。

彼らによれば，「〜したい」という欲望は，人間に「幸福」ではなく「不幸」をもたらす。「有名になりたい」「出世したい」「お金持ちになりたい」「あの商品が欲しい」「あの人から愛されたい」といった欲望や情念があるからこそ，それが満たされないとき，人は心をかき乱され，争いが生じてしまう。ストア派は，そうした欲望や情念を断念して，理性の命じた義務に従うべきだと主張する。この場合の「理性」とは自然の法則を指す。彼らによれば，この世には，全世界や全人類を支配する自然の法則があり，世界も宇宙も同一の法則に従って動いている。人はそうした自然の法則を発見し，それが命じる義務を受け入れ，それに服従することが大切であるとされる。

ここから，ストア派の重要な政治思想が導き出される。人は，個別の具体的な政治共同体（ポリス）の決まりごとや法律よりも，全世界・全人類を支配する共通の自然法則に従うことを優先すべきである。つまり，すべての人間は，polis の市民ではなく，kosmopolis の市民である。kosmopolis とは，kosmos（世界・宇宙）と polis（ポリス）を結合させた造語である。人間は，ポリテス（個別の政治共同体の市民）ではなく，コスモポリテス（世界市民）である。このストア派の発想は，形を変えつつも今日にまで受け継がれ，「コスモポリタン（世界市民）」という語の起源となる。ストア派は，世界は一つの「メガロ・ポリス（大都市国家）」であると捉え，人種や言葉や習俗が違っても人類はみな同胞

であり，人間はみな平等でなければならないと説く。人間の間に差別はあっ
てはならず，自由人と奴隷，文明人と野蛮人といった区別をストア派はすべて否
定する。

　確かに，全世界を一つの政治共同体と見立てるストア派の政治思想は，あま
りに理想主義的かもしれない。けれどもストア派は，ヘレニズム期に唯一，後
世に大きな影響を与える政治思想を生み出すことに成功した学派である。それ
は，世界市民主義（cosmopolitanism）という発想である。人間はみな世界市民
であるという普遍的な発想は，まさに世界帝国の時代にだからこそ生れえたと
いえよう。

　実はこのストア派は，キュニコス派の思想を継承するなかから登場してきた
ものであった。ソクラテス思想の傍流としてキュニコス派があり，アンティス
テネス→ディオゲネス→クラテスとその教えが受け継がれた。実はこのクラテ
スの弟子が，まさにストア派の始祖のゼノンなのである。実際にストア派は，
ディオゲネスを「理想的な賢者」として信奉していた。思い返せば，ディオゲ
ネスは，酒樽を住み家とするなど，欲望や情念にとらわれない自然に従った質
素な自足的生活を送っていた。こうしたディオゲネスの禁欲的な生き方が，ス
トア派には模範とされるべきものと映ったのである。

　さらにディオゲネスは，「オマエはどこのポリスの市民なのか」と意地悪な
質問をされたとき，故郷から追放された「棄民」であることに居直って，「自
分はコスモポリテスである」と答え，「世界市民」という言葉をこの世で初め
て使った人物であるとされる。ストア派は，自分は個別のポリスに囚われる人
間ではないというディオゲネスの自己意識を受け継ぎ，さらにそれを肯定的な
形に転換した。このようにディオゲネスは，後にコスモポリタニズムという重
要な政治思想を生み出すストア派の源流でもあるのだ。

第 **5** 章　古代ローマの政治と思想

　ローマもギリシアと同様，都市国家として出発した。古代ギリシアのポリスにあたるのがラテン語のキウィタス（civitas）であり，英語の civil や civic の語源でもある。ローマは王政から共和政，帝政へと移行し，やがて地中海世界を統一して一大帝国を築き上げた。帝国（empire）という言葉もラテン語のインペリウム（imperium）に由来し，元来は命令権を意味していたが，後に命令権が及ぶ範囲を指すようになった。

　ローマの盛衰の歴史は——おそらくこの時代の政治思想以上に——人を惹きつけてやまない。ギボンの名著『ローマ帝国衰亡史』から，モムゼンの『ローマの歴史』，塩野七生の歴史小説『ローマ人の物語』に至るまで，ローマの歴史や人物をめぐる作品は枚挙にいとまがない。かつて政治学者の丸山眞男は，「ローマ史には人類の経験のほとんどがつまっている」と語ったというが，21世紀のわれわれはローマの歴史から何を学ぶことができるだろうか。

[1]　王政から共和政へ

　ローマ建国の物語は，オオカミに育てられたロムルスが双子の弟レムスを殺し，都市国家ローマの王となったことに始まる。王政時代の歴史は，神話や伝承と綯交ぜになっているが，前753年の建国から 7 代にわたって王政が続いたとされる。この間の消息については，ティトゥス・リウィウス（前59-後17）の『ローマ建国史』が詳しい。皇帝アウグストゥスの庇護の下，共和政ローマの黄昏を惜しみつつ書かれたこの大著は，後にマキアヴェリが愛読するところとなり，『君主論』と対をなす『リウィウス論』を生み出したのだった（☞西洋編Ⅱ- **1**）。

　さて，建国当初のローマでは，男性が多く女性が不足し，人口が伸び悩んだため，ロムルスは近隣のサビニ人から女性を奪ってきた。この「サビニ女の略奪」以降，ローマにはラテン系とサビニ系が混在するようになり，両者が交互に王位に就いた。5 代目以降の王はエトルリア人であった。ローマの北に位置するエトルリアは，ギリシアとの交易で栄え，先進的な都市文化を実現してい

た。こうしてサビニ人やエトルリア人の文化から多くを学んだローマは，数々の造営事業を行い，行政制度を整備しつつ，次第に領土を拡大していった。

　　7代目の王タルクィニウス・スペルブスは，暴君と化して民衆の反感を買っていたが，王の息子が人妻ルクレティアを強姦するという事件（「ルクレティアの凌辱」）をきっかけに，ローマ人は王家一族を追放し，共和政に移行する（前509）。共和政，すなわち res publica とは「公共のもの」を意味するが，共和政ローマの政治は，王に代わって設置された執政官（コンスル），貴族の構成する元老院（セナトゥス），市民（貴族と平民を含む）の構成する民会（コミティア）の三者によって担当された。

　　国政・軍事の最高責任者である執政官は，定員2名で，任期は1年と短く，連続就任も禁止されるなど，独裁を防ぐための工夫がなされていた。この執政官を選出するのが民会であり，最高議決機関としての役割を果たした。王政期以来の伝統を持つ元老院は，執行官や民会に助言を与える諮問機関であり，共和政期の定員は300名程度，任期は終身であった。執政官は1年ごとに交替するし，民会でも貴族が優勢であったから，元老院が大きな権力を握るようになり，実質的な最高議決機関として機能するに至る。つまり，共和政ローマの実態は貴族支配であったといってよい。

　　してみれば，貴族と平民の身分闘争は不可避であった。兵役と重税に苦しめられていた平民は，聖山に立てこもって貴族の譲歩を引き出し，平民の権利を守る護民官の職を設置させた（前494）。法の知識は貴族に独占されていたが，最初の成文法である十二表法の制定により裁判基準が明確にされ（前450），カヌレイウス法では貴族と平民の通婚を認めさせた（前445）。さらに，リキニウス・セクスティウス法によって，執政官のうち1名は平民から選出されることになった（前367）。こうした一連の闘争を通して，平民は着実にその権利を拡充していったのである。

② 共和政から帝政へ

　　ローマは建国以来，絶えず戦争を繰り返すことで領土を拡大し，人的・物的資源を獲得してきた。共和政に移行してからも，前4世紀から前3世紀にかけて，山岳民族サムニウム人と三次にわたる戦争を繰り広げた。後にマキアヴェ

リも言及する「カウディウムの頸木」のエピソードを含むこの戦争に勝利して，ローマはイタリア半島の覇権を確立する。

　続いてカルタゴとの間で行われたポエニ戦争も，断続的に100年以上に及んだ。第一次ポエニ戦争でシチリアを手に入れたローマであったが，第二次ポエニ戦争では敵将ハンニバルに苦戦を強いられ，カンナエの戦いで歴史的敗北を喫しながらも，最後はスキピオ率いるローマ軍がザマの戦いに勝利を収めた。そして第三次ポエニ戦争は，カルタゴを破壊し尽くして終わる。この間，スキピオ一族に代表される改革志向の親ギリシア派と，カトーのように質実剛健の伝統を重んじる国粋派の対立が浮かび上がった。これは共和政末期の内乱の一世紀を予感させるものであった。

　戦争に駆り出された自作農は，出兵期間の長期化により，農地を有力者に売り渡して無産階級に転落する一方，多くの土地を手に入れた貴族は，奴隷制大土地所有（ラティフンディア）で巨大な利益を得た。スキピオ家の血を引くグラックス兄弟は，護民官として急進的な農地改革に取り組み，無産市民への土地の再配分を目指したが，元老院の抵抗にあって挫折した。混乱の続くなか，平民から執政官に上りつめたガイウス・マリウスは，無産市民の入隊を認めるという現実的な軍制改革を断行する。これによって無産市民は経済的に安定し，軍事力も強化されたが，その反面，志願兵は国家よりも将軍個人に忠誠を誓うようになり，私兵化した軍事力の衝突を招いた。マリウスを支持する民衆派と，元老院の既得権を守ろうとする有力貴族の門閥派の抗争は激しさを増した。

　ここに台頭してきたのが，由緒ある貴族の家柄に生まれ，しかもマリウスの妻を叔母に持つユリウス・カエサルである。かねて元老院に不満を抱いていたポンペイウス，大富豪クラッススと組んで，元老院に対して共闘し（第一次三頭政治），念願の執政官に就任する。ガリア遠征で戦略家としての名声を高めたカエサルは，ローマへの帰途にあった前49年，武装解除することなくルビコン川を渡った（「賽は投げられた」）。内乱で崩壊の危機に瀕したローマを平定したカエサルは，独裁官（ディクタトル）に就任する。共和政ローマの最高責任者は2名の執政官であったが，非常時には指揮命令系統を一本化するため，任期半年の独裁官1名が指名されることになっていた。この制度を巧みに利用し，最終的に終身の独裁官の地位に就いたカエサルは，ローマにおける全権力

を掌握したのである。

　ユリウス暦の導入，救貧制度の制定，ローマ市民権の拡大など，数々の改革を行ったカエサルであったが，前44年，元老院の議場に入ったところを共和政派数十人に取り囲まれ，暗殺された。そこに可愛がっていたブルトゥスの姿を認めて，「ブルトゥス，お前もか」と叫んだことはよく知られていよう。カエサルは，確かに一面では救国の英雄であったが，共和政派からすれば王の地位に就こうと目論む危険な存在でもあったのである。

　しかし，カエサルを討った共和政派の思惑に反して，ローマ市民はカエサルの死を悼み，暗殺者たちはローマから追放されてしまう。カエサルが遺言で後継者に指名していたのは，養子のオクタウィアヌスであった。アントニウス，レピドゥスとの第二次三頭政治を経て，内戦を勝ち抜き，数々の功績を立てたオクタウィアヌスに対し，元老院はアウグストゥス（尊厳ある者）の尊称を贈った。前27年，事実上の帝政の始まりであった。

③　ポリュビオス

　ポリュビオス（前2世紀）はギリシアのメガロポリスの政治家であったが，第三次マケドニア戦争の終結後，1000名の人質の一人としてローマに連れてこられた。人質とはいえ，ポリュビオスは貴族であったし，ローマにとってギリシアは先進国でもあった。あまつさえスキピオの知遇を得たポリュビオスは，しかるべき待遇を与えられ，ローマ人の生活や政治の仕組みをつぶさに観察することができた。その成果は帰国後，主著『歴史』にまとめられる。

　ポリュビオスの歴史記述の特徴は，一つにはそれが「世界史」として構想されている点にある。ヘロドトスやトゥキュディデスの描き出す歴史が，基本的にはギリシア人の歴史であったのに対して，ギリシア人としてローマの覇権の確立を目の当たりにしたポリュビオスは，世界の様々な出来事を，ローマによる世界支配の実現というパースペクティヴのもとに位置づけようとした。

　ポリュビオスのみるところ，ローマが世界の中心になりえた理由は，その政治制度にある。プラトンやアリストテレスの伝統的な国制論を踏まえつつ，ポリュビオスは政治体制をいくつかに区分したうえで，それらが永遠に循環するという「政体循環論」を展開する。すなわち，一人の支配である王政は，いず

れ腐敗して専政になる。少数の貴族がこれを打倒して貴族政が成立するが，共通の利益を見失えば寡頭政に転化する。これを民衆が打倒して民主政を樹立するが，やがて平等に倦んだ民衆は権力闘争を激化させ，衆愚政へと堕落する。そして再び一人の支配者を招き寄せ，王政に回帰する。王政→専政→貴族政→寡頭政→民主政→衆愚政→王政……という循環は，一種の自然法則として捉えられており，ここには古代ギリシア人特有の循環史観が反映されている。

　しかし，ポリュビオスによれば，ローマ人はスパルタの伝説的な立法者リュクルゴスの混合政体論に学んだことで，この循環を脱することができた。すなわち，単一の政体はそれぞれに欠陥を有するが，君主政，貴族政，民主政の長所を組み合わせることによって，政治的安定が実現可能となる。一見複雑なローマの政治制度も，執政官，元老院，民会という三つの機関を組み合わせ，それぞれが王政的要素，貴族政的要素，民主政的要素を代表している混合政体であり，そのおかげで抑制と均衡を実現しえたというのである。混合政体に政治機構の安定の鍵を見出す議論は，近代以降の政治思想にも大きな影響を及ぼすことになる。

④　キ ケ ロ

　共和政末期，カエサルと同時代を生きた代表的知識人がキケロ（前106-前43）である。弁論に秀でた法廷弁護士であり，政治家としては元老院議員から執政官にまで上りつめたが，最後は権力闘争のなかでアントニウス一派に暗殺された。思想史的には，アテナイやロドス島で哲学を学び，ストア派の思想をローマに伝えたことが重要である。キケロの作品のほとんどは，プラトンにならって対話篇の形式で書かれており，政治思想に関わる著作としては，『国家について』，『法律について』，『義務について』などがよく知られている。また，キケロの文体は14世紀イタリアのペトラルカによって称讃され，ラテン語の文章の手本として盛んに模倣された。

　キケロによれば，国家とは「法についての同意」と「利益の共有」によって結びついた人間の集合である。キケロのいう法とは，まずもってストア派に由来する自然法であり，人間は自然によって与えられた理性を用いて，宇宙全体を支配している自然法を認識することができる。「真の法とは自然と一致した

正しい理性である。それはすべての人に妥当し，永久不変である」（『国家について』）。キケロは，普遍的な自然法の支配をローマの世界支配と重ね合わせようとした。このような発想は，ローマ法の発展に影響を与えることになる。

　他方で，自然法は現実に存在する国家や実定法を批判する根拠ともなる。自然法に反する国家は，正義を欠いた国家であり，盗賊の群れに等しい。ポリュビオスの混合政体論を前提として，執政官，元老院，民会の相互抑制と均衡にローマ共和政の理想をみていたキケロにとって，ローマの現実，なかんずく国家という「公共のもの」を私物化するカエサルの行為は許しがたいものであった。カエサルの暗殺者を称讃したキケロは，中世ヨーロッパにおける暴君放伐論（モナルコマキ）の一つの源流ともみなされている。

⑤　セ ネ カ

　セネカ（前4–後65）はキケロと同じくストア派に属する哲人政治家である。皇帝ネロの家庭教師を務めたが，最後は謀反を疑われ，自害を命じられた。帝政期の政治的現実は，キケロのように自然法の支配とローマの支配を重ね合わせることを許さなかった。権力闘争と陰謀の渦中で思索を深めたセネカの哲学は，『生の短さについて』や『心の平静について』といった著作のタイトルからも想像されるように，内面の自由と安らぎを求める知的貴族主義が顕著であり，慈悲，同情，親切，愛といった感情を重視する道徳哲学であった。

　ストア派の説いた普遍的な世界国家（コスモポリス）は，セネカにおいて，現実の政治社会と切り離され，精神的・理念的次元に昇華されている。そのことは「神の国」と「人の国」の区別によく現れている。前者が世界中の賢者たちから成る理念的な共同体であるのに対して，後者は現実の人間たちによって構成された国家である。人類はその黄金時代において純粋無垢であったが，やがて貪欲と悪徳に支配され，私有財産と権力を追い求めるようになった。そうした堕落した人間を抑制するために，国家は形成されたというのである。国家は必要悪として理解され，古代ギリシア人にとって人間という動物の本質であった政治活動は，ここにその価値を暴落させた。セネカに濃厚な脱政治的・宗教的傾向は，キリスト教に引き継がれていくことになる。

第**6**章　ユダヤ・キリスト教の成立

　一般に，西洋政治思想史の根底をなす思考様式には，古代イスラエルの思考法であるヘブライズムと，古代ギリシアの思考法であるヘレニズムの二つがあるといわれる。単純化すれば，信仰と理性といってもよい。ヘブライズムが転変常なき世界をそのまま受け止め，そこに神の意志を読み取ろうとする態度であるとすれば，ヘレニズムは自然界を観察し，そこから何らかの本質なり法則なりを発見しようとする。

　本章では，ヘブライズムの起源としてのユダヤ教と，そこから分かれて成立したキリスト教について概観する。ユダヤ教の聖典である旧約聖書には，天地創造や楽園追放，ノアの方舟やバベルの塔など，おそらくどこかで耳にしたことのある物語がいくつも含まれている。他方，新約聖書はイエスの言行録であり，キリスト教は旧約聖書と新約聖書をともに聖典としている。ここで取り上げたエピソードに興味を覚えたら，信仰の有無にかかわらず，一度は手に取ってほしい書物である。

① 「創世記」の物語

　ユダヤ教，キリスト教，イスラム教という三大一神教を「アブラハムの宗教」と表現することがある。旧約聖書の「創世記」に登場するアブラハムが，これらの宗教の原点に位置しているからだ。ユダヤ人の族長アブラハムは神の声に従い，生まれ故郷を離れ，カナン（現在のイスラエル）の地に辿り着いた。神はこの地をアブラハムの子孫に与え，一族の繁栄を約束する。しかし，アブラハムと妻サラの間に子供はおらず，すでに二人は高齢であった。神の言葉を疑った二人は，サラの侍女ハガルにアブラハムの跡継ぎを生ませ，イシュマエルと名づけた。ところが，それから十数年後，サラも男児イサクを生んだため，ハガルとイシュマエルは荒野に追放されてしまう。イシュマエルはアラビア語でイスマイール，イスラム教ではアブラハムの嫡男にしてアラブ人の祖先とみなされている。

　ところで，ようやく授かった愛児イサクを，神は生贄に捧げるよう命ずる。

そしてアブラハムが苦悩の末にイサクを殺そうとしたとき，神は中止を命じ，その信仰を祝福するのである。この不条理な物語については，古来いくつもの解釈がなされてきた。ドイツの哲学者カントは，このような命令を下す者は神かどうか疑わしいと述べ，デンマークの哲学者キルケゴールは，不条理を「おそれとおののき」をもって受け止めることに信仰の本質があると論じた。キリスト教はこの物語に十字架のイエスを重ね合わせることになるだろう。

　イサクの子ヤコブ（別名イスラエル）は，12人の息子を得た。イスラエル12部族の祖先である。なかでもヤコブはヨセフを溺愛するが，兄弟たちから妬まれたヨセフは，エジプトに向かう隊商に売り渡される。やがて飢饉に襲われエジプトに赴いた兄弟たちは，当地で宰相に上りつめていたヨセフと再会し，和解に至る。その後，ユダヤ人はエジプトに移住することになったという。

② 「出エジプト」から王国樹立へ

　エジプトで奴隷状態に貶められたユダヤ人が，指導者モーセに導かれてエジプトを脱出する「出エジプト」の物語は，行く手を阻む海が二つに割れる奇蹟とともに，広く知られているだろう。「約束の地」に帰り着くまで，ユダヤ人は40年にわたり荒野をさまようことになるが，その間にシナイ山で神ヤハウェと「契約」を結び，守るべき律法，いわゆる「モーセの十戒」を授かった。「ヤハウェ以外の神を崇拝してはならない」「神の名をみだりに唱えてはならない」といった神と人間との関係，さらには「殺してはならない」「盗んではならない」といった人間同士の関係を規定する戒律を遵守し，神への忠誠を示すことで，神はユダヤ人の繁栄を保証してくれる。ここには政治的意味合いを帯びた「契約」の思想が現れていると同時に，自分たちこそ神に愛された民であるという選民思想も顕著である。ただし，この民は必ずしも血縁集団ではないし，近代的な意味での民族や国民でもない。第一義的には，共通の神への礼拝によって結びついた宗教的共同体なのである。

　モーセに率いられたユダヤ人は，いつも神やモーセに従順であったわけではなく，反抗や離反，偶像崇拝や他神崇拝を繰り返している。このような契約違反に対し，ヤハウェは怒りを燃やし，容赦なく弾劾した。ユダヤの神が「妬む神」「義の神」とされる所以である。モーセの死後，ヨシュアに率いられたユ

ダヤ人は，ついにカナンの地に足を踏み入れた。その土地はくじで12部族に分配され，士師と呼ばれる指導者たちが卓越した軍事的才能によって対外戦争を勝利に導いた。ドイツの社会学者ウェーバー（☞西洋編Ⅲ-1）は，有名な「支配の三類型」の議論において，このような士師たちの統治を「カリスマ的支配」に分類している。その特徴は，超自然的資質（カリスマ）を備えた個人への帰依に存する。しかしながら，それは政治的制度を欠いているため不安定である。実際，士師時代は，カナンの先住民のバアル神崇拝がユダヤ人に浸透するなど，社会的混乱の時代でもあった。

　諸部族の長老たちは，預言者サムエルに国王の擁立を申し入れる。これを受け入れたサムエルは，サウルの頭に油を注ぎ，イスラエルは王国へと移行する（前11世紀）。ダビデ王の時代にエルサレムが都となり，その子ソロモン王の時代に栄華を誇ったイスラエル王国は，ソロモンの死後，南北に分裂する。北イスラエル王国では王朝転覆が繰り返され，前722年，アッシリアに滅ぼされた。ダビデ王朝を継ぐ南のユダ王国も，前587年，バビロニアに滅ぼされ，人々は捕囚の憂き目にあう（バビロン捕囚）。やがて帰国したユダヤ人たちは，破壊された神殿を再建し，ユダヤ教の形式を整えたが，前63年にローマの属州とされた。紀元後70年，ローマ軍はエルサレムを破壊し，135年にはイスラエルを滅亡させた。以後，ユダヤ人はディアスポラ（離散）を強いられる。こうした運命を神の与えた試練として受け入れることによって，ユダヤ人の強固なアイデンティティが形成されたのである。

③　旧約聖書の政治思想

　史実と物語が折り重なった旧約聖書から，われわれはどのような政治思想を読み取るべきだろうか。神は大地の塵からアダムを作り，人間が一人でいるのはよくないと考え，アダムの肋骨からエバを作った。これは，人間を社会的動物とみなす古代ギリシアの考え方にも通じる発想である。人間は他者とともに生きる存在であり，神もまた「ともにある者」であると告げている。

　神の意志は啓示によって万人に知られうるので，一人の人間が神の意志を体現し支配することは忌避される。ここに王政への批判的な視点を読み取ることができよう。王政への移行についてサムエルが神の意向を問うた際，神はこう

答えた。民は神が王であることを否定しようとしている，王を擁立すれば民は王の奴隷となるであろう，と。事実としてイスラエルは王政に移行したので，その意味では王政は肯定されたとみることもできるが，王政批判の立場は預言者ホセアやエレミヤにも引き継がれている。

そもそも旧約聖書は，人間による人間の支配を否定しているようにも読める。たしかに神は「地に満ちて地を従わせよ。海の魚，空の鳥，地上を這うすべての生き物を支配せよ」と語り，人間の支配を認めている。とはいえ，アウグスティヌスに従えば，この時点ではまだエバは創造されていないのだから，支配の対象は動植物に限定されているのであり，人間の支配・被支配は人間の堕落の結果ということになる。また「創世記」の別のところでは，人間は「土を耕す」存在，すなわち「大地に仕える」存在として描かれており，人間と自然との関係も決して一面的なものではない。

④　イエスの登場

イエスは紀元前4年頃，ガリラヤ地方のナザレに生まれた。イエスの生涯は，新約聖書のなかの四福音書（マタイ，マルコ，ルカ，ヨハネ）に記録されている。福音とは「良い知らせ」の意味で，すなわち「神の国」が近づいているという知らせである。

イエスの時代には，救世主（メシア，キリスト）を待望する気運が高まっていた。当時のユダヤ教は，来るべき終末に備えて，人々に律法の厳守を要求する律法主義が主流をなしていたが，洗礼者ヨハネは律法よりも悔い改めこそ重要であると説いていた。当初ヨハネの一派に加わったイエスも，形式的に律法さえ守っていればよいという律法学者の姿勢を「白く塗られた墓」にたとえ，その内実の空虚さを批判した。様々な比喩を駆使しながらイエスが説いたのは，ユダヤ教の「義の神」ではなく，人々に救いの手を差し伸べる「愛の神」であった。

「ルカによる福音書」に登場する「善きサマリア人」のたとえ話を紹介しよう。ある人が旅の途中，追いはぎに襲われ，半死半生の状態で放置された。ユダヤ教の祭司はその人を避けて通り過ぎたが，憐れに思ったサマリア人はこの人に応急措置を施し，自分のロバに乗せて宿屋まで連れて行き，主人に銀貨を渡し

て介抱を頼んだというのである。祭司が倒れている人を避けたのは，律法において死者は穢れているとされていたからであり，サマリア人が見捨てられた人を助けたのは，自らも被差別民として，苦しむ者の苦しみを内側から理解できたからである。この話は，ひたすら律法を遵守する人間の非人間性を暴露するとともに，イエスの説く「隣人愛（アガペー）」の性格をよく表している。アガペーは，相手のことが好きだから，相手に価値があるから，その人を愛するのではない。それは見返りを求めない無償の愛であり，民族や宗教の違いを超えた愛である。「汝の敵を愛せよ」というイエスの有名な言葉は，それが敵と味方の区別をも無化する愛であることを示している。ドイツの政治学者シュミット（☞西洋編Ⅲ-1）が友と敵の区別に政治的なものの本質を見たことを想起するならば，イエスの教えは政治の世界を相対化する契機を含んでいるといえよう。

　こうしたイエスの思想と行動は，ローマへの政治的反逆とみなされ，十字架にかけられ処刑された。しかし，残された弟子や信者のなかに，イエスは神の子であり，救世主であり，葬られた後に復活したのだという信念が生まれてくる。ここにキリスト教が成立し，初期教会の活動が開始されることになる。イエス自身，遊女や徴税人のような被差別民，弱者，貧者に率先して語りかけたが，ユダヤ教が選民意識に裏づけられた民族宗教であったとすれば，キリスト教はまずもって庶民階層のなかに信者を拡大し，やがて普遍宗教へと発展していったのである。

5　パウロの伝道

　初期教会において最も重要な役割を果たしたのが使徒パウロである。パウロはもともと熱心なユダヤ教徒で，キリスト教迫害の先頭に立っていたが，旅の途上，突然イエスの声を耳にし，強烈な光に撃たれて失明する。イエスとのこの神秘的な出会いを通して回心したパウロは，視力を取り戻し（「目から鱗」），キリスト教の伝道に尽力するようになる。彼はローマ市民権を持っていたので，広く地中海世界で布教を行うのに役立った。パウロはユダヤ教やギリシア思想に精通した知識人であり，イエスの教えをキリスト教神学へと発展させた。

　パウロは罪の意識と人間の無力さを強調した。人間を罪深い存在とする考え方は，旧約聖書の「創世記」——禁じられた木の実を食べたアダムとエバがエ

デンの園から追放される物語——に起源を持つ。パウロは「一人の人によって，罪がこの世に入り，罪により死が入り込んだ」（「ローマ人への手紙」）と述べ，ここから人類の罪と死が生じたと理解する。原罪を背負った人間は，自分自身の力では罪を免れることはできない。人類の罪を贖ったイエスを信じること，ただ神の愛を受け入れることによってのみ，人は救済されるのである。

パウロは，イエスと同様に「神の国」が近づいていると説いた。終末への期待に強く動かされたキリスト教徒の一部は，救済に備えて自己の内面の純粋さを維持することに関心を集中させ，現世の政治的秩序を蔑ろにしがちであった。こうした傾向に対して，パウロは教会の指導者として，政治権力への一定の配慮を求めた。「人は皆，上に立つ権威に従うべきである。神に由来しない権威はなく，今ある権威はすべて神によって立てられたものだからである」（「ローマ人への手紙」）。これが「受動的服従」と呼ばれる考え方であるが，パウロが現世の政治権力への服従を勧めたのは，権力や政治それ自体に価値を認めたからではなく，あくまでも良心という内面的価値を守るための手段であったことを忘れてはならない。イエスが「カエサルのものはカエサルに，神のものは神に」（「マタイによる福音書」）と説いたときから，地上的なものと精神的なもの，現世と来世，国家と教会の関係は，常に緊張に満ちたものであった。

キリスト教はやがてローマ帝国を席捲していく。ローマの抽象的で画一的な世界支配は，その住民の帰属感や同胞意識を希薄にしたが，そうした精神的空白を満たすものとしてキリスト教信仰が民衆の心を捕えたのである。初期教会は貧しい者たちの空腹を満たす宗教儀式を備えていたことも手伝って，都市の下層民を中心に信者は拡大していった。

ローマからすれば，キリスト教徒は皇帝崇拝を拒否する無神論者であり，弾圧と迫害の対象であった。とはいえ，信者の数が増大し，ローマの上層階級のなかにも浸透するにつれて，その存在は無視できないものとなる。313年，キリスト教はコンスタンティヌス帝の下で礼拝の自由を認められ（ミラノ勅令），392年にはテオドシウス帝によって国教に定められた。世俗権力はキリスト教に精神的支柱としての利用価値を認めたのである。しかし，国家と教会，政治と宗教の関係は，ヨーロッパ中世の歴史を通して緊張を孕み，絶えず問い直されていくことになる。

第**7**章　宗教と政治の相克

キリスト教はローマ帝国による激しい弾圧に耐えながら，確実に信者の数を増やしていった。巨大化したローマ帝国の支配は形式的なものであったから，人々の精神的な支柱にはなりえなかった。ストア派のコスモポリタニズムはエリート向きの哲学で，民衆の心には響かない。民衆の精神的な空虚を満たしたのは，「隣人愛」を説くキリスト教であった。教会が各種の儀式で飲食をともにする機会を提供したことも，食糧難の時代にあって信者を拡大する要因であったといわれる。

4世紀，キリスト教はローマ帝国によって公認され，やがて国教となる。迫害の対象から国教へ——こうした環境の変化のなかで，教会は世俗権力との向き合い方について再考せざるをえなくなる。「最後の審判」を待ち望みながら，いつ終わるとも知れない日常を生きなければならないキリスト教徒にとって，この世の政治はいかなる意味を持つのか。これが古代から中世にかけて教会指導者たちを悩ませてきた問題である。

1　エウセビオス

エウセビオス（260頃-339）はキリスト教最初の教会史家として知られる。コンスタンティヌス帝によるキリスト教公認という出来事を背景に，彼はキリスト教と政治権力の関係を問い直した。コンスタンティヌス個人の信仰がどれほど真剣なものであったかは疑問を残すが，歴史上初めてキリスト教信仰を擁護する権力者が登場したことは，数多くの殉教者を生んできた信徒たちにとって歓迎すべき事態であった。とはいえその半面，キリスト教の公認は，苦難の歴史の彼方に望見される終末（最後の審判）というものを閑却させる効果を持った。エウセビオスの神学は，この両義性を典型的に示している。

『教会史』や『コンスタンティヌスの生涯』といった著作のなかで，エウセビオスは唯一神への信仰と一人の王への服従を重ね合わせている。エウセビオスによれば，ローマが共和政から帝政へと移行した時期と，イエス生誕の時期がほぼ一致しているのは偶然ではない。唯一神の支配を地上において反映して

いるのが一人の皇帝の支配だというわけである。エウセビオスのコンスタンティヌス礼賛は，キリスト教の核心にある終末意識を後退させ，政治権力と現世の肯定を帰結するだろう。実際，迫害の危険が去ると，安易な気持ちで入信する人たちが増え，聖職者のなかにも迫害期に一度棄教した者が含まれるようになっていた。教会内でこうした傾向を堕落とみた人々は，ひたすら禁欲的な信仰生活を送るための組織を求めた。こうして修道院の制度化が進んでいく。

② アウグスティヌスと異端の論争

　キリスト教の神学者のなかで，正統的な教義を理論化するとともに，その生活が全信徒の模範になるような人物を教父と呼ぶ。使用した言語によってギリシア教父とラテン教父に大別されるが，アウグスティヌス（354-430）は古代世界を代表するラテン教父である。北アフリカに生まれたアウグスティヌスは，しかし，最初から敬虔なキリスト者であったわけではない。放蕩に溺れ，マニ教に心を奪われた青年時代から，ミラノ司教アンブロシウスとの邂逅を経て回心に至る魂の遍歴は，自伝文学の嚆矢である『告白』に記されている。

　アウグスティヌスの生きた時代に，キリスト教は国教化されたものの，教会はまだ不安定であり，正統的な教義の確立が求められていた。395年，ローマ帝国は東西に分裂し，5世紀初めにはアラリック率いる西ゴート族がローマを占領した。混乱に陥ったヨーロッパ世界の一体性を保持するために，その精神的支柱としての役割を期待されたのは教会であったが，その一方で，古来の神々を放棄してキリスト教を採用したことがローマ陥落の原因だと批判する声も上がっていた。アウグスティヌスの生涯は，こうした異教徒や異端との論争の連続であった。ここで当時の異端の立場をいくつか取り上げてみよう。

　第一はアリウス派である。アレクサンドリアの司教アリウスに始まる異端であり，ローマ帝国末期に広く普及した。神は父・子・聖霊という三つの位格（ペルソナ）をもって現れるものの，本質において同一であるという三位一体論は，キリスト教神学の核心をなすが，アリウス派はこの観念を否定する。イエス・キリストは神の被造物の一つであり，父なる神のように永遠の存在ではないと主張したのである。アリウスはアレクサンドリアの大司教アレクサンデルとの論争に敗れ，320年に異端を宣告された。しかし，東方では依然としてア

リウス派が支持されていたことから，コンスタンティヌス帝が調停に乗り出
し，325年にニケーア公会議が開かれる。ここでアレクサンデルの弟子アタナ
シウスが勝利を収め，父と子の同質性を確認する「ニケーア信条」が定式化さ
れた。このとき「ニケーア信条」の草案を作成したのはエウセビオスであった
が，彼は心情的にアリウス派とアタナシウス派の間で揺れ動いたようである。

　破門されたアリウス派は，皇帝コンスタンティウス2世の支持を受けて，な
おも勢力を維持したが，381年のコンスタンティノープル公会議で「ニケーア
信条」が再確認された。西ローマ帝国でもアウグスティヌスをキリスト教に導
いたアンブロシウスらの努力によって，4世紀末にはアリウス派は一掃され
た。その後，アリウス派はゲルマン民族に広がり，ゲルマン諸国家内部のロー
マ系住民との間に軋轢を生んだが，最終的にフランク王国が正統派を採用した
ことで終息した。

　第二はドナトゥス派である。カルタゴ司教ドナトゥスは，聖職者であっても
堕落した人物が授与する秘蹟（サクラメント）は無効であると主張した。例え
ば迫害期に一度棄教した者が行う洗礼は無効である一方，逆に俗人でも徳の高
い人物であれば聖務執行に関与してよい。秘蹟が有効かどうかは，執行者の内
的資質によるというわけである（人効論）。この考え方を突き詰めていけば，秘
蹟の有効性を判断する基準は個人の主観ということになり，制度としての教会
を否定することになる。アウグスティヌスはそこに人間の傲慢を感じ取った。
重要なのは「キリストの体」としての教会であり，叙任された聖職者が行うか
ぎり秘蹟は有効である（事効説）。こうしてアウグスティヌスは，制度としての
教会の自律性を強調した。4世紀初めにコンスタンティヌス帝は数回の教会会
議を招集し，ドナトゥス派を異端として追放したが，このような宗教的純粋派
の主張は，11世紀のグレゴリウス改革において繰り返されることになる。

　第三はペラギウス派である。修道士ペラギウスの生涯については不明な点が
多いが，アウグスティヌスにとって論敵の一人であった。ペラギウス派の主張
によると，神は人間を善なるものとして創造したので，人間は自ら善をなすこ
とによって救われるのであり，パウロのように原罪を強調するのは誤りであ
る。人間の自由意志を重視する立場から，幼児洗礼も否定された。これに対し
てアウグスティヌスは，パウロにならって，原罪を背負った人間は自分では善

をなしえない存在であると説く。すべては神の恩寵によるのであって，ペラギウス派の自力救済の発想は傲慢そのものである。418年のカルタゴ会議でペラギウス派に異端が宣告され，原罪，恩寵，幼児洗礼などに関して正統派の教義が確立されたことによって，論争はアウグスティヌスの勝利に終わった。

③　「神の国」と「地の国」

　アウグスティヌスは人間の自由意志の存在を否定したわけではない。この点は，ドイツの哲学者ライプニッツが「神義論」と名づけた問題——善なる神が創造したこの世界に，なぜ悪が存在するのかという問題——と関わってくる。アウグスティヌスによれば，この世に悪が存在するのは，善をなすために神が人間に与えた自由意志を人間が濫用したからにほかならない。自由意志の濫用によって，アダムとエバは楽園を追放され，原罪は全人類に及んだのである。

　ここに「神への愛」によって結ばれた人々と「自己愛」によって結ばれた人々の分断が生じた。すなわち，自己を空しくし霊に従って生きる人々から成る「神の国」と，神を顧みず肉に従って生きる人々から成る「地の国」である。この二つの国の対立と闘争を通して，歴史は展開する。古代ギリシアの循環的な歴史観とは対照的に，ユダヤ・キリスト教における歴史には始まりと終わりがあり，天地創造から最後の審判に向かって直線的に進行する。最終的に「神の国」が勝利し，その住民は救済され，世界は完成するであろう。これがアウグスティヌスの主著『神の国』の基調をなす歴史哲学である。

　ただし注意すべきは，「神の国」と「地の国」が明確に区別されるのは最後の審判のときであって，現世においては，両者は混ざり合い重なり合っているということである。したがって「神の国」と教会，「地の国」と国家を完全に同一視することはできない。教会のなかにも偽善者が，国家のなかにも善人が存在するからである。とはいえ，アウグスティヌスもこの地上において「神の国」を代表するものが教会であることは否定しないし，教会のほかに救済に至る道がないことは自明であった。

　他方，アウグスティヌスにとって，真に正義にかなった国家とは，キリストが創設者であり統治者であるような国家ということになる。しかし，そのような理想の国は，「私の国はこの世には属していない」（「ヨハネによる福音書」）と

イエスが述べているように，現世での実現を望みえないものであろう。混乱に満ちた現世を生きる人間たちは，秩序を維持するための世俗国家を必要としている。アウグスティヌスによれば，人間による人間の支配は堕落（楽園追放）の結果として生じたのであり，その意味で国家は「罪に対する罰」ないし「矯正装置」と考えられる。親分の命令に支配され，仲間同士の掟に縛られ，戦利品を分け合うという点で，国家と盗賊団には——規模の大小を除いて——本質的な違いはない。いいかえれば，国家とは「大きな盗賊団」なのだ。こうして政治という営みは，アウグスティヌスにおいて，古代ギリシアのように人間の条件であることをやめ，必要悪へと格下げされたのである。

④　両 剣 論

　476年，西ローマ帝国はゲルマン人傭兵隊長オドアケルによって滅ぼされた。ゲルマン諸国家が群雄割拠するなかで，メロヴィング朝クローヴィス1世が正統のアタナシウス派キリスト教に改宗し，教会の後ろ盾を得たフランク王国が台頭した。751年，ピピン3世がクーデタにより王位に就き，カロリング朝を起こす。教皇は新国王に塗油を施して王権の正当性を認める一方，国王はランゴバルド王国を掣肘して教皇を助けた（ピピンの寄進）。ピピンの子カールは西ヨーロッパを平定し，教皇レオ3世からローマ皇帝の冠を授かった（カールの戴冠）。800年，西ローマ帝国の復活である。このことは政治と宗教の相互依存関係の成立を意味しており，皇帝権と教皇権という二つの中心を持つ「キリスト教共同体（Corpus Christianum）」の生誕を告げる出来事であった。

　皇帝権と教皇権の関係について，教皇ゲラシウス1世は5世紀末，東ローマ皇帝アナスタシウス1世に書簡を送り，重大な提起を行っていた。東ローマ帝国では「皇帝教皇主義」の考え方に立って，皇帝が教皇を兼務し，教会を支配する体制が敷かれていたのに対して，ゲラシウスは「両剣論」と呼ばれる理論で対抗する。この考え方によれば，現世の秩序を支配するのは教皇の権威と皇帝の権力である。「ルカによる福音書」に記されているとおり，両者はともに神に由来する二本の剣であり，互いに独立しているので，精神的領域では皇帝が教会の権威に従い，世俗の領域では教皇が皇帝の権力に従わなければならない。両者あいまって神のために協働すべきことを説いたのである。ヨーロッパ

中世史は，実に二本の剣の相克の歴史であった。

5　封建社会の構造

　カール大帝の死後，フランク族固有の相続原則によって領土の分割・細分化が相次ぎ，843年のヴェルダン条約，870年のメルセン条約を経て，今日のドイツ，フランス，イタリアの原型が形作られた。断絶したカロリング家に代わって東フランク（ドイツ）ではザクセン家が台頭し，962年，オットーが教皇ヨハネス12世からローマ帝国皇帝の冠を授けられた（オットーの戴冠）。この帝国は，後に神聖ローマ帝国と呼ばれることになる。

　オットーは，諸部族の勢力を抑えるために教会を活用した。自分の一族や関係者を司教や修道院長に任じ，彼らに地方行政を委ねることで，地方豪族と高位聖職者の関係を分断したのである。聖職者はラテン語の読み書き能力に優れていたので行政の効率は高まり，また妻帯しないので役職の世襲化を防ぐこともできた。このような統治の手法を「帝国教会政策」という。しかしこの政策は，教会側からすれば，聖職者の腐敗を招くものであった。教会は世俗の権力に翻弄され，資質に欠ける聖職者が多数任命された。権威を失墜させた教会は，10世紀の修道院運動や11世紀のグレゴリウス改革を通して，内部浄化を推し進めることになるだろう。

　世俗的秩序についていえば，ヨーロッパ中世は封建社会を特徴とする。その基盤は農業であり，農村共同体の治安を維持したのは地方領主（貴族）であった。領主は荘園を領有し，農民に貢租を課すとともに，裁判権を行使した。この領主と農民の関係のうえに，領主間の支配服従関係が成立しており，小領主は大領主の家臣となって，土地保有を認められた。領主の権利は世襲化し，大領主といえども容易に干渉できないものとなっていった。こうした主従関係の頂点に位置していたのが国王であるが，その地位は「同輩者中の第一人者」，すなわち大領主のなかの最有力者にすぎなかった。

　国家とは国王の支配する地域を指すが，主従関係の変動によって国王の支配する領域も変動するため，中世国家はきわめて分権的であり，固定的な国境を欠いていた。さらに国王の上に，ある時期からは神聖ローマ皇帝が君臨することになる。このように中世封建社会は階層的に構成されていたのである。

第 **8** 章　中世ヨーロッパの政治と思想

　4世紀末にローマ帝国は東西に分裂し，西ローマ帝国はその後100年を待たずして滅亡した。ゲルマン諸国家の群雄割拠時代を経て，9世紀には西ローマ帝国が復活したが，この統一も長続きせず，帝国は細分化されていく。いわゆる神聖ローマ帝国なるものも，その内実は緩やかな国家連合にすぎなかった。それでもこの地が「ヨーロッパ」という一体性を備えていたとすれば，それはキリスト教という精神的支柱が存在していたからである。ヨーロッパ中世史は政治と宗教のせめぎ合いの時代であり，キリスト教会の内部をみれば，正統と異端のせめぎ合いが存在した。想像以上に中世はダイナミックな時代なのである。教皇権は13世紀に絶頂期を迎えるが，その後は世俗の領域国家の存在感が増し，政治に一定の自律性が認められるようになる。教皇権と皇帝権のバランスは次第に後者に傾き，近代の政治的地平が少しずつ姿を現し始めるのである。

1　グレゴリウス改革

　1073年，修道院出身のヒルデブラントが教皇に選出された。この新教皇グレゴリウス7世の下で教会改革は頂点を迎える。彼が教会の堕落として真っ先に断罪したのは，聖職者の妻帯（ニコライスム）と聖職売買（シモニア）であった。とりわけ聖職売買への批判は，世俗権力が聖職者の任命権を握っていること自体が問題であるとの認識を強め，帝国教会政策を採用する皇帝ハインリヒ4世との叙任権闘争へと発展していく。

　皇帝は教皇の廃位を宣言し，教皇は皇帝を破門する。中世における教皇の破門権は絶大であって，破門された皇帝に対する臣下の服従義務は解除される。ドイツ諸侯の反逆に直面したハインリヒは，1077年の冬，教皇の別荘門前で三日三晩，裸足のまま涙を流して赦しを請うたという。「カノッサの屈辱」と呼ばれるこの事件は，教皇権の皇帝権からの自律性，あるいは教皇権の優位性を象徴するものとしてよく知られている。

　しかし，両者の関係は相変わらず一筋縄ではいかない。破門を解かれたハイ

ンリヒは反対派諸侯を制圧，一転してローマに攻め込み，グレゴリウスは南イタリアのサレルノで客死する。ハインリヒも晩年には帝位継承をめぐって息子たちの離反を招き，失意の最期を迎えた。結局，叙任権闘争は1122年のヴォルムス条約で終止符が打たれるが，その内容は妥協の産物というべき玉虫色のもので，一方で叙任権は教会に属すること，他方で皇帝は叙任に立ち会い，世俗の権威（土地の所有権など）を与えることが確認された。いずれにせよ，皇帝は帝国教会政策の見直しを迫られ，封建制度の再構築に取り組むことになる。

　グレゴリウス改革で注目すべき点は，教会の浄化を進めようとするグレゴリウスが，その道徳的潔癖さゆえに，腐敗した聖職者による秘蹟が無効であると説いたことだ。すでにみたとおり，これはドナトゥス派の主張（人効論）そのものであり，アウグスティヌスによって異端とされた立場である。いわば教皇は異端の教義をバネにして，当時民衆のなかに広まりつつあった腐敗聖職者に対する批判運動のエネルギーを取り込みながら，教会改革を推進したのである。そのことはしかし，多かれ少なかれ組織としての教会の自己否定を意味していたし，中世の民衆的異端運動を活気づけることにもなった。

　12世紀後半，使徒的生活（清貧と説教）を実践する宗教運動がヨーロッパ各地で起こる。リヨンからヨーロッパ全域に広まったヴァルド派，北イタリア諸都市に現れた謙遜者団，南仏を中心に多くの信者を擁したカタリ派などがよく知られている。とりわけ独自の教義と教会組織を発展させたカタリ派は，カトリック教会にとって最大の脅威となり，教皇インノケンティウス3世はアルビジョワ十字軍を派遣して徹底的に弾圧した。13世紀には常設の異端審問所が設置され，ドミニコ会やフランチェスコ会の修道士が異端審問の任に当たった。

②　ソールズベリのジョン

　いわゆる「12世紀ルネサンス」における古代ギリシア哲学の受容，ローマ法の継受，アラビアの数学や自然科学の紹介といったヨーロッパの知的運動は，全体としてみれば，当時の神学的世界像を合理主義的な方向に転換させることになった。ソールズベリのジョン（1115頃-80）はこの時期を代表する思想家である。その主著『ポリクラティクス』（1159）は，キケロの衣鉢を継ぐ暴君放伐論として記憶されている。ジョンは国家を一つの有機体に見立て，身体の各

器官が調和を保っているとき健康であるように，国家の各構成員は共通善を目指して協働すべきであると論じた。その際，君主は頭，聖職者は魂であるとされるが，魂＝聖職者は身体の一部ではなく，永遠の生命に関わるものであるから，世俗国家の支配はあくまでも頭＝君主の役割ということになる。その君主が暴君と化したときには，暴君の除去は万人の義務となる。こうして国家という身体の健康は回復されるというのである。

③　トマス・アクィナス

13世紀にアリストテレスの著作が本格的に紹介されるようになると，教会からすればあまりに理性に傾いたアリストテレス哲学を，いかにしてキリスト教神学の体系に組み込むかという課題が浮上してくる。両者を最も体系的に総合し，中世スコラ哲学を完成の域に導いたのが，『神学大全』（1265-73）の著者トマス・アクィナス（1225-74）である。

アリストテレスの目的論的自然観を継承したトマスは，宇宙におけるすべての存在は段階をなすように，それぞれが神を目指すような形で秩序づけられていると論じた。すなわち，最底辺の無機物から，植物，動物，人間，天使，そして神に至る階層的秩序があり，そのなかで各々の存在はそれ固有の場所を占めている。低次のものは高次のものに奉仕することによって自己を実現し，全体の完成に寄与するというのである。

宇宙を支配している神の意志は，永久法と呼ばれる。永久法のうち人間の理性によって把握されたものが自然法であり，さらに自然法の原則を制度化したものが人定法である。こうして法についても階層構造が認められるのだが，人間の理性には限界があるので，永久法を十全に理解することはできない。そこで啓示によって人間に与えられたのが神法であり，具体的には新約聖書と旧約聖書の言葉を意味する。人定法が国家の支配者の管轄下にあるのに対して，神法は人間の内面に関わるものであるから，その解釈は教会の所管とされる。

トマスによれば，天使と動物の間に位置する人間は「社会的かつ政治的動物」であり，自然本性的に政治社会を志向する。これは明らかにアリストテレスの「ゾーン・ポリティコン」の継承であると同時に，国家や政治という営みを原罪の所産として捉えたアウグスティヌスの見方を相対化するものである。一方

で，人間は自然の秩序に属する者として，自己保存を図り，家族を形成し，平和的に社会生活を営もうとする性向を備えている。そのことは，他方において，人間が超自然の秩序に属する者として，永遠の生命を志向することと矛盾しない。究極的に教会が国家に優越することは，聖職者トマスにとって自明であったが，国家にも一定の価値と役割を認める点にトマスの特徴がある。

　それでは国家はいかなる役割を果たすべきであろうか。トマスは人間の支配・被支配の関係を二つに分類し，奴隷制的な支配服従関係を自然に反するものとして否定する一方，政治的なそれを肯定している。すなわち，アウグスティヌスが人間の支配服従関係を堕落の結果と捉えたのとは対照的に，トマスは支配者が共通善を目指して被支配者を導くことは，自然かつ正当であると考える。したがって，トマスにいわせれば，国家は共通善を達成するために存在するのであり，平和の維持と地上の幸福を実現しているかぎりにおいて，自然の秩序に合致していることになる。また生活の必要を満たすという点で，国家は家族や都市より自足性が高いので，「完全な共同体」であると考えられる。国家の支配者が制定する人定法も，それが自然法と一致するかぎり，公共善を目指すものとして正当化される。逆に，国家や人定法が自然法に反する場合には，人民に抵抗の権利が認められるし，支配者が神法に違反した場合には，教皇は破門権を発動して服従義務を解除することができる。

　以上のように，トマスは階層的に序列化された自然の秩序を前提に，神によって創造された全事物がそれぞれにふさわしい目的と役割を与えられていると考えた。トマスにおいて，国家に対して教会が，理性に対して信仰が優位を占めることは疑われていないとしても，「恩寵は自然を排除せず，むしろこれを完成する」という有名な言葉に示されているように，恩寵と自然，信仰と理性は必ずしも排他的な関係にあるわけではない。その意味で，世俗国家の政治にも一定の自律性を認めるトマスの理論体系は，近代政治思想の地平を準備したという一面を持っている。

④　王権の伸長

　政治の自律性の自覚は，王権の伸長によって促された。神聖ローマ帝国とローマ・カトリック教会という二つの普遍的な権威が自明ではなくなり，これ

に代わって一定の領域に根ざしたナショナルなものが台頭してくる。封建社会は領主間の錯綜した主従関係によって成り立っていたが，これが国王を中心とした一元的な権力関係に再編されていく。国王は課税権と裁判権を掌握するとともに，ローマ法の専門家から成る顧問団や官僚機構を整備し，統一的な領域支配を実現していった。13世紀後半から14世紀にかけて，イギリスやフランスでは身分制議会も招集されるようになる。国王と貴族，聖職者，都市の有力者が一堂に会し，財政問題について話し合い，多数決で結論を出す。こうした変化のなかで，徐々に国民意識が醸成され，教会や聖職者も王国の一部にほかならないという見方が広がっていくのである。

　「カノッサの屈辱」が皇帝権に対する教皇権の優位性を示す出来事だったとすれば，1303年の「アナーニ事件」は教皇権に対する王権の優位性を象徴するものといえよう。フランス王フィリップ4世が戦費調達のため聖職者への課税を決めたことに対抗して，教皇ボニファティウス8世は例によって破門をちらつかせ，全人類の教皇への服従を求めた。事態が膠着するなか，国王の法律顧問がローマ近郊アナーニで教皇を急襲するという事件が発生し，ほどなく教皇は亡くなった。その後，1309年には国王の意向により教皇庁が南仏アヴィニョンに移され，約70年にわたる「教皇のバビロン捕囚」が始まるのである。

　1377年，教皇庁はローマに帰還するが，その後まもなく教皇選出をめぐる内紛から教会は分裂し，ローマとアヴィニョンに二人の教皇が存在するという教会大分裂（シスマ）に至る。この問題を解決するため，15世紀には公会議が開かれるようになり，1414年のコンスタンツ公会議では教皇よりも公会議が上に立つとする公会議主義が打ち出された。またフランスでは，教皇権に対するフランス教会の独立性を主張する「ガリカニズム」と呼ばれる考え方が発展し，ナショナルな要素が前景化してくる。もはや教皇権の衰退は明らかであった。

5　パドヴァのマルシリウス

　アヴィニョン時代の教皇庁は，パリの王権の監視下に置かれながらも，教会司法改革や行財政改革に取り組み，なかでも教皇ヨハネス22世による財政再建は大きな成果を上げた。しかしその一方で，世俗権力との闘争は容易に終息することなく，ローマに侵攻した皇帝ルートヴィヒが対立教皇を擁立するという

事態も出来した。聖職者内部でも，徹底した清貧を説くフランチェスコ会の聖霊派が，富裕化した教皇庁を激しく批判し，教皇が破門で応じるといった混乱を招いた。反教皇の思想家たちは，庇護を求めてルートヴィヒの宮廷に逃れ，俗権擁護の論陣を張ることになる。ここではマルシリウスの議論を紹介しよう。

　北イタリアのパドヴァに生まれたマルシリウス（1275頃-1343頃）は，フランスで医学，哲学，神学を学び，パリ大学の総長を務めた。出身地イタリアの政治的混乱を背景に，マルシリウスは『平和の擁護者』（1324）のなかで，いかにして世俗の秩序と平和を実現するかという課題に取り組んだ。そして，平和を攪乱する要因を教皇の政治介入に求め，教皇権に対する世俗権力の優位を訴えたのである。

　マルシリウスはアリストテレスに依拠しながら，国家の自足性・自律性を論証する。すでにトマスも国家と政治の相対的な自律性を認めていたが，その根底にはアリストテレスの目的論があり，神へと方向づけられた階層秩序のなかにあらゆる事物を位置づけたのに対して，マルシリウスは目的論的自然観を排する。つまり，トマスによって見出された自然と恩寵，理性と信仰の調和的な関係を，自然・理性の自律性へと読み替え，人間の自然本性に基礎を持つ政治社会を自己完結した共同体として理解するのである。

　また，マルシリウスもトマスと同じように法を区別するが，最も重視されるのは人定法である。マルシリウスにとって，教会の管轄する神法は現世における強制力を持たないし，自然法も人定法として具体化されないかぎり意味をなさない。現世における行動規則を定めた人定法は，人間の外面を規制する物理的強制力を有し，教会の財産や人事もその所管とされる。この強制力を独占するのは世俗の支配者であるが，注目すべきは，法の正当性は人民に由来するとされていることであり，ここには近代的な人民主権論の萌芽がみられる。

　マルシリウスによれば，教皇を頂点とする教会の階層制は人為的なものであり，すべての聖職者は霊的に平等である。したがって，神法解釈であれ破門権であれ，教皇が専有すべきではない。このような考え方は公会議主義を正当化する根拠となるだろう。結局のところ信仰は個人の内面の問題である以上，すべての信徒は神の前で平等であるというマルシリウスの主張は，２世紀後に訪れる宗教改革をも予感させるものであった。

西洋編

第 II 部

近代の政治思想

　第 II 部は，ルネサンスに始まり，英仏の市民革命を経て，19世紀末の市民社会の成熟に至る時代を対象とする（全9章）。

　第 1 章では，ルネサンス期の政治思想としてマキアヴェリの『君主論』を取り上げる。第 2 章は，カトリック信仰に基づく中世的秩序を揺るがした宗教改革に焦点を合わせ，ルターとカルヴァンの思想の近代性を確認する。第 3 章では，政治秩序の根拠を人民の契約に求める社会契約論について，ホッブズとロックの思想を中心に紹介する。第 4 章は，文明社会の発展を背景に登場したスコットランドの思想家たちに照明を当てる。第 5 章では，18世紀フランスの啓蒙主義，なかでもフランス革命に大きな影響を与えたルソーの政治思想について概説する。第 6 章は，フランス革命への反発から生まれた保守主義の考え方に注目する。第 7 章は，19世紀における功利主義と自由主義の展開について，イギリスの思想家を中心に検討する。第 8 章では，自由主義に対するアンチテーゼとして，19世紀ドイツの社会主義を取り上げる。第 9 章では，資本主義の発展に伴って様々な社会問題が発生するなかで，自由主義がこれにどのように対応し，変容していったかを説明する。

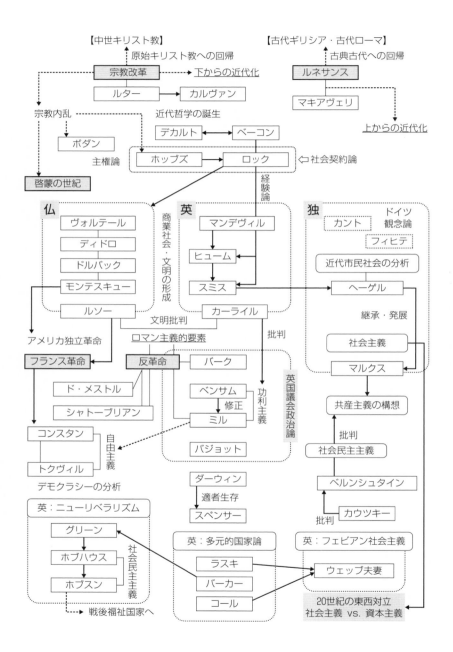

【中世キリスト教】　　　　　　　　　　　　【古代ギリシア・古代ローマ】

原始キリスト教への回帰　　　　　　　　　古典古代への回帰

宗教改革　　→　下からの近代化　　　　　ルネサンス

ルター　→　カルヴァン　　　　　　　　　マキアヴェリ

宗教内乱　　　　　近代哲学の誕生　　　　　　　　　　　　　　上からの近代化

ボダン　　　　　デカルト　←→　ベーコン

　　　主権論　　　ホッブズ　→　ロック　　⇐　社会契約論

啓蒙の世紀　　　　　　　　　　　　　　経験論

仏　　　　　　　　　　英　　　　　　　　　独　　　　　　　ドイツ
　　　　　　　　　　　　　　　　　　　　　　　　カント　　　観念論
ヴォルテール　　　　　　　マンデヴィル　　　　　　　　　　フィヒテ
ディドロ　　　　商　　　　　　　　　　　　近代市民社会の分析
　　　　　　　　業　　　ヒューム
ドルバック　　　社
　　　　　　　　会　　　　　　　　　　　ヘーゲル
モンテスキュー　・　　スミス　←
　　　　　　　　文
ルソー　　　　　明　　　カーライル　　　　　　継承・発展
　　　　　　　　の
アメリカ独立革命　形　文明批判　　　　批判　社会主義
　　　　　　　　成
　　　　　ロマン主義的要素　　　　　　　　　　マルクス
フランス革命　←　反革命　←　バーク
　　　　　　　　　　　　　　　　　　　　共産主義の構想
ド・メストル　　　　　ベンサム　　功
　　　　　　　　　　　　修正　　利　　　　批判
シャトーブリアン　　　　ミル　　　主　社会民主主義
　　　　　　　　　　　　　　　　義
コンスタン　　　自　　　　　　英　　　ベルンシュタイン
　　　　　　　　由　バジョット　国
　　　　　　　　主　　　　　　　議　　　　批判　カウツキー
トクヴィル　　　義　　　　　　　会
　　　　　　　　　　ダーウィン　政　　　　批判
デモクラシーの分析　　　　　　治
　　　　　　　　　　適者生存　論
英：ニューリベラリズム
　　　　　　　　　　スペンサー
グリーン
　　　　　　社　英：多元的国家論　　英：フェビアン社会主義
ホブハウス　会
　　　　　　民　　　ラスキ
ホブスン　　主　　　　　　　　　　ウェッブ夫妻
　　　　　　義　　　バーカー
　　　戦後福祉国家へ　　　　　　　　20世紀の東西対立
　　　　　　　　　　コール　　　　社会主義 vs. 資本主義

第 **1** 章　ルネサンスと近代政治学の誕生

　古代ギリシアでは，優れた人間になるにはポリスが不可欠だと考えられ，「善き生」と「政治」は密接に結びついて理解されていた。これに対して中世ヨーロッパの国家観は，古代ギリシアとは根本的に異なる。キリスト教では，神への信仰に生きることが求められ，国家や政治に期待されたのは，人々が信仰を保てる環境を整えること，そして信仰を持たない人々の犯罪を処罰し矯正するといった役割にすぎなかった。

　中世キリスト教世界のこうした神中心の思考を大きく変革したのが，「ルネサンス」と「宗教改革」である。本章では，「ルネサンス」とマキアヴェリによる近代政治学の誕生を取り上げよう。マキアヴェリの君主論は，「善き生」と「政治」を切り離し，政治学を道徳や倫理から自立させることで，近代政治学を導くことになる。

☐ **1**　ルネサンス

　ルネサンスは，14世紀末から16世紀にかけて起きた思想，文学，美術，建築など多方面にわたる文化的な革新運動であり，イタリアで始まり後にヨーロッパ全土に広まった。「ルネサンス」と聞くと，レオナルド・ダ・ヴィンチやミケランジェロといった華やかな芸術が真っ先に思い浮かぶだろう。それまでの「暗黒の中世」の停滞を打破し，「近代」という新たな時代を切り開いた華々しい文化運動というイメージである。

　だが，「ルネサンス」という言葉は，もともと「再生，復活」を意味するフランス語であり，当初から新しい時代の幕を開けようと意図されていたわけではない。ルネサンスとは「古典古代ギリシア，ローマの文明や文化を再生させる文芸復興運動」であり，結果的に「近代」という新しい時代が始まるきっかけになるのだが，そもそもの目的は，昔に帰り過去を復活させるという後ろ向きの運動として始まったものなのである。

　ルネサンス時代の思想家や芸術家たちは，古代を復興・再生するために，プ

ラトンやアリストテレスをはじめ古典古代の思想や文化を研究した。ところが，古代ギリシアや古代ローマの研究を通じて，キリスト教的な世界観とは大きく異なる，現世において活動的な生を享受する人間像を発見することになる。すでに第Ⅰ部でみたように，古代ギリシアの思想家たちは，現実のこの世の中でいかに「善き生」を送るかについて語った。あの世（彼岸）で救われるためにこの世（此岸）の生を犠牲にするのも厭わないキリスト教の教えとは異なり，この世（此岸）における人間の生を否定せず，「今この世界で充実した生を送ること」を積極的に肯定していた。ルネサンスの人々は，現世における人間の自由や主体性という発想を，古代文明を学ぶなかから見出したのである。

「人間の主体的な自由」は，現代にまで直接つながる理念であり，近代政治思想には不可欠な要素である。中世までのキリスト教世界では，何事も「神中心」で考えられてきた。これに対してルネサンスは，それまで支配的であった「神中心」の思考を「人間中心」の精神構造に転換したのである。これこそルネサンスがもたらした最大の変化であった。

ただしルネサンスは，運動を担ったのが知的エリートの次元にとどまり，「上からの近代化」という色彩を強く帯びていた。ヨーロッパのさらなる近代化には，下から近代化のうねりが巻き起こり，非エリート層にまでそれが波及することが欠かせない。ヨーロッパを民衆の側から改革し，「下からの近代化」が起きるには，宗教改革まで待たなければならない。

2　マキアヴェリ

理想の政治について語るのではなく，混乱した現実の政治をありのままに捉え，そこに直接切り込む現実主義の政治思想がルネサンス期に登場する。政治思想史上の「最強のリアリスト」と称されるマキアヴェリの政治思想がそれである。

ニッコロ・マキアヴェリ（1469-1527）は，ルネサンス期のイタリアを代表する政治家・政治理論家である。イタリアのフィレンツェ共和国の貴族出身で，当時のフィレンツェは，金融業者メディチ家の庇護の下，「花の都」としてルネサンスの文化的な繁栄を謳歌していた。だが，1494年にフランス王シャルル8世がイタリアへ侵攻したのをきっかけに，メディチ家の支配が崩壊，サヴォナローラの神権政治が始まる。当初，広くフィレンツェ市民に支持されたサ

ヴォナローラであったが，もともとドミニコ会の禁欲的な修道士であり，人間的欲望を否定し，芸術作品を破壊するなど厳格な支配を行ったため，次第に市民に嫌われていく。1498年，サヴォナローラはローマ教皇庁を批判するに及んで異端の罪で捕えられ処刑。その統治はわずか4年で終わりを迎えた。

　サヴォナローラ失脚後の1498年から，フィレンツェは「自由平和に関する十人会」という元老院が執行権を握るようになり，貴族であった当時29歳のマキアヴェリは，この十人会の書記として政務に携わることになる。職位は，共和国フィレンツェ政庁第二書記局の書記官であり，彼は主に軍事と外交の現場で実務経験を積んでいく。政治の生々しい現場体験は，彼が後に著書を執筆する際の重要なバックボーンとなる。

　ところが，1512年にフィレンツェでメディチ家の支配が復活すると，マキアヴェリは共和制に与した反メディチ派とみなされ失脚，一時期は投獄までされる。それでも，彼の政治的野心は衰えず，メディチ家にすり寄って政治の現場に復帰しようと様々な画策を行った（例えば『君主論』はメディチ家に捧げられている）。しかし，まともに相手にされることはなく，失意のうちにフィレンツェ郊外の田舎の山荘に隠遁することになる。だが，この強いられた隠居生活はマキアヴェリを著作活動へと向かわせ，皮肉にも政界から追放されたがゆえに，マキアヴェリの名は後世に残ることとなった。

　1520年頃になると，執筆業で名をはせたマキアヴェリは，次第にメディチ家の厚意を得るようになる。そして，メディチ家の依頼で歴史書『フィレンツェ史』（1525）を書いたり，外国に派遣されたりしている。だが，1527年にメディチ家が再びフィレンツェから追放されると，メディチ家と関係を深めていたマキアヴェリは，皮肉にも共和制を支持する反メディチ派から「裏切り者」とみなされ失脚し，同年6月，失意のうちに亡くなった。

③　君主論

　マキアヴェリの主著は，何といっても『君主論』（1513）であろう（出版は死後の1532年）。『君主論』という書名からわかるように，君主のあり方について論じた本である。君主になるにはどうすべきか，君主が統治を持続させるためにはどうすればよいかといった，いわば君主のためのマニュアル本であり，

「統治術」を記した書物である。

　だが，「支配の技法」を教える統治術は，権力の悪用を招きかねないがゆえに，それを公表するなど言語道断であった。マキアヴェリが生前『君主論』を出版しなかったのは，この点と無関係ではない。実際，ローマ・カトリック教会は，1850年まで300年以上もの間，マキアヴェリのすべての著作を禁書に指定している。それほどマキアヴェリの政治理論や『君主論』は，唾棄すべき危険思想とみなされたのである。では，数百年も禁書となった問題作には，いったい何が書かれているのか。

　マキアヴェリの『君主論』は，近代政治学の始まりを告げる著作と位置づけられている。この本の新しさや近代性は，理想国家ではなく現実の国家を対象にし，「人はいかに生きるべきか」を探求するのではなく，「人は実際にどう生きているか」を分析したところにある。「政治」とは人間を統治する営みであり，その際に重要なのは，理想の生ではなく現実の人間であり，「なすべきこと」ではなく「なされていること」である。こうしてマキアヴェリは，宗教・道徳・倫理から政治を切り離し，政治独自の論理を探究したのである。

　マキアヴェリは，人間が生まれながらに悪しき存在であるという徹底した性悪説の立場をとる。人間は虚栄心が強く，他人の成功をねたみ，自分の利益を追求するためなら無限に貪欲である。そのうえ，恩知らずで，ムラっ気があり，偽善者で，厚かましく，臆病であり，物欲には目がない。こうした人間の性悪さは，制度や教育などで事後に是正することは不可能であり，性悪な人間を支配するには，力による強制と，そのための強い軍事力が不可欠であるとする。

　『君主論』によれば，君主の地位まで登り詰めるには二つの方法がある。残虐な手段を用いるか，市民の支援を受けるかである。残虐なことを小出しに少しずつ行えば，いたずらに怨みを買うだけである。残虐な手段をとる際に重要なのは，一気に片をつけることである。少しずつ敵を殺害するのではなく，一気に皆殺しにせよ。そうすれば，抵抗する者がいなくなるので，首尾よく君主になることができるだろう。人間はささいな侮辱には復讐しようとするので，逆に復讐できないくらい大きな侮辱を与えよ，と彼は主張する。

　次に，市民の支援を利用する場合，民衆を敵に回すようなことだけは避けなければならない。なぜなら，数の多い民衆を敵に回すと，至るところに敵がい

る状況になってしまうからである。実際に，市民を敵に回して失敗したのはサヴォナローラである。彼は，禁欲的すぎて民衆に嫌われてしまったがために，絞首刑のうえに焼き殺されるという悲惨な末路をたどった。

　では，どのようにして民衆を味方につけるのか。マキアヴェリは，まず「恩恵を施せ」と言う。施しを与える際には，残虐な行為とは反対に，小出しに与えることが大切である。一気に恩恵を施せば，忘れっぽい民衆はあっという間に感謝の気持ちを失くすだろう。だから民衆には，少しずつ恩恵を与え，時間をかけて君主のありがたみをじっくりと味合わせることが肝要なのである。

　君主になった後，その権力を維持するうえで重要なのは，狐とライオンの能力を使い分けることである。狐とは「狡猾さ」の象徴で，策略やわなを仕掛ける能力のことを指し，ライオンとは「力」の象徴で，武力や軍事力を指す。身の安全を確保するには，狡猾なだけでは不十分であり，強い軍事力を持たねばならない。権力闘争で生き残るには，賢さと力の両方を身につけ，それらを臨機応変に使い分けることが必要なのである。

　そのうえでマキアヴェリは，君主は「愛されるよりも恐れられよ」と主張する。人間は，恐れている者を傷つけることはなかなかできないが，愛する者を容赦なく傷つけることはしばしば起こる。したがって君主は，愛されるよりも恐れられたほうが，はるかに安全なのである。民衆は，説得するのは安易だが，説得された状態のまま維持するのは難しい。そこで彼は，民衆が君主の言葉を信じなくなったら，力で強引に信じさせよと主張する。民衆というのは，頭を撫でるか吹き飛ばすかのどちらかにしなければならないのである。

　また君主は，美徳を身につける必要などないとされる。とはいえ，残虐で邪悪な君主だという汚名も，やはり避けなければならない。そこでマキアヴェリは，人間は所詮，他人を「外見」でしか判断しないのだから，君主は，美徳を身につけているように「見せる」ことが重要だと主張する。特に優柔不断な態度は，市民に軽蔑されるがゆえに，厳に慎まなければならない。君主には強い決断力があるかのように「見せる」ことが大切なのである。

　軍事力に関して，マキアヴェリは，お金で雇う外国の傭兵ではなく自国軍を作らなければならないと強く主張する。というのも，命をかけて敵と戦うのは，金儲けが目的の外国の傭兵ではなく，自分の生まれ故郷を守ろうとする自

国軍だからである。実際マキアヴェリは，書記官時代，自国軍の創設のために奔走し，自国軍を作り上げることに成功している。

　マキアヴェリは，「運命（fortuna）」を君主の「力量（virtú）」によって克服する重要性を強調する。ここでの「運命（フォルトゥナ）」とは，避けがたい力で人間に押し寄せる外的環境を意味する。「力量（ヴィルトゥ）」とは，そうした「運命」のもたらす宿命的状況に，なすがまま無力に流されるのではなく，自らの積極的・能動的行動によって適応ないし対抗するなど，必要に応じて適切な対応を取る能力のことである。これまで述べてきたマキアヴェリの数々の教えは，いずれも君主が自らの「力量」によって，権力の獲得や維持，戦争や内乱など様々な「運命」に対処するための技法なのである。

４　意義と評価

　マキアヴェリは，理想を排し，徹底して現実的に論じる典型的なリアリストであるが，しかし彼の現実主義は，権力それ自体の追求を目的としていたわけではない。『君主論』の最後で明らかになるが，マキアヴェリは，外国勢力の支配からイタリアを解放し，当時五つの国家に分裂していたイタリアを統一することを自らの至上命題としていた。したがって彼の政治思想は，国家の統一と自国の防衛という明確な理想を見据えたうえでのリアリズムなのである。

　マキアヴェリの議論は，統治の実践的な技術論に徹している。このことが，ある程度どのような時代にも通用する普遍的な政治学の構築につながった。だからこそ，後世の人々は熱心にマキアヴェリを読み，その後の政治思想史に大きな影響を与えたのである。道徳や倫理から自立した技術としての政治学を確立した点が，マキアヴェリの新しさであり，功績であるといえる。

　マキアヴェリほど毀誉褒貶の激しい政治学者はいないといっても過言ではない。一方で，『君主論』は「毒薬」，マキアヴェリは「人類の敵」「悪魔」だと罵倒され，目的を達成するためには手段を選ばない政治を指す「マキアヴェリズム」という言葉が生み出された。他方で，長年，国家の分裂に悩まされていたドイツの思想家たちは，近代国家概念の定礎者や民族自立を唱えた愛国者としてマキアヴェリを高く評価している。またフランスの思想家ルソーは，マキアヴェリが君主に教えを説くふりをして，実は民衆に権力の危険性を警告して

くれたのだと肯定的に捉えている。

　マキアヴェリが明らかにしたのは，政治には必ず，謀略，裏切り，だまし，暴力といった反倫理的な要素が含まれていることである。そうした政治の反倫理的な部分をキレイゴトで覆い隠さず，明け透けに語っているところがマキアヴェリの魅力であり，また嫌悪されるところである。

　だがそれは，マキアヴェリが反倫理的なのではなく，そもそも政治に反倫理的なところが含まれていることを示唆している。だとすれば，政治に携わる者には，逆に謀略や暴力といった反倫理的な行動を自制する高度な倫理性が求められるということもまた，マキアヴェリの議論からみえてくるであろう。

⑤　共和主義者マキアヴェリ

　『君主論』と並ぶマキアヴェリの代表作として，ティトゥス・リウィウスの『ローマ建国史』に関する注釈書『リウィウス論（ディスコルシ）』（出版は死後の1531年）がある。『君主論』とほぼ同時期に執筆されたこの本は，古代ローマの共和政に注目し，ローマ市民が自由な生活を維持するために，どのような制度や法律を整備したのかを明らかにしている。マキアヴェリはポリュビオスの政体循環論にならって，君主なき共和国の成功の鍵が，君主政，貴族政，民主政の三要素を組み合わせた混合政体にあり，執政官，元老院，民会の抑制と均衡のうえに，政治的安定と経済的繁栄は実現しえたと考えている。マキアヴェリによれば，共和国は民衆の政治参加を保障するとともに，戦時には市民軍を組織し，さらにある種の国家宗教によって祖国愛を涵養することを通して，その力の拡大強化に努めるのである。

　こうしてマキアヴェリは，共和政ローマを一つの理想的政体として，祖国フィレンツェの人々がその内政と外交を見習うべきことを説いたのであった。マキアヴェリが理想としたのは君主国なのか共和国なのか，あるいは『君主論』と『リウィウス論』の間に変節があったのか，こうした疑問をめぐって様々な議論が繰り広げられてきたが，近年では，政治思想史家ポーコックの研究に代表されるように，共和主義者としてのマキアヴェリにも注目が集まっている。

第2章　宗教改革と個人主義の萌芽

中世ヨーロッパの普遍的世界を解体させた決定的な要因は，宗教改革である。ルネサンスが普遍世界の中心地であるイタリアで始まったのに対し，宗教改革は，普遍世界の周辺であるドイツで始まった。中世のキリスト教的秩序は，カトリックとプロテスタントの宗派対立によって引き裂かれ，各国家がカトリックかプロテスタントかを選択する領邦教会体制が成立する。各地域の領邦国家が新しい政治単位となり，近代国民国家の形成へとつながっていく。

また宗教改革からは，思想信条の自由という近代個人主義の重要な要素が現れる。そして，カルヴァンの予定説は，マックス・ウェーバーが論証したように，近代資本主義の勃興に深い影響をもたらした。本章では，思想・経済・政治の面で近代への道を切り開いた宗教改革を，ルターとカルヴァンの思想を中心にみていく。

1　背　　景

ルネサンスは，中世ヨーロッパのキリスト教的秩序の頂点にあるイタリアで起きた改革運動であった。ローマ帝国の中心地もカトリック教会の総本山もイタリアのローマである。これに対して，近代の始まりを告げるもう一つの運動である宗教改革は，当時，中世的秩序においては周辺地域にすぎないドイツが震源地となった。

ドイツは，今でこそヨーロッパの経済的・文化的な先進国であるが，16世紀のドイツといえば，いわゆる田舎の後進地域であった。宗教改革は，周辺から発生して全ヨーロッパ的に広がり，民衆の意識と日常生活に深く浸透したという点で，「下からの近代化」をもたらす革新運動であった。それは，キリスト教と中世ヨーロッパ世界それぞれの内部に鋭い対立をもたらすことで，中世キリスト教世界の宗教的一体性を決定的に崩壊させる契機となった。

宗教改革は，カトリックとプロテスタントという同じキリスト教内の宗派対立のなかから生じた。宗教改革以前のキリスト教の主流派はカトリックであり，ローマ教皇を頂点とするピラミッド型のローマ・カトリック教会秩序が，

人々のキリスト教信仰を保障し支える中心的な役割を担っていた。カトリックの信仰は、この教会秩序と密接不可分であり、教会の階層秩序を上昇するほど神に近づけることを組織の中核原理としていた。

　カトリック教会は、キリスト教の信仰を体系的・制度的に支えると同時に、教会を通じてしか信仰がかなわない点で、信者を教会に縛りつけていた。そもそも教会は、キリストの死後、後の時代のキリスト教信者が作った組織にすぎない。にもかかわらず、時代を経るにつれ、いつの間にか教会がキリスト教信仰を独占するようになっていたのである。

　カトリック教会の抱えるこうした根本的問題に加え、ローマ・カトリック教会では金権腐敗が横行し、教会が華々しい芸術に金品を投じたり、教皇領を拡大したりと、教会の金銭的・道徳的腐敗が目に余る状態となっていた。

　そのうえさらに、真面目な信者を怒らせたのは、1517年の教会による贖宥状（免罪符）の発行である。教会から免罪符をお金で購入すれば、自分の犯した罪が免除されるというのが、贖宥状の仕組みである。要は、お金と引き換えに神の救済を与えるということを教会は始めたのである。しかもその理由が、ヴァチカンにあるサン＝ピエトロ寺院に大聖堂を建てるための建築費が枯渇し、追加の資金を調達するため、というものであった。

② ルター

　こうしたローマ・カトリック教会の腐敗ぶりに、生真面目なドイツ人のマルティン・ルター（1483-1546）が激怒し、教会に抗議したのが宗教改革の発端である。カトリック教会の腐敗に抗議（protest）する新教徒たちのプロテスタント運動はドイツで始まり、スイス、イギリス、北欧諸国とヨーロッパの広域に波及していくことになる。

　最初に教会に抗議したルターは基本的に宗教家であり、それまでは修道院に入り、司祭を務め、大学の神学部の教授になって聖書神学を教えたりと、基本的には宗教家としての人生を送ってきた。ルターは、大聖堂の建築費用のために贖宥状を売るという教会の行為に我慢ならず、1517年にヴィッテンベルクの教会の扉に「九五箇条の論題」という抗議文を貼りつけた。お金で人間の魂が救われることはないとして、贖宥状の販売を批判する内容となっている。

　この抗議文は賛同と否定のいずれにおいても大変な反響を呼び，カトリック教会から派遣された教皇の使節と論争になり，教皇に呼び出されて抗議文を撤回するよう求められた。当然ルターは反論し，自説を曲げて妥協するようなことはなかった。そこで教皇レオ10世は，1520年にルターをカトリック教会から破門するに至る。ルターは，破門状が届くと直ちにそれを破って焼き捨て，教会の対応に強く抗議したとされている。

　1521年，ルターはついに，ウォルムスの神聖ローマ帝国議会にまで呼び出された。つまりは，教会だけでなく，世俗権力との対立にも巻き込まれることになったのである。ルターは，自らの主張を撤回するよう議会に求められた。ここで言うことを聞かなければ，100年前のフスの事例から，ルターは火あぶりの刑に処せられる可能性があった。にもかかわらずルターは，決して妥協せず，「私の良心は神の言葉に縛られている」と述べて，世俗権力の要求を拒み，カトリック教会への抗議を撤回しなかった。

　結局ルターは，殺されはしなかったものの，ドイツ国内において法律の保護を剥奪されることになった。ところが，ザクセン選帝侯フリードリッヒ３世がルターを庇護し，ルターはそこで聖書をドイツ語訳し，新たな組織を作り，ローマ・カトリック教会とは決別して独自の布教活動を行っていく。

③　宗教改革の特徴

　ルター思想の基本は，教会が成立する以前の原初のキリスト教の教義に立ち戻ることにある。ルターは，免罪符の購入など善行をなすことで神は人を義とするという行為義認の考え方を否定し，善行ではなく信仰による神の恩寵によってのみ人は義とされるという「信仰義認説」を唱えた。そして，信仰の基準は聖書であるという「聖書主義」に立ち返り，聖書に書いていないことは基本的に否定する立場をとった。

　またルターは，神の前ではすべての人間は平等であるとし，教会の聖職者のみが有する特権を否定する。彼は，すべてのキリスト信徒は平等に直接に神につながるという「万人司祭主義」を唱え，それまで区別されていた修道院の生活と世俗の生活を一元的に捉える。その結果，神の召命（Beruf）とされてきた聖職と，世俗の職業との差異がなくなり，あらゆる職業が「召命＝天職

（Beruf）」であるとされた。

　万人が平等に直接に神につながるというルターの教義では，キリスト教の教
えには絶対服従が求められる。だがこれは，教えに反する教会や世俗権力の要
求に対しては良心の自由の主張となり，現実には極めて個人主義的な態度とし
て現れることになる。ルターのウォルムス議会での振る舞いがまさにこの典型
であり，神に絶対服従するがゆえに，神の教えに反する要求には不服従を貫
く。この強烈な宗教的個人主義が，ルターの思想の重要な特徴として挙げられ
よう。ルターの個人主義は，あくまで宗教的次元にとどまるが，彼の思想と行
動によって，世界は近代的な個人主義への重要な第一歩を踏み出すことになっ
たのである。

④　政治的影響

　ルターの問題提起は，純粋に宗教的な動機に基づくものであったが，ドイツ
では教会の桎梏からの解放の教えと受け取られ，その影響は現実の政治にまで
波及していく。

　宗教改革をきっかけに，1542年，ドイツ農民戦争が勃発する。農民が領主に
仕えることも重税が課されることも聖書に根拠がないとして，ルターの改革を
支持する農民たちは，税金の軽減や農奴制の廃止など「十二箇条の要求」を掲
げて反乱を起こし，これが瞬く間に他のドイツ地域に広がった。当初ルター
は，この反乱を支持していたが，騒乱が急進化して農民が暴徒化するに及んで
これを激しく非難し，反乱を鎮圧する領主たちを支持するようになる。この戦
争は農民側の完敗に終わり，最終的に鎮圧されることになった。

　1546年，カトリック教会を支持する神聖ローマ皇帝カール 5 世とプロテスタ
ント勢力（シュマルカルデン同盟）の間でシュマルカルデン戦争が勃発する。こ
の戦争は，およそ10年後の1555年のアウクスブルクの和議でようやく終結し，
ルター派の信仰がドイツで容認されることとなった。ただし，「領邦君主がそ
の領邦内の宗教を決める」という領邦教会制が採用されたにすぎず，これはあ
くまで領主が領邦内の信仰を決定するというもので，個人の信仰の自由までは
認められなかった。

　ルターは，個人の内面には世俗の権力が介入する余地はないとする一方で，

外的な事柄に関しては現世の権力に服従することを求めた。その結果，彼は，ドイツ農民戦争では領邦君主の側を支持し，また領邦君主に聖職者を任免し，教会の財産を管理する権利を認める「領邦教会制」の導入を説いた。だが，この領邦教会制は，領邦君主と個人の信仰が異なる場合，神への信仰と領邦君主への忠誠に著しい齟齬が生じ，内面と外面の分裂を招きかねない。ルターの示した解決策は，カトリシズムしか許されなかった中世の秩序から大きく踏み出すものである一方で，内面と外面の関係に潜在的な矛盾をはらむものであり，この点でルターの宗教的個人主義には大きな限界があったといえよう。

⑤　カルヴァン

　ルターの教義を継承・発展させながら，スイスのジュネーヴで宗教改革を推し進めたのが，フランス生まれの神学者ジャン・カルヴァン（1509-64）である。カルヴァンは，ルターの唱えた信仰義認説と聖書中心主義を受け入れつつも，それに加えて神の全能性や絶対性を強調し，対照的に人間の無力さと邪悪さを主張する。人間は本来罪深き存在であり，神の導きなしに善をなしえず，自ら救済の手段を持たないとされる。

　人間が現世でなすべきことについて，ルターは内面的な信仰による義を強調するだけで，外面については世俗の権力への服従という受け身で非政治的な要請がなされるのみであった。これに対してカルヴァンの場合，現世は神に奉仕し神の栄光を表す舞台であるとされ，人間には，神の栄光を増すよう現世を聖化することが求められた。

　カルヴァンは，人間が死後に救われるか否かは，超越的絶対者たる神が一方的に決めることであり，神の国へと救済される人とそうでない人は，生まれたときにはすでに決まっているという「予定説」を唱えた。救済があらかじめ決まっているのだとしたら，現世で熱心に信仰に励むことも善行を積むことも無意味となり，神への信仰心が薄れそうなものだが，まったく逆に，予定説は現世における神への積極的な奉仕につながるのが興味深いところである。

　というのも，救済されるか否かがあらかじめ決まっているのだとすれば，自分はそのどちらなのか知りたくなるのが人情というものであろう。救われるのかわからない宙吊り状態のまま死を向かえるのは辛く不安であり，自分は救わ

れているという確信を得て安心したいものである。だが神の意志は，そう都合よく人間に知りえるものではない。カルヴァンの予定説はいわゆる「不可知論」と結びついており，救済の有無は「神のみぞ知る」ことなのである。このような状況下で，信徒は否が応でも内面的孤立を深め，宗教的不安が増幅していく。そこで彼らは，自分が救われることの「証し」を得ようと，神から与えられたみずからの Beruf（天職）に専心し，それを通じて現世での神の栄光を増す奉仕活動に努めようとする。そして，職業的に成功することで，自分が救済に選ばれているに違いないという確信を得ようとしたのである（カルヴィニズムの予定説が西洋近代で資本主義を生み出す精神的な駆動力となった点については，西洋編第Ⅲ部第 1 章のウェーバーの項目を参照）。

　政治思想に関して，ルターは内面と外面を峻別し，内面的には個人主義の萌芽を垣間見せる一方で，外面的な事柄については領邦国家への服従を説き，結果的に権威主義的な政治を正当化することになった。これとは対照的にカルヴァンは，世俗権力に対して教会の教えに従い，異端を排除して真の宗教を保護することを求めた。実際カルヴァンは，ジュネーヴ市政府と協力して厳格な神権政治を行い，市民生活を宗教的に統制した。無宗教や異端のみならず放蕩や享楽をも取り締まり，500 人以上の異端者を死刑にした一方で，大学を設立して教育に力を入れ，布教活動に取り組んだ。政治よりも宗教，世俗権力よりもプロテスタント教会を優位に置くことで政治権力の横暴を抑制し，彼の弟子が権力への抵抗権を理論化するなど，カルヴァンの思想は，近代自由主義を導く一つの源泉となっていくのである。

⑥　ルネサンスとの共通性

　ルネサンスも宗教改革も，結果として近代という新しい時代を切り開く運動となったが，両者はともに，もともと古い伝統を復活させるという後ろ向きの運動として始まった。ルネサンスは古典古代へと回帰し，宗教改革は原始キリスト教に立ち戻ろうとするものであった。それ自体は先祖帰りを企図する復古的な運動が，意図せずこれまでにないまったく新しい時代を切り開くというパラドックス。過去の歴史や思想を学ぶことから時代を変える真に革新的なものが生み出されるダイナミズムを，この二つの運動は示している。

第**3**章　主権国家と社会契約論

> 　ドイツに端を発した宗教改革は，中世ヨーロッパの「キリスト教共同体」の統一性を解体し，キリスト教は様々な宗派に分裂する。その結果，ヨーロッパは宗派対立による権力抗争に直面し，各地で宗教内乱が生じた。
>
> 　戦争状態に終止符を打つべく，ボダンは国家の主権概念を提唱し，ホッブズは社会契約論を考案した。内乱後，名誉革命へと至るイングランド史を背景に，ロックは社会契約論を発展させた。ホッブズとロックの社会契約論は，政治秩序の正統性を理論的に基礎づける試みで，近代の政治史・思想史に与えた影響は絶大である。
>
> 　他方，30年戦争に従軍したデカルトも，この動乱の時代に絶対確実なものを探求しようとした。「考える私（コギト）」から導き出された人間（主体）と自然（客体）というデカルト的二元論は，近代の科学と哲学を規定する認識地平を切り開くことになる。

①　ボ　ダ　ン

　ヨーロッパ各地で勃発した宗教内乱では，異なる信仰を持つ者たちが，われこそが「真の宗教」を体現する立場にあると主張し，キリスト教内部での対立が激化した。宗教権力と密接に結びついていた政治権力もまた，自らの正統性を問われるようになる。フランスでは，「真の宗教」をめぐって王権と貴族が対立し，名門貴族により形成されたカトリック強硬派のリーグ，カルヴァン派を継承したユグノー，そしてカトリック穏健派であるポリティークの三つの勢力が台頭した。リーグとユグノーの間で起こったユグノー戦争（1562-98）では，聖バルテルミーの大虐殺により多くのユグノーが虐殺された。この出来事は，カトリックによるフランス再統一を目指すリーグに対抗して，ユグノーが抑圧的な君主には武力行使をも厭わない抵抗思想を展開する契機を与えた。

　混乱を極めるフランスの宗教内乱期を生きたジャン・ボダン（1530-96）は，ポリティークを代表する思想家である。ポリティークは，国家の安定を確保するために宗教的寛容を訴えた。そして彼らは，宗派争いによって国家が分断さ

れることを避けるためには，王権による統一が必要であると考えた。

　ボダンの主著『国家論』（1576）によると，主権とは「国家の絶対的で永続的な権力」であると定義される。主権は，国内において至上の権限であり，対外的には教皇権からの独立を意味する。人民は主権者に絶対服従することになり，主権者は人民からの同意なく自由に法を制定し，改廃することができる。後者には，中世的な慣習法との断絶がみられる。端的にいえば，ボダンが意図する主権とは立法権であるが，ほかにも，外交権，人事権，裁判権，恩赦権，貨幣製造権，課税権などが主権には含まれる。また，永続的な権力である主権に任期は存在しない。したがって，ボダンの主権論は，中世において支配者と被支配者の双方に適用されていた伝統的で宗教的なルールに基づく統治ではなく，主権者の決定に従うという一方向的な支配を意味していた。

　ただしボダンによれば，主権者は地上の世界で「神の写し」として存在すべきであり，主権者の好き勝手に秩序を構築することは許されない。主権概念自体は，ローマ教皇からの自由を強調する一方，神への信仰が主権者に課された制約となっていることに留意しなければならない。

② デカルト

　フランスのルネ・デカルト（1596-1650）は，「近代哲学の父」と評される哲学者である。『方法序説』（1637）では，近代科学の方法論が提示されている。まずデカルトは，真理を探究するための方法として，次の4つの規則を立てる。①疑わしいものは捨て，明晰判明なもののみを受け入れる（明証）。②大きく困難な問題は小さな部分に分割する（分析）。③単純な問題から複雑な問題に進む（総合）。④分析と総合の結果を連結して全体を見渡す（枚挙）。

　デカルトは道徳も堅固な土台の上に築かれるべきだと考えていたが，そこに至るまでのいわば仮の道徳として，次の3つの規則を定めている。①自国の法律や習慣に従うこと。②正しいと判断したことは行動において貫くこと。③世界の秩序や運命を変えるよりも自分の欲望を変えること。

　合理主義者デカルトが，政治や宗教に関して保守的な一面を持っていることは興味深いが，絶対的な真理を探究する姿勢にかけては実に非妥協的だ。デカルトは，ひとまずすべてのものを疑うことから始める（方法的懐疑）。例えば，

人間の感覚は間違いやすく，夢と現実の区別すら怪しい場合もある。数学的真理とみなされているものも，「欺く神」を想定することで，懐疑の対象とされる。こうして，この世に確実なものは何一つないということになる。

　しかし，そのように疑っている私，懐疑する主体が存在することは否定できない。これが「われ思う，ゆえにわれあり（コギト・エルゴ・スム）」という有名な命題の意味するところである。ところで，私の本質は「思惟」，すなわち考えることにあり，思惟する主体によって認識される物体（客体）の本質は「延長」にある。延長とは，物体が空間のなかに長さ，広さ，深さをもって存在していることをいう。ここにおいて，認識主体と機械論的自然，あるいは精神と身体というデカルト的二元論が成立した。近代の政治思想も，このような機械論的世界観に立って展開されることになるだろう。

③　ホッブズ

　17世紀のイギリスでは，国王と議会の対立が先鋭化していた。1628年の「権利の請願」では，議会が人民の権利を主張した請願をチャールズ1世に提出するが，翌年彼は議会を解散し，政治から締め出した。他方，国王を支持する英国教会と英国教会から分離した宗派との間に宗教対立が生まれた。後者はピューリタンと呼ばれ，後に議会の構成員であった特権身分の貴族とともに反王権連合を形成した。1642年にチャールズ1世が議会派に武力行使を始めたことで，イングランド内乱が勃発する。最終的に主導権を握った議会の独立派が1649年にチャールズ1世を処刑し，貴族院は廃止され，一院制の共和政が樹立された。だが，クロムウェルの独裁を経て，チャールズ1世の皇太子チャールズ2世によって王政復古が起こり，共和政はわずか10年で幕を閉じた。

　以上のように，当時のイングランド政治は極めて不安定であった。この激動を生き抜いたトマス・ホッブズ（1588-1679）は，主著『リヴァイアサン』（1651）において内乱の原因を分析し，その克服を可能にする政治学を打ち立てようとした。内乱期の各勢力は，「真の宗教」を後ろ盾にすることで政治権力の獲得を目指していた。このような抗争状態のなかでホッブズは，いかなる政治的・宗教的立場に属していようとも，万人が合意可能な政治秩序の原理を考察したのである。

　まずホッブズは，共同体や政治，法，宗教などによって秩序が成立する以前の状態（自然状態）を想起する。政治社会が存在しない状態では，人間は一個の生物であり，自己の生存を第一目的に生きる。感覚によって外的刺激を受ける経験を通じて人間は，苦痛を回避するための判断能力を獲得する。究極の苦痛は死である。ホッブズによると，人間は生存するための予見能力を保持する点において，他の動物と異なる。飢えや渇きといった苦痛は，食糧や資源の必要を認識させ，その結果，人々は将来を見据えて貯蓄を行うようになる。

　不確実な未来に直面した人間たちは，生存に必要な資源の獲得という自らの欲望を拡大することを善と捉え，より大きな権力の獲得を目指して永続的な争いに陥る。ここに「万人の万人に対する闘争」が生じる。闘争状態において各人は，自己の生存のためにあらゆる行動を行う自己保存の権利を有する。場合によっては，他者を実質的に排除するような殺人も必要になる。このように，社会の習慣や規則，あるいは人間の善悪判断が各人を拘束するという前提を排することで，ホッブズはあるがままの人間を自然状態のなかに描き出したのである。

　自己保存の権利の追求は自分がいつ死んでもおかしくない不安定な状態を生み出す。そこで人間は，平和を望み，無秩序から脱却すべきだと考えるようになる。ここに，理性によって平和の実現を目指すべきだと命ずる自然法が形成される。悲惨な状態を回避するために，自己の安全が脅かされないかぎりにおいて，互いに約束を結び，無制限な自由の行使をやめなければならない。しかし，一人でもこの自然法を破れば，再び戦争状態に回帰してしまう。そのため，違反者を罰することのできる共通権力を樹立する社会契約が必要となる。

　「剣なき契約は言葉にすぎない」というホッブズの言葉は，絶対的権力者という「剣」によって契約違反者が処罰されることで，際限ない自己保存の戦いに終止符が打たれ，秩序が安定することを意味する。人間は，自己保存に関わる自らの権力を一人の支配者または合議体に譲渡し，各人を包み込む権力機構を樹立する。この権力機構が主権者となる。こうした社会契約を経て，権力を委ねられた主権者は，人々の自然権（生存権）を守ることを約束するという条件の下で，絶対的権力を保持する。ひとたび契約が結ばれると，主権者の行為はすべて人民の行為と同一視され，人民は主権者の命令に従わなければならな

い。つまり，主権者の人格と人民の人格が一体化されることで，秩序は安定するとホッブズは考えたのである。

　ホッブズの政治思想が絶対王政を肯定する一面を持っていることは否定できないだろう。とはいえ，ホッブズによれば，主権者は生存に関わる人民の福利についても配慮すべきであり，諸個人の生存が脅かされる場合には，主権者に対する絶対的な服従義務は解除される。例えば，戦場での敵前逃亡も自己保存の一環として許容されることになるのである。

④　ロック

　王政復古によってイギリスは，国王・貴族・庶民から成る伝統的な国制へと回帰し，王党派と議会派の対立が再浮上した。1680年代に入ると，チャールズ2世による議会弾圧が激しくなる。加えて，王位継承権を持つ王の弟ジェームズがカトリック教徒であったことから，英国教会を支持する議会との対立が生じ，王位継承問題も浮上した。1688年，議会派はジェームズ2世を追放する。オランダ総督ウィリアム3世とプロテスタントに改宗したジェームズの娘メアリが結婚し，二人は「権利の宣言」を受け入れた。これにより「権利の章典」が制定され，立憲君主政を樹立したイギリスは名誉革命を遂げた。

　名誉革命の最中，ジョン・ロック（1632-1704）は『統治二論』（1689）を出版した。本書はその名の通り，二つの論文から構成されている。第一論文では，王党派の主張を支えていたロバート・フィルマーの『父権論』が批判される。王権は神によって授けられたという王権神授説をフィルマーは主張したが，反王党派を支持していたロックはこの考えを退ける。

　続いて第二論文でロックは，社会契約論を用いて正当な統治とは何かを論じていく。ホッブズと同様にロックは，まず国家や政治社会の存在しない自然状態を想起する。ロックによると，生まれたときの人間の心は「白紙（タブラ・ラサ）」であり，その後の経験によって人間は様々な観念を習得する。また，ロックの自然状態では，生存に必要な食糧や資源は神によって十分に与えられており，ホッブズの想定したような闘争状態が必然的に生じることはない。

　神によって与えられたものは共有物であり，人は共有物に労働を加えることで自身の所有物を獲得する。ロックは，労働によって獲得した事物は，当人の

正当な所有権（プロパティ）として保障されねばならないとする自然法を提唱した。生命，身体，自由，さらにこれらを用いて自然に働きかけて得たものが所有権として認められる。ロックには，労働が価値を生み，その労働が生産物の価値を決定するという労働価値説の萌芽がみられる。

　ところが，自然法に違反する者が出てくる可能性もある。この場合，各人は自分自身で生命や所有物を守らなければならない。そのため，自然法の侵害者を罰する共通権力として，政治社会もしくは国制を設立する必要がある。この設立に際して重要なのが「信託（trust）」に基づく契約である。ロックによれば，政治社会とは言葉を通じた合意に基づく契約であり，統治者は人民から契約を守る信託を預かる。ホッブズは「剣」という主権者の絶対的権力を重視したが，ロックは，人々が合意する約束の理念を重んじる。人間同士の権利と義務関係に基づいて共同体は誕生する。この点に，キリスト教的な共通の信念ではなく，法に基づく相互支配という近代的な政治のあり方が示されている。

　統治者は，各人の生命，身体，自由，所有物を保障する自然法に基づいて，人民からの信託の下，法を制定する立法権を持つ。このほかに，立法権の決定を執行する執行権と，外交や対外的軍事を司る連合権があり，これらの権力機構によって政府は構成される。ホッブズの場合，ひとたび主権者と人民が契約を結ぶと，その契約を放棄することはごくわずかの例外を除いて認められないが，ロックは政府に対する人民の抵抗権と革命権を認める。抵抗権とは，立法権の所在が議会から国王に移動した場合や，政府が権力を濫用することで人民の利益を侵害する場合に発動可能となる。革命権は「天に訴えかけてでも」専制政治を打倒しなければならないような特殊な事例を想定している。もっとも，抵抗権と革命権はいずれも武力行使や秩序の解体を生み出す恐れがあるため，安易に用いるべきではないとロックは考えていた。

　ロックの政治思想は，自然法の議論に見みられるように，キリスト教の影響を色濃く残している。しかし，ロックの社会契約論は，自然法のなかに個人の私的所有権を認めるなど，近代の自由主義を基礎づけたことによって，後世の政治と思想に大きな影響を及ぼすことになった。

第 **4** 章　スコットランド啓蒙

　　名誉革命を経たイングランドは，18世紀はじめにスコットランドと合邦条約を結び，グレートブリテン王国となった。この時期のイングランドは文明社会の発展を経験するが，スコットランドでは「スコットランド啓蒙」と呼ばれる思想潮流が誕生した。

　　本章では，フランスやドイツの啓蒙思想家とともに，近代啓蒙思想の一翼を担ったスコットランドの思想家たちを紹介する。彼らの多くは，経済発展に伴う「富」と「徳」をめぐる諸問題に取り組んだ。マンデヴィルが提唱した「私悪＝公益」のテーゼ，それとは一線を画すヒュームの文明社会論と社会契約論批判，ヒュームの人間理解を継承しつつ，独自の道徳・経済理論を提示したスミスの思想を中心に概観する。

　　未開で野蛮な状態から脱却する「光」が啓蒙であるならば，スコットランド啓蒙は何を照らし出したのか。後期スコットランド啓蒙期に活動したカーライルを最後に取り上げ，文明社会によって生じた道徳的腐敗の側面にも目を向けておこう。

① 富 と 徳

　17世紀のヨーロッパは，宗教内乱と戦争に伴う大混乱に見舞われたが，18世紀前半に入ると比較的安定した秩序の確立期へと移行する。この時期に都市文化が豊かに形成され，ヨーロッパ旅行を通じて各国の社会状況の観察や比較を試みる著述家も登場した。このような文化的交流の拡大と深化から，18世紀のイギリス，フランス，ドイツでは，それぞれ啓蒙思想が発展する。

　1707年にイングランドとスコットランドの間に合邦条約が結ばれ，両国は一つの王国（グレートブリテン王国）となった。この条約締結に先立って，スコットランドでは，イングランドとの合併に反対する運動も起こっていた。合邦後のスコットランド内部では，先に経済的・文化的発展を遂げていたイングランドへのある種の対抗意識も生まれ，イングランドに劣らぬよう自国の近代化を求める声も聴かれた。さらに，スコットランドの知識人たちのなかには，イン

グランドと政治的・経済的に対立しつつも，独自の発展を遂げつつあったフランスに注目することで，自国の分析を行う人物もいた。

　イングランドとフランスの「外部者」という視点から思想を形成したのは，「スコットランド啓蒙の父」とも称されるフランシス・ハチソン（1694-1746）である。ハチソンは，英仏が富の蓄積に邁進するあまり，奢侈の追求に明け暮れていることを批判した。つまり，行き過ぎた消費や贅沢が，人間社会に悪徳や虚栄心をもたらす危険を察知したのである。当時，イングランドと比べてスコットランドは政治的・経済的に後れをとっていた。いかにしてスコットランドは，未開，野蛮，貧困状態から洗練された文明社会へ移行すべきか。いかにして「富」と「徳」を両立すべきか。このような問題意識は，ハチソン以降のスコットランド啓蒙の思想家に受け継がれていった。

　奢侈をめぐる論争は，バーナード・デ・マンデヴィル（1670-1733）の『蜂の寓話』（1714）に端を発するといわれる。同書の副題「私悪は公益」が示唆しているように，マンデヴィルは，奢侈を悪徳とみなす古代ギリシア・ローマ，あるいはキリスト教の伝統に反する思想を挑発的に展開した。人間の自己愛や情念に着目する彼の思想は，奢侈や自己利益といった私的動機に基づく行為が経済を活性化させ，社会発展をもたらす点を強調する。すなわち，贅沢を追い求める感情や自己の私的な安寧を求める気持ち，他者との比較によって生じる虚栄心こそ，文明化の促進剤になるとマンデヴィルは主張したのである。

　だが，マンデヴィルは単に悪徳を推奨したわけではない。悪徳が除去されることは望ましいものの，人間の情念は激しいため，法や教訓によってこれを抑制することは難しい。そのため，「大きな不都合を防ぐために小さな不都合を我慢」する政治的知恵が『蜂の寓話』では探求されたのである。個人の私悪を「小さな不都合」とするマンデヴィルの理解は，キリスト教の倫理を重視する思想家や宗教家からは非難を受けた。

　しかし，情念や欲望に着目し，各人の利益追求に基づく互恵的な関係が豊かな社会を生み出すというマンデヴィルの見立ては，奢侈論のみならず，近代的な市場経済における個人の私的利益のあり方を探り出す知的基盤を提供した。その後，「富」と「徳」の両立という課題は，ヒュームによって本格的に取り組まれることになる。

2 ヒューム

　スコットランド出身の哲学者デイヴィッド・ヒューム（1711-76）は，奢侈を否定する伝統的な立場と，奢侈を肯定するマンデヴィルの立場をともに批判的に分析した。ヒュームは，文明社会の発展過程において，奢侈を特権階級の贅沢ではなく，勤労者の生活を洗練させる消費行動として再定義した。一部の富者が経済活動を独占すれば，社会全体の消費は抑制されてしまう。幅広い階級に属する人々が，生活に安定や有用性をもたらすために，自ら獲得した富を利用することを通して，経済の活性化や社会の文明化は実現されるのである。

　とはいえ，例えば世帯主である人物が，自らの収入を好き勝手に使用し，家族を養うことを蔑ろにして贅沢に耽った場合，これは道徳的に非難されるべき行為となる。すなわち，奢侈が悪徳に陥るか否かは，何のために財を使用するかによる。ヒュームは，一般市民の安定的で洗練した生活のために富を活用することが，文明社会を支える経済的・道徳的行為であると考えた。この点に，奢侈否定論者やマンデヴィルとの相違がある。

　ところで，若きヒュームの代表作『人間本性論』（1739-40）は，人間一般の本性を観察と経験に基づいて探究した書物である。ニュートンは啓蒙の世紀を支える科学的思考を提供したが，ヒュームはニュートンの自然学に匹敵する人文・社会科学としての人間学を構築し，理性を重視する伝統的哲学とは一線を画す，情念に基づく道徳理論の確立を目指した。

　ヒュームは，人間の感情と情念の分析を通じて，「理性は情念（passion）の奴隷であり，ただそうあるべきであって，情念に奉仕し服従する以外に決して何の役目も持たない」という命題を導き出した。この点に，理性ではなく情念や感情の働きに着目したハチソンやマンデヴィルとの類似点がある。さらにヒュームは，正義を人為的な徳として定義し，正義を支える部分に共感（感情）を置き，万人に共通する道徳的善悪を支える共感の原理に着目した。

　またヒュームは，ホッブズやロックに代表される社会契約論を批判した思想家としても有名である。ヒュームによれば，そもそも社会契約が明確に行われたという歴史的事実はなく，長い歴史のなかで積み重ねられたコンヴェンション（黙約）によって公共の利益は成立してきた。つまり，人間は生存のために他者との協働関係を築き上げ，正義の諸原則を確立し，秩序を形成したのであ

る。この歴史的過程で，個人の権利や自由，市場経済を支える所有や契約の
ルールの有効性に人々が共感を覚えた結果，統治が成立したことをヒュームは
強調する。

　社会契約という「約束」に基づいて共同体を設立するためには，まずもって
「約束を守らなければならない」という規則がコンヴェンションとして確立さ
れていなければならない。既存の制度や慣行が機能しているのは，すでにコン
ヴェンションが歴史的に形成されてきたからである。既成の事実を容認する
ヒュームの思想には保守的傾向を指摘することもできる。

　その一方，コンヴェンションに基づいて公共の利益が達成されると主張した
ヒュームの議論には，超越的な神や自然法に依拠することなく，利益や便益，
幸福といった「功利性（utility）」に訴えかける特徴がある。功利性の原理は，
後にベンサムが提唱する功利主義の根幹に位置づけられることになる。

③　ス　ミ　ス

　ヒュームと同じく，スコットランド出身のアダム・スミス（1723-90）は，グ
ラスゴー大学でハチソンに師事し，その後に同大学で道徳哲学教授を務めた。
スミスは『諸国民の富』（1776）の著者として知られるが，スミスの経済学の
基礎には『道徳感情論』（1759）で展開された道徳哲学がある。これら二つの
著作を通じてスミスは，ヒュームから人間の利己心と共感に関する洞察を学
び，政府による経済的自由の保障が社会発展にとって不可欠であると論じた。

　『道徳感情論』によると，人間が利己心のみに支配された世界では，平和は
実現されない。スミスは，秩序の形成を可能にする要因として，同胞に対する
「共感（sympathy）」の感情を重視する。この共感は「想像上の立場の交換」によっ
て生み出される。他者の立場に立って物事を考え，感じるとき，人は自分の属
性や感情を超えて，他者に共感を示すことができる。つまり，他人の行為や判
断を是認したり否認したりする際，われわれは相手の視点から物事を捉え直す
ことで，道徳判断を行うのである。自らの行為が共感によって非難されるので
あれば，それは正義に反する行為とみなされ，処罰を求める感情が他者から向
けられる。

　このようにスミスは，他者の視点を通じて人間社会に正義感覚が生まれたと

考える。だが，他者への共感は，ときに個人の「好き嫌い」の選好に左右されることもあろう。そこでスミスは，正義の問題について道徳判断を下す場合，判断の対象となる人物やその者の置かれた境遇を公平かつ十分に理解し，適切に立場を交換することのできる「公平な観察者（impartial spectator）」が必要であると述べている。この観察者は，特定の身分や有職者ではなく，文明社会を生きる人々一般を意味している。

　中世や近世では，宗教的な権威と世俗の権力が道徳判断を下すのが一般的であった。ところが，近代化の過程で個人の経済活動が活発になったことで，人々は自由で平等な個人として行動し，行為者と観察者という二つの立場を経験することができるようになった。文明社会の発展は，人々が公平な観察者を経験する機会を提供したのである。その意味で，スミスの道徳理論は自由主義経済の生活圏においてこそ涵養されたといえる。

　『道徳感情論』の刊行から約20年後，スミスは，市場経済メカニズムを解明した経済学の古典『諸国民の富』を出版した。有名な「見えざる手（invisible hand）」の理論は，個人の自由な経済活動が，結果として国富の増大に寄与するという経済学の基礎原理を打ち立てた。この「見えざる手」は，分業理論と価値・価格理論によって支えられている。

　一人の職人が鉄の塊からピンを作ろうとすれば，一日で完成できるピンはせいぜい一本である。しかし，分業体制を導入し，ピン作りの工程を複数人で分担すれば，製造の効率は格段に挙がる。また，各工程の技術に特化した人材を確保することで，より質の良い製品を短時間で作り上げることもできる。こうした分業理論は，産業革命期の大規模工場の誕生にも一定の影響を与えた。

　さらにスミスは，生産された製品が交換によって取引されることに注目し，生産に必要な価格がその交換価値を決定するという生産費説を提唱した。生産過程では，土地（生産を行う工場），労働力（製品を作る労力），資本（材料や工場の資源）が必要になる。そして完成した製品の取引きを通じて，生産に携わった地主，労働者，資本家らは，適正な所得を自然価格として獲得する。各階級に属する諸個人が，それぞれに生産力を提供し合うことで，各人は自己利益を追求できる。そして各々の活動が，結果的には社会全体の利益を最大化させることになる。

　しかし，スミスは分業に基づく経済発展の問題性についても十分に認識していた。産業革命後の社会では，国民の大部分を労働者が占めることになるだろう。労働者の多くは，単純作業に従事する生活を繰り返すため，公共心を養う機会を持てないかもしれない。そこでスミスは，公共事業の一部としての初等教育を重視し，教育政策によって分業体制の弊害を緩和しようとした。

④　カーライル

　18世紀前半にイギリスは文明社会の進展を経験したが，18世紀後半のアメリカとフランスの革命は，文明発展の是非を問う契機ともなった。特にフランス革命とそれに対する反動については次章で検討することにして，ここでは後期スコットランド啓蒙の影響下に生まれ，ドイツの文学や哲学に傾倒した著述家トーマス・カーライル（1795-1881）に言及しておこう。カーライルは，人間の内面性や感情を重んじるロマン主義の立場から，人間理性を過信する政治的合理主義の問題性を明らかにした。

　功利主義の批判者としても知られるカーライルは，当時のイギリスの道徳的腐敗の要因を個人主義と機械論に見出していた。例えば「時代の徴候」（1829）では，イギリスは「英雄的，敬虔的，哲学的，道徳的時代」ではなく，ルールや計算に基づいた「機械の時代」にあると批判的に分析している。文明化を肯定する人々は，機械化の発展と産業活動によって個人の自由が確立されると考えるが，カーライルは，文明社会の成立によって，社会には競争心や利己心が広まると指摘する。この道徳的腐敗の最たる要因は支配階級にあり，腐敗の除去は産業界の指導者たちに期待しなければならない。産業指導者という新たな支配層が労働者との連帯を確立し，国家的管理下で産業界を監視しなければならないとカーライルは説いた。

　カーライルの思想は，当時の知的主流をなしていた功利主義や合理主義を批判したことから，イギリスで大きな論争を巻き起こし，また人種主義や奴隷制廃止論をめぐって，J. S. ミルとも激しく対立することになった。

第 **5** 章　フランス啓蒙思想とルソー

18世紀は「啓蒙の世紀」といわれる。啓蒙とは，文字通り「蒙を啓くこと」，すなわち理性の光で闇を照らすことを意味する。英語の enlightenment，フランス語の lumières，ドイツ語の Aufklärung は，いずれも「光」の含意がある。

本章ではフランス啓蒙思想に焦点を合わせるが，イギリスではアダム・スミスやヒューム，ドイツではヴォルフやカントによって代表されるこの知的運動は，ヨーロッパ全体を舞台に展開された。中世の「キリスト教共同体」を引き継ぐ「文芸共和国」とも称される所以である。そのなかにあって，ルソーはやや異質な存在であることに注意しておこう。ルソーは啓蒙哲学者の活動に関与する一方で，理性の解放による文明の進歩を素朴に信じることができず，むしろ自然の感情を重視した。啓蒙主義とロマン主義の二面性を持つルソーは，今もなお難解で魅力的な存在だ。

1 フランス啓蒙思想

　相次ぐ宗教内乱を克服した18世紀のヨーロッパは，相対的な政治的安定のうえに，経済発展と習俗の穏健化，当時の言葉でいえば社会の「文明化」を実現していく。この時代を代表する思想潮流が「啓蒙主義」である。啓蒙とは理性の光で暗闇を照らし出すこと，すなわち，非合理的な迷信や無知蒙昧から自律的な諸個人を解放することを意味する。

　フランスの啓蒙思想においては，イギリスの哲学・科学の影響力が絶大であった。2年間のイギリス滞在の成果を『哲学書簡』（1734）にまとめたヴォルテール（1694-1778）は，認識の源泉を感覚に求めたロック，そして実験と観察を重視したニュートンに，形而上学から科学への移行をみた。ヴォルテールにとって合理的な政治とは，軍隊と官僚制を中心とした近代的行政機構による統治であり，封建貴族とカトリック教会を排除することが肝要となる。そのかぎりでヴォルテールは絶対王政を否定せず，むしろ啓蒙専制君主の役割に期待した。『百科全書』（1751-72）の編者ドニ・ディドロ（1713-84）も，政治的自由についてロックを継承しつつ，やはり啓蒙専制を許容していた。また，過激な

唯物論者であったドルバック（1723-89）は，主著『自然の体系』（1770）において，人間の精神活動も科学的決定論に従属すると説き，そのうえで人間の諸情念を社会の善へと合理的に方向づけることを政治の役割とみなした。

　フランス啓蒙主義は，イギリスの立憲君主制をモデルとして，自由や寛容，法の支配といった政治的価値を高く評価した一方，その絶対王政批判は必ずしも旧体制の根幹を揺さぶるものではなかった。理性への信頼が理性の専制へ，開明的なエリートの専制へと通じる回路を，ここに看取することができよう。こうした見方を根底から刷新する議論は，ルソーを待たなければならない。

2　モンテスキュー

　ボルドーの法服貴族の家に生まれたモンテスキュー（1689-1755）も，若い頃からヨーロッパ諸国を旅行し，特にイギリスの国制からは大きな影響を受けた。書簡体小説『ペルシア人の手紙』（1721）では，主人公のペルシア人の視点を通して，フランスの絶対王政やヨーロッパ文明が痛烈に風刺されている。また『ローマ人盛衰原因論』（1734）は，ローマ帝国の没落の過程から歴史的法則性を抽出しようとした作品であり，政体とそれを支える一般精神との乖離に注目している点で，主著『法の精神』（1748）の議論を予感させる。

　モンテスキューといえば，三権分立の提唱者として有名であろう。権力分立の考え方はすでにロックにもみられるが，それは実質的に議会の立法権と国王の執行権の二権分立であり，前者が後者に優越することで国王の専制を抑止しようとするものであった。これに対して，モンテスキューにあっては立法権と執行権の区別に，司法権を加えた厳格な三権分立が構想されている。さらに，立法権が執行権を抑制するのみならず，立法権の内部でも二院制を採用し，貴族院が庶民院を抑制することを求めている。

　モンテスキューの権力分立論は，まずアメリカ合衆国において制度化され，近代立憲主義の原理としてフランス人権宣言に規定されることになった。その考え方は，今日においても，中央政府と地方政府の関係，議会内の政党の関係，あるいは政党内の派閥の関係などに応用可能であろう。モンテスキューは，国王と貴族院と庶民院がバランスを保ちつつ安定的な国制を維持しているイギリスをモデルに，「抑制と均衡」という発想を得た。当時のフランスの知

識人にあって，イギリスの立憲君主制に学ぼうとする姿勢は一般的であったが，権力は権力によってしか抑止できないというモンテスキューの認識には，人間の権力欲を直視する冷めたリアリズムがあることも見逃してはならない。

　このように『法の精神』は，近代的な三権分立論の嚆矢として重要であるだけでなく，もっと幅広い射程を備えた書物である。モンテスキューによれば，「法とは事物の本性に由来する必然的関係のことである」が，ここでいう事物とは気候風土や土地の性質といった物質的諸条件のことを意味している。こうした自然環境と法の間に因果関係を見出し，政治社会の類型化を試みた点で，モンテスキューは「社会学の祖」ともいわれる。ただし，それは単純な自然科学的決定論ではない。優れた立法者が制定する法は「風土の欠陥」を克服し，政治的自由を拡大しうるとモンテスキューは述べているからである。

　モンテスキューは，政体をその「本性」と「原理」に着目して三つに分類している。本性とは政体固有の構造，具体的には主権者の数を意味しており，原理とはそれを支える人々の情念のことを指す。伝統的な政体論が統治者の数を基準にしていたのに対して，政体を支える精神に注目した点にモンテスキューの独自性がある。第一は共和政で，人民全体が主権を持つ場合は民主政，人民の一部が主権を持つ場合は貴族政と呼ばれるが，いずれにせよその原理は公共心という徳に求められる。第二は君主政で，その本性はただ一人の人間が制定法に基づいて支配すること，その原理は名誉，すなわち名声や優越を求める野心である。第三は専政で，その本性はただ一人の人間がいかなる法にも拘束されず，恣意的に統治する点にあり，その原理は恐怖である。

　以上の三区分に関してモンテスキューは，共和政は古代の都市国家のような小国に，君主政は近代国家のような中規模の国に，専政はアジアの帝国のような大国に適した政体であると述べている。フランス絶対王政の専政化を阻止することが時代の要請となるなかで，モンテスキューは共和政の実現可能性については懐疑的であった。国の大きさもさることながら，共和政を支える公共心や自己犠牲といった徳は，富の追求や奢侈，私利私欲が支配する近代の商業社会とは適合しないからである。専政から政治的自由を保障するには，君主政のほうがふさわしいというのが，モンテスキューの時代診断であった。君主は法を遵守しつつ統治するが，その権力は末端の民衆と直接対峙するわけではな

い。貴族や教会，高等法院といった中間団体が君主政を支えており，なかでも名誉を追求する貴族は，生命を賭す覚悟で専政化を阻止するのである。

　中間権力を重視する議論は，身分制社会を前提として，封建貴族の特権をいかに守るかという問題意識に貫かれていた。その意味で，モンテスキューは旧体制下の制約を免れていないし，そこにノスタルジックな貴族主義を看取することもできる。しかしこのような発想は，中央集権化への防波堤として地域自治組織や自発的結社に注目する今日の議論にも流れ込んでいくことになる。

③　ル ソ ー

　ジャン＝ジャック・ルソー（1712-78）はジュネーヴ共和国の時計職人の家に生まれた。正規の学校教育を受けることなく，16歳でジュネーヴを出て放浪生活を送り，30歳のときパリに落ち着いた。社交界に出入りしながら人脈を広げたルソーは，ディジョンのアカデミーの懸賞論文に当選して，一躍名声を得ることになる。出世作『学問芸術論』（1750）である。

　「学問・芸術の復興は人間の習俗を純化するのに貢献したか」というアカデミーの論題に対して，ルソーは「学問・芸術の光が地上に昇るにつれて徳は逃亡する」と応答した。これは啓蒙主義の文明観への挑戦であった。ルソーによれば，天文学が迷信から，芸術が贅沢から生まれたように，そもそも学問や芸術は人間の悪徳の所産にほかならない。そして学問・芸術は人間本来の素朴さを失わせ，虚栄心や競争心を煽り，道徳的頽廃をもたらす。学問を積んだ人間ほど上品な見せかけを装うが，内面の徳はない。文化は軽薄で偽善的になる。にもかかわらず，文明社会は「鉄鎖の上に花飾りを広げ」，不正や不平等を覆い隠している。啓蒙思想家の多くが商業の発展を歓迎し，そこに習俗の穏健化を認めたのに対して，古代スパルタ人が備えていた純朴さや勇敢さを称えるルソーは，奢侈に流れる文明社会を徹底的に批判した。「古代の政治家たちは習俗と徳について語ったが，現代の政治家たちは商業と金銭の話しかしない」。

　スタロバンスキーの名著『透明と障害』は，「内面／外観」の分裂のない「透明なコミュニケーション」の探求こそ，ルソーの全思想を貫くモチーフであると喝破したが，そのような問題意識はすでに『学問芸術論』に現れている。ルソーの次なる課題は，人間の悪徳や社会の不平等の形成過程を人類の歴史のな

かに辿り直すことである。

　ルソーは再びアカデミー懸賞論文に応募した。今回の論題は「人々の間において不平等はなぜ生じるのか。それは自然法によって正当化されるか」というものであった。ルソーはホッブズやロックの社会契約論を批判しつつ，自然状態から社会状態への移行を独自の視点から描き出した。これが『人間不平等起源論』（1755）である。ルソーの自然状態では，個々人が他者に依存することなく，狩猟や採集を中心とした生活を営んでいる。各人は完全に孤立しているので，ときに争いが生じても，その場を立ち去ってしまえば，支配・被支配は生じない。その意味で，各人は自由かつ平等で，平和な状態である。ホッブズの自然状態が戦争状態であったのは，ルソーにいわせれば，当時の宗教戦争を反映した人間観を自然状態のなかに持ち込んだ結果にほかならない。

　ルソーの自然人は，森のなかをさまよう未開人のイメージである。彼らは無垢であり，悪を知らない。彼らを突き動かすのは，自然の脅威から身を守る自己保存本能としての「自己愛（amour de soi）」と，同胞の痛みや苦しみに対する同情心としての「憐憫（pitié）」だけである。啓蒙主義者が文明の基礎に見出した理性は，ルソーからすれば，人間を道徳的に堕落させるものであった。人間は理性を働かせることによって，自分と他人を比較することを学び，他人に優越したいという欲望を募らせるようになるからである。

　しかしルソーによれば，もともと人間には，自分自身を発展させ，環境を改善していく「自己完成能力（perfectibilité）」が備わっている。動物と人間を分かつこの能力は，歴史の進歩の原動力であると同時に，人間を幸福な自然状態から離脱させる要因でもある。「鉄と小麦」，すなわち冶金術を習得し，定住して農業を始めると，土地所有を中心とする私有財産制度が登場した。ここにルソーは，不平等と支配・被支配関係の起源をみている。有限な土地，希少な財をめぐって人々は争うようになる。「憐憫」は失われ，「自己愛」は「利己心（amour propre）」に変わる。こうして戦争状態が出現することになるが，戦争で失うものが大きいのは金持ちであろう。彼らは言葉巧みに秩序の必要を訴え，国家を作り出した。そしてこの国家が不平等を固定化したというのである。

　以上のように，ルソーは人類の歴史を道徳的な堕落過程として描き出した。

ヴォルテールは「君の本を読むと四本足で歩きたくなる」と皮肉ったが，文明人は森に帰ることはできない。ではどうすればいいのか。「すべての人々と結びつきながら，しかも自分自身にしか服従せず，以前と同じように自由であることはできるか」。この問いを追究したのが『社会契約論』(1762) である。

ルソーは独自の社会契約論を提示している。「各構成員は，そのすべての権利とともに，自分を共同体全体に対して完全に譲渡すること」。ルソーの社会契約において権利の譲渡は全面的かつ相互的なものであり，ロックのように生命や財産を保障するための留保付きの譲渡ではない。それは無謀な行為に見えるかもしれない。しかし，ホッブズのように自分以外の人間（集団）に権利を譲渡するなら，その主権者は専政化する危険性があるが，ルソーの場合，譲渡する相手は自己の帰属する共同体であるから，各人は譲り渡したのと同じぶんだけ受け取ることになる。主権者の命令に従うことは，結局のところ，自己の意志に従うことに等しいのである。

ルソーはこのような共同体の意志を「一般意志（volonté générale）」と呼び，各構成員の特殊意志の総和である全体意志と峻別している。「一般意志は，常に正しく，常に公共の利益を目指す」。この一般意志を具体化したものが法であり，立法権はもとより人民全体に存する。また，一般意志は分割することも代表することもできないから，イギリス流の代表制は否定される。「イギリス人が自由なのは選挙のときだけで，議員が選ばれるや，彼らは奴隷となる」。とすれば，ルソーは直接民主政を理想的と考えたのだろうか。一般意志を体現した国家がどのような形態になるのかは必ずしも明確ではない。

ルソーの思想はフランス革命期に大きな影響を発揮したといわれる。実際，人権宣言に，「法律は一般意志の表明である」とあるように，革命の遺産にルソーの谺を聞き取ることは難しくない。他方，「ヒトラーはルソーの帰結である」と決めつけたイギリスの哲学者ラッセルの評価は極端であるとしても，一般意志への服従こそ自由であるという主張は，全体主義に傾く危うさも感じさせる。いずれにせよ，乱反射するルソーの全体像を捉えるには，本章で取り上げられなかった作品群——ベストセラー小説『新エロイーズ』(1761)，教育論の古典『エミール』(1762)，絶筆となった『孤独な散歩者の夢想』(1778) など——をも視野に入れて考える必要がある。

第 **6** 章　フランス革命と保守反動

政治思想としての保守主義はフランス革命期に始まる。保守主義といえば，バークの『フランス革命の省察』が古典中の古典だが，革命のプロセスについてある程度の知識がないと一筋縄ではいかない書物である。そもそも保守主義は必ずしも首尾一貫した理論体系を備えておらず，保守しようとするものは時代や地域，政治的立場によって異なるので，核心をつかみにくい思想である。イギリスでは文字通り保守党，アメリカでは共和党，日本では自民党が保守政党であるとされるが，それらに共通した理念や政策はあるだろうか。あるいは，保守主義と似たような言葉には，伝統主義や反動もあるが，それらはどのように使い分けられるだろうか。本章では，バーク，ド・メストル，シャトーブリアンという3人の反革命の思想家を取り上げる。現代における保守主義について考えるとき，彼らの思考法は重要な手がかりになるはずだ。

1　フランス革命までのバーク

　1789年7月14日のバスティーユ襲撃に始まるフランス革命は，フランス一国にとどまらず，ヨーロッパ全体の旧体制を動揺させ，各国の思想界にも大きな衝撃を与えた。これにすぐさま反応したのが，イギリスの政治家エドマンド・バーク（1729-97）である。革命勃発の翌年に刊行された『フランス革命の省察』（1790）は，今日では「保守主義（conservatism）」のバイブルとされている。

　革命以前，バークはすでに野党ホイッグの政治家として長い経歴を有し，数多くの演説やパンフレットを通して，自らの政治信条を表明していた。『現代の不満の原因』（1770）では，国王ジョージ3世とその取り巻きが議会を支配しようとしていることを批判し，議会の独立，特に下院における政党の役割を重視している。それまで政党（party）は，私的利益によって結びついた党派や派閥と区別されることなく，社会全体の一部（part）の利益を代表するものにすぎないとみなされてきた。これに対してバークは，「政党とは，その連帯した努力により彼ら全員の間で一致しているある特定の原理に基づいて，国家利

益の促進のために統合する人間集団のことである」と述べて，公的利益を促進する集団として近代政党を定義した。

　これに関連して，「ブリストル演説」(1774) では，代議士はそれぞれの選挙区から選ばれるが，いったん選ばれたからには，選挙民の利害ではなく国家全体の利害を考えなければならないという国民代表の考え方を打ち出し，代議士は選挙民の意志に拘束されることなく，自らの判断力に従って全体の利益のために行動すべきであると主張した。

　また，当時世論を賑わせていたアメリカ独立問題に関して，バークは植民地に共感を示しつつ，英米の和解を模索した。本国が植民地に直接課税することは国制の変更であり，アメリカから自由を奪うことを意味する。バークにとってアメリカ人の自由とは，イギリスが歴史的に実現してきた権利の一環として認められるべきものであった。ここでアメリカ人の自由が抽象的な自然権によって正当化されていないことは，バークのフランス革命批判を考えるときに重要なポイントになるだろう。

② バークの保守主義

　『フランス革命の省察』の執筆時点では，バークはまだ国王の処刑も恐怖政治も目撃していない。バークに筆を執らせたのは，暴徒化した群衆が国王をヴェルサイユからパリへと連行した十月事件の衝撃であった。バークはそこに「豚のような大衆」を認め，恐怖を覚えたのである。にもかかわらず，当時のイギリスでは，プライスをはじめとする急進主義者たちがフランス革命を支持する世論をかきたてていた。バークはこうした急進主義者を反駁しつつ，啓蒙思想によって理論武装された革命のおぞましさを暴き出していく。

　そもそもバークにとって自由や権利は，特定の政治社会のなかで歴史的に獲得された具体的なものであり，父祖から子孫へと継承されていく相続財産であった。一般に政治秩序を基礎づけているのは「時効 (prescription)」，すなわち歴史の試練に耐えてきた伝統や慣習である。なるほどそこには迷信や偏見も少なからず含まれている。啓蒙思想は理性の名においてこれらを攻撃し，除去することによって，社会の習俗を合理化しようとした。しかしバークはこうした偏見を，集団的な知の蓄積としてむしろ積極的に評価する。

　数ある偏見のなかでも，とりわけイギリス国教会という宗教制度は最も重要なものである。それは人々の道徳感情を涵養し，政治制度への信頼を醸成することによって，社会統合の役割を果たしているからだ。バークは「国家と暖炉と墓標と祭壇」は不可分であるという。家族のなかの愛情は，おのずから隣人愛や郷土愛へと拡張され，やがては国家への愛着を育む。そして祖先と教会は時間を超えて人々を精神的に結びつける。かくして国家とは，歴史的に組織されてきた有機体——「現存する者，すでに逝った者，はたまた将来生を享ける者の間のパートナーシップ」——として理解される。

　このような有機的統一体としての国家の理想型を，バークはイギリス古来の国制（Constitution），より具体的にいえば，君主政，貴族政，民主政が均衡を保った混合政体のうちに求める。イギリスの急進主義者たちが1688年の名誉革命の延長線上にフランス革命を位置づけ，そこに「人間の権利」といった普遍的理念の実現をみて取ったのに対して，バークは二つの革命の違いを強調している。バークによれば，ジェームズ2世を追放し，オランダから招いたウィリアム3世を即位させた名誉革命は，王位継承法を否定したわけではない。それはむしろ世襲王政の原則を維持するための緊急措置であり，権利章典によってマグナ・カルタ以来の「イギリス人の権利」をあらためて確認したにすぎない。その意味で，名誉革命はイギリス古来の伝統の回復を意味しており，「保守と修正の二原理」が働いた事例なのであった。

　一方，フランス革命は歴史の連続性を断ち切り，抽象的・形而上学的な原理のうえに，あらゆる制度をゼロから作り直す試みであった。その最たるものが人権宣言であり，生まれながらにして自由かつ平等な人間などという，およそ受け入れがたいフィクションのうえに「人間の権利」を基礎づけた。また，土地と財産の所有こそ「イギリス人の権利」の核心であるとみなすバークにとって，幾何学的に国土を分割して地方制度を再編したり，教会や修道会の財産を没収したりすることは，時効に基づく政治的・経済的秩序を破壊する暴挙にほかならなかった。

　こうしてフランス革命を徹底的に批判し，イギリス国制を擁護したバークの思想は，歴史的に形成された秩序には何らかの存在理由があると考えるかぎりにおいて，保守的な発想であることは間違いない。とはいえ，それはあらゆる

変化を拒否する姿勢とは異なる。ハンガリーの社会学者マンハイムの区別に従って，変化を嫌い，過去に固執するのが伝統主義であるとすれば，保守主義は歴史の流れを自覚したうえで，何かしら価値あるものを選び取り，守っていこうとする態度だといってよい。重要なものを保守するためには，現実を部分的・漸進的に改良していくことが不可欠である。「何らか変更の手段を持たない国家には，自らを保守する手段がありません。そうした手段を欠いては，その国家が最も大切に維持したいと欲している憲法上の部分を喪失する危険すら冒すことになりかねません」。

　バークその人は『フランス革命の省察』刊行後も，フランス革命への国際干渉の必要性を訴えるなど，断固たる反革命の闘士であり続けた。しかしバークに始まる保守主義の政治思想は，「変えることによって保つ」という言葉に端的に表現されているように，時代の変化にフレキシブルに対応しようとする柔軟さを備えており，そのかぎりにおいて自由主義的な側面を持っていることにも留意しておきたい。

③　ド・メストルの反革命思想

　ジョゼフ・ド・メストル（1753-1821）は，サヴォア公国の法服貴族の出身である。フランス革命以前の政治的立場は，王権に抵抗する高等法院を支持するという穏健なものであったが，1792年の革命軍によるサヴォア侵攻を機に亡命生活を余儀なくされてからは，反革命の姿勢を明確にしていった。その代表作『フランスに関する考察』（1796）は，バークの思想を継承しながらも，より激烈かつ反動的な色彩を帯びている。

　ド・メストルはバークと同様，フランス革命を帰結した啓蒙思想を批判し，その合理主義的な人間観や，それに依拠した「人間の権利」という抽象的観念を否定する。「私はこれまでフランス人やイタリア人やロシア人に会ったことはある。モンテスキューのおかげでペルシア人が存在することも知っている。しかし，はっきりいっておくが，これまで人間というものにはお目にかかったことがない」。

　ド・メストルによれば，世界は神の意志，すなわち「摂理」に支配されており，そこでは人間は完全に無力である。神の秩序には，人間に理解可能な次元

とそれを超えた次元が存在し，前者が一定の法則として認識される一方，後者は自然界における「奇跡」のように，一種の「例外状態」として現れる。ド・メストルにとって，歴史における例外状態こそ戦争と革命にほかならず，そこにおいて神の意志ははっきりと姿を現す。「人間が革命を導いているのではない。革命が人間を操っているのである」。犯罪者もテロリストも，無辜の犠牲者たちも，等しく「神の道具」にほかならない。

　では，バスティーユ襲撃に始まり，恐怖政治とジャコバン独裁に至る革命のプロセスにおいて，いったい神は何を意図しているというのか。それは人間の犯罪に対する懲罰である。神意に反して人為的秩序を構築できると思いこんだ人間の傲慢は，ルイ16世をはじめ，数多くの罪なき人々の血によって贖われなければならなかったとド・メストルは理解する。

　そして，戦争による破壊の後にしばしば一国の繁栄が訪れるように，天罰としての革命を通過して初めて，王政とカトリック教会を支柱とする永遠の秩序は再来するだろう。「反革命と呼ばれる王政の再建は，反対の革命ではまったくなく，革命の反対であろう」。反革命の過程すら神意に沿って進行するので，暴力によって王政の復活を企てる必要はない。そうした人為的な試みは，目的こそ異なるものの，むしろ革命の反復とみなされよう。ド・メストルは，王党派に対して神の意志の実現を待つよう勧奨するのである。

　このようなある意味で傍観者的な態度は，革命の波及をいかにして食い止めるかというバークの切迫した問題意識とは隔たりがあるし，また後にドイツの政治学者シュミットが注目することになる「決断主義」の側面とは別の一面を示している。ド・メストルのシニカルで悲観的な人間観・世界観は，その独特な文体の魅力とあいまって，シャトーブリアンやボードレールのような文学者にも影響を与えることになる。

④　シャトーブリアンとロマン主義

　ところで，バークの時代には「保守主義」という言葉はなかった。この言葉が広まるきっかけを作ったのは，1818年，フランスの作家シャトーブリアン（1768-1848）による雑誌『保守主義者（*Le Conservateur*）』の創刊であり，翌年にはヴィクトル・ユゴーも『文学的保守主義者（*Le Conservateur littéraire*）』を

発刊している。その後，イギリスでトーリーが「保守党」と称されるようになって，「保守主義」という言葉も一般化していったのである。

　シャトーブリアンはブルターニュ地方の名門貴族の家に生まれた。19世紀初頭の政治的・社会的動揺のなかで，満たされない自我を抱えた青年層の心理状態は「世紀病」と呼ばれたが，シャトーブリアンはそうした人間の葛藤や憂愁を小説世界に昇華させたロマン主義文学の先駆者と目されている。

　例えば，小説『ルネ』(1803)は，繊細な感受性に恵まれた主人公ルネが，それゆえに生への倦怠感と社会への嫌悪に苛まれ，自殺願望を募らせながらも，ある出来事をきっかけにアメリカに渡るという，自伝的な内容を持った作品である。シャトーブリアンの分身ルネを苦しめているのは，自我の分裂である。現実世界を生きる自我と超越的世界を志向する自我，外見と内面に引き裂かれた自我は，いかにして克服されるのだろうか。

　このような問題意識から，一般にロマン主義者は，近代人特有の自意識に目覚める以前の「未開人」や「自然」を重視することになる。『ルネ』には，「幸せな未開人たちよ！　おお，君たちはいつも平和な暮しを送っているのに，どうして僕はそれを味わうことができないのだろう！」という一節がみられる。啓蒙思想が自然を唯物論的に理解し，翻って人間の内面をも機械論的に捉えたのに対して，ロマン主義は自然の神秘性を描き出そうとする。こうした機械論的自然観から有機体的自然観への変化は，人間観や国家観にも変化をもたらす。人間は抽象的な存在ではなく歴史的な生成物として，国家も契約の所産ではなく，バーク流にいえば，時効の結果として理解されるようになる。

　シャトーブリアンの政治的立場は，王党派のなかでもユルトラと呼ばれる右派に属し，彼自身，王政復古期にはイギリス大使や外務大臣などの要職を務めたこともある。とはいえ，ユルトラの理論的指導者はド・メストルであり，中世封建制を理想化する伝統主義的傾向が強かったのに対して，シャトーブリアンはこうした過去志向や反革命の姿勢を共有しながらも，ときにはよりリベラルな勢力に接近することもあった。その行動に良くも悪くも党派性が欠けていた理由は，彼の主たる関心があくまでも人間の主観性ないし自我の問題に向けられていたからだろう。シャトーブリアンの保守主義が守るべきものとは，結局のところ，個人の内面的自由にほかならなかったのである。

第 **7** 章　功利主義と自由主義

　19世紀のイギリスでは，アメリカ独立革命，フランス革命，産業革命といった政治的・社会的構造の変革を背景に，名誉革命以来続いたイギリス国制のあり方を再検討する動きが加速する。この時期に，功利主義者ベンサムとその後継者 J．S．ミルは，いくつかの重要な点で相違を示しながらも，民主的な改革を支持する哲学的急進派の思想家として活躍した。その一方で，ベンサムやミルとは異なる視点から，イギリスの議会政治を論じたホイッグ（自由党）の理論家バジョットの存在も重要である。

　同時代のフランスでは，フランス革命をいかに評価し，自由主義やデモクラシーを歴史的にどう位置づけるべきかをめぐって様々な議論が展開されていた。コンスタンは，フランス革命の分析を通して，古代人と近代人の自由を比較したうえで，近代自由主義の重要性を強調したのに対して，トクヴィルは，アメリカのデモクラシーの観察を通して，その可能性と問題点を予見した。

１　ベンサム

　フランス革命後のイギリスでは，名誉革命体制の支配構造そのものを問い直す哲学的急進派が誕生した。この一派は，ジェレミー・ベンサム（1748-1832）の功利主義理論に基づいて，政治社会の民主的改革を根本的に求める改革主義の系譜を形成した。哲学的急進派の学者や政治家は，当時のイギリスの混合政体（君主・貴族・民衆から構成されるイギリス国制）が，エリート主義的な権力構造を備えていることを問題にした。つまり，一部の特権層による権力の独占が，腐敗，偏見，不平等，不自由といった弊害を生み出し，国民の利益である幸福や自由が抑圧されていることを非難したのである。

　ベンサムは，モンテスキューやヒュームなど18世紀英仏の啓蒙思想の影響下で思想を形成した。初期のベンサムは，法学者ブラックストーンへの批判を通じて，コモン・ローの深刻な欠陥を認識し，新たな法典化の必要を唱えた。さらにベンサムは，しばしば人間の直観に訴えかける自然法や社会契約論には，

非科学的で恣意的な側面があること，すなわち，そうした直観主義的な議論には，超越的な神への信仰というキリスト教的基礎づけが暗に含まれていることを指摘した。

　そこでベンサムは，個人の信仰や主観に立脚しない客観的な道徳理論や法理論，政治理論を確立させるため，これらの基礎に「功利性（utility）」の原理を導入した。功利性の原理とは，快楽は善であり，苦痛は悪であるというあらゆる人間に共通する快苦に基づいて，人間の善の最大化を試みる原理である。各人の快楽の最大化と苦痛の最小化を目的に，行為や政策の正・不正を判断すれば，結果的に社会全体の功利性は増大する。ベンサムは『統治論断片』（1776）のなかで，為政者や立法者は快苦を判断基準とした「最大多数の最大幸福」の実現を目指さなければならないとする一方，『道徳および立法の原理序説』（1789）では，各人が自らの幸福の最善の判定者であり，各人の幸福の総計が社会の幸福であると指摘している。

　ベンサムの特徴は，功利主義に基づいてラディカルな社会改革に取り組んだところにもみられる。その代表例である刑務所改革計画では，監獄に収容された囚人の適切な更生のために，少数の看守で多数の囚人を監視できる一望監視施設（パノプティコン）が考案された。これについては，20世紀フランスの哲学者フーコーが批判的に取り上げたことで注目が集まったが，ベンサムの意図が，囚人の社会復帰を目的とした施策（健康や安全への配慮）にあった点にも留意しなければならない。近年の研究では，ベンサムの同性愛擁護の側面についても検討されるなど，権威主義的なベンサム像を修正する試みが盛んである。

　ベンサムの政治思想に通底する問題意識は，名誉革命体制下で生じた特権階級の「邪悪な利益」の打破である。だが，18世紀末以降のイギリスでは，バークの政治思想にもみられるように，フランス革命を「人間の権利」の樹立とみなすか否かという争点が浮上していた。基本的にベンサムは，フランス革命に批判的な立場をとっていたが，19世紀に入ると彼は議会改革論に着手し，民主主義を支える普通選挙や秘密投票を支持し，国民が政治家の責任を追及する「世論法廷」を考案した。ベンサムの代議制論には，人民の安全や幸福といった普遍的利益を確保する制度論が多く含まれており，功利主義と民主主義の密接な関係も看取される。

2　コンスタンとトクヴィル

　大革命後のフランスは，ナポレオン政権とその独裁化を目の当たりにし，いくつもの政治変動を経験した。フランスの政治家・思想家のバンジャマン・コンスタン（1767-1830）は，講演「近代人の自由と古代人の自由」（1819）において，フランス革命と自由の問題を取り上げ，革命期の近代人（フランス人）が古代人に対して過度な共感と憧れを抱いたことが，フランス革命の動乱の要因になったと論じる。

　近代国家と比較して小規模な領域で形成された古代ギリシア・ローマの都市国家では，市民が集団として直接的に行使する公的自由が重視された。そこでは，公的決定に市民が政治参加することで，古代人は政治的自由を享受していた。しかし，古代の都市国家間では戦争が頻繁に起こり，他国の征服を通して資源や奴隷を獲得することによって，自国の繁栄を目指す対外政策が展開されていた。一方，近代人は戦争ではなく，商業によって自らの望むものを獲得する手段を発見した。この商業化に伴って，近代人は個人の私的な自由や権利を手に入れ，自らの安寧な生活を追求することができるようになったとコンスタンは分析する。

　ところが，革命期のフランス人たちは，自己支配の徹底という古代人の自由を希求したがゆえに時代錯誤に陥り，革命に混乱をもたらした。コンスタンは，近代人にふさわしい真の自由は，個人的自由であると主張する。ただし，自由を個人的自由（近代人の自由）に限定してしまうと，政治的無関心が蔓延する危険もある。そこでコンスタンは，古代とは異なる政治的自由として，近代の代表制における市民的自由も必要であると論じた。

　フランスの歴史家アレクシ・ド・トクヴィル（1805-59）は，自由主義と民主主義の緊張関係を指摘し，両者の両立可能性を模索した。法曹貴族の家系に生まれたトクヴィルは，青年期にアメリカを訪問し，帰国後に『アメリカのデモクラシー』（1835・1840）を出版した。リンカーン大統領のゲティスバーグ演説——「人民の人民による人民のための政治」——に表現されているように，アメリカは民主主義の国であるというイメージを持つ人は多いだろう。しかし，18世紀の後半にアメリカを建国した人々は，共和政に基づく代表制国家の設立を目指していたのであって，共和政アメリカに民主主義的要素を発見しようと

したトクヴィルの視点は興味を引く。

　では，もともとは共和国として誕生したアメリカに，トクヴィルは何を見出したのか。トクヴィルはアメリカ旅行で東部ニューイングランドのタウンシップを観察し，市民が地域問題に携わる様子から自治の重要性を発見した。人々が政治に関わる日々の民主主義の実践は，公共の利益を知る機会にもなる。さらに，公的活動が活発な社会では，行政の手が行き届かない部分を自発的に補う結社（アソシエーション）が形成される。このようにトクヴィルは，合衆国の視察を通じて，アメリカ社会のなかに民主的な仕組みが生まれていることを発見した。彼の政治思想において，民主主義は単なる政体ではなく，広く社会状態を意味する言葉として用いられていることに留意すべきであろう。

　その一方，1840年に刊行された同書第 2 巻では，民主的社会に生じる個人主義や物質主義の問題が検討されている。商業化の進展に伴って，人々の生活が経済活動に集中する過程で，物質主義が広く社会に浸透すると，人々は公共の事柄に関心を抱きにくくなる。加えて，平等化は身分制社会を解体し，商業を通じて個人の生活や価値観は似通ったものになっていく。互いに似た者である人々は，新たな権威を探し求めた結果，多数派に引き寄せられる。しかし，多数の意見は少数の意見を抑圧する可能性があり，トクヴィルは民主的社会において新たな専制である「多数者の専制」が生じかねないことを危惧した。

　とはいえ，デモクラシーは神の「摂理」のようなものであり，もはや古い社会に後戻りすることはできない。アメリカの自治と自発的結社は，自由で平等な諸個人が公共の利益を発見する契機となるだけでなく，個人主義によって孤立しがちな諸個人を再び結びつける機能をも有していた。トクヴィルは，不可避的に進展するデモクラシー社会に内在化する「民主的専制」という問題点を鋭く抉り出しながら，なおもデモクラシーの可能性に期待を寄せたのである。

③　J. S. ミル

　舞台をイギリスに戻そう。トクヴィルの問題意識を共有しつつ，個人の自由とデモクラシーの緊張関係を論じた思想家が，J. S. ミル（1806-73）である。ミルの政治思想は，ベンサム以来の哲学的急進派の改革主義の系譜に位置づけられ，功利主義と自由主義の特徴を有する。

　ミルは幼い頃から哲学的急進派の父ジェイムズ・ミルから英才教育を受け，ベンサムの功利主義を学んだ。ところが20歳のときにミルは「精神の危機」に苛まれ，ベンサムの思想に強い疑念を抱く。憂鬱な彼の精神を癒したのは，ワーズワスやコールリッジによるロマン主義の小説や詩であった。そしてミルは，優れた知性を獲得するための英才教育を受けるなかで，自身の感情の陶冶が不十分であったことに気づき，ベンサムの功利主義的人間観には，機械的で偏狭な側面があると考えるに至ったのである。

　ミルの『功利主義』(1861) では，このような若き日のベンサム批判をより精緻化させた，ミル独自の功利主義が展開されている。ベンサムの功利性の原理が快苦を量的かつ一元的に捉えるのに対して，ミルは快楽の比較可能性を強調し，人間の幸福を質的に理解した。同書には，「満足した豚よりも不満を抱えたソクラテスのほうがよい」という有名な一節がある。人間は，動物的な欲求の充足だけを人生の目的とせず，知的で社会的な快楽を求める存在である。前者が低次の快楽を追求するのに対し，後者は高次の快楽を求めるがゆえに，ときに自らの幸福が充足されない不満足な状態に直面することもある。しかしミルは，両方の快楽を経験した人間であれば，高次の快楽の重要性を認識するだろうと結論づける。このようにミルの功利主義には，ベンサムとは異なって，快楽や幸福の質的比較を導入したという特色がある。

　またミルは，近代自由主義の古典『自由論』(1859) の著者としても知られる。同書が主題とする自由とは，市民生活における自由，すなわち社会的自由である。個人の自由は社会において一定の制限を課されることがあるが，個人に対して社会が行使してよい権力の性質と限界とはどのようなものか。ミルはトクヴィルの指摘した「多数者の専制」の問題を取り上げ，民主的社会に潜む「社会的専制」の危険を訴えた。自らの選好や意見が社会の多数派によって形成される可能性や，その結果生じる社会の画一化を批判したのである。これらの傾向に対抗するためには，様々な人間の個性を開花させること，通説や習慣を吟味するための討論の自由，他者の意見に触れ，自ら行動する力を養うための公的領域への参画が必要である。しかし，自由は「好き勝手に行為する」放縦とは異なる。他者に対して危害を加える行為は制限されなければならないという危害原理をミルは導入し，個人の自由が擁護されうる境界線を設定した。

　ミルは民主的な改革論を支持したが，当時台頭しつつあった労働者階級の知的停滞を問題視し，代議制民主主義の改善策を検討した。『代議制統治論』（1861）では，制度改革（統治者側の改善）と国民教育（被治者側の改善）の必要性が論じられた。近年では，同書を手がかりに，ミルの民主主義論を参加民主主義や熟議民主主義といった現代的観点から再解釈する研究も盛んである。

④　バジョット

　ウォルター・バジョット（1826-77）は，バークに始まるイギリス保守主義の系譜に位置するジャーナリストである。フランス滞在中にルイ・ナポレオンによるクーデタを目撃したバジョットは，いかにしてイギリスが安定的な議会政治を築き上げてきたのかを検討した。1867年の第二次選挙法改正の直前に出版された『イギリス国制論』（1865-67）では，現実政治を背景とした議会改革論が展開されている。彼は，イギリスの議会政治が国民の自由を確保し，この自由によって進歩や政治的安定が達成されたと理解するホイッグ（自由党）の立場を支持した。

　ホイッグに対峙したトーリー（保守党）には，イギリスの国制論を単純な権力分立論や混合政体論によって説明する著述家もいた。これに対してバジョットの国制論では，君主と貴族院が国制の「尊厳的部分」に位置づけられ，内閣と庶民院が政治の「実効的部分」とされる。後者はイギリスの議院内閣制の運営母体を構成し，現実の政治を動かす部門である。当時のイギリス国内では国王不要論もみられたが，バジョットは選挙権拡大の動きが加速化するなかで，むしろ統治者に対する畏敬や服従を促す尊厳的部分の有効性を強調した。

　バジョットは，このようなイギリス国制の各統治機構間の調整が，政治的妥協点を生み出す機能を果たしてきたことを重視する。つまり，政治的支配層と被支配層の意見を調整し，中庸の政治を達成してきたことが，イギリス政治の独自性だというのである。この調整は，商工業の発展によって登場した上層中流階級，すなわち「ビジネス・ジェントルマン」が担うべきだとされる。産業革命後に台頭した実業家たちが世論を指導する役割を果たすことに，バジョットは期待を寄せたのであった。

第**8**章　ドイツの社会主義

20世紀の終わりにソ連・東欧諸国で社会主義体制が次々と崩壊して以降，社会主義は，失敗した政治体制として評判の悪いものになっている。現在，社会主義国は中国や北朝鮮などわずかに存在するだけで，しかもその多くは市場経済を取り入れ，純粋な社会主義国家はほぼ消滅している状況にある。

しかし社会主義は，20世紀に世界を二分し，世界の東側半分を支配するほど大きな影響力を持った思想である。また社会主義の考え方は，福祉国家に深く影響を与えており，現在の福祉国家を理解するには，社会主義を知ることが欠かせない。

本章では，平等を目指す社会主義思想が誕生した経緯や背景，マルクス主義による体系化と，社会主義の特徴をみていこう。

1　ヘーゲル

ゲオルク・ヴィルヘルム・フリードリヒ・ヘーゲル（1770-1831）は，カントとともに近代ドイツを代表する大哲学者の一人であり，その政治哲学は，『法の哲学』（1821）という著書で体系的に論じられている。それによれば，近代社会は家族・市民社会・国家という三つの要素から構成され，家族は婚姻を媒介に「愛」によって成り立ち，二つの人格の直接的一体性を有する存在である。

これに対して市民社会は，アダム・スミスの理論を踏まえつつ，個人が自己利益を追求する「欲求の体系」と規定される。各人は自らの欲求を充足させるために労働を行い，職能団体を組織しながら資産の蓄積を行う。こうした自己利益の追求は富の集中と貧困の増大を生み出し，経済的な格差の拡大は市民社会の一体性を喪失させ，社会に分裂がもたらされる。このようなヘーゲルの近代社会の分析は，マルクスの社会主義思想に継承され，理論的に発展させられることになる。

ヘーゲルは，市民社会の分裂という問題を，「革命」ではなく，その上位の存在である国家が社会政策によって是正するとしている。国家は，市民社会の

分裂を止揚し，家族のなかにある直接的一体性をより高次の形で回復する。ヘーゲルにとって国家は，市民社会の近代化を促す存在でありながら，それに伴う社会的分裂の克服と統一までも期待される倫理的で理性的な存在であった。

② マルクス

　カール・マルクス（1818-1883）は，ヘーゲルが市民社会の問題性を的確に捉えた点は評価するものの，それを普遍的理念が現実化した存在としての国家が克服するという構想には批判的である。マルクスによれば，国家は私的利益を追求するブルジョワに奉仕する単なる機関にすぎないのである。ここからは，社会主義を理論的に完成させたマルクスの政治理論をみていこう。

　マルクスによれば，人間生活のあり方を根本的に規定しているのは社会の経済構造であり，生産諸関係である。彼は経済構造のことを「下部構造」と呼び，精神世界や法・政治・文化を「上部構造」と呼んだ。彼の基本的主張は，「下部構造が上部構造を規定する」というものであり，どのような生産諸関係かによって，生活や精神世界，政治や法のあり方までもが定まる。政治・思想・文化などは，経済構造を反映したものにすぎない。このような上部構造よりも下部構造のほうが根源的・基底的であるとする考え方を「唯物論」という。

　マルクスは，「唯物論」の立場から，経済や生産手段を軸にしてこれまでの歴史を再解釈する。それによれば，これまでの歴史を振り返ると，あらゆる時代において，「富」を生み出す生産手段を「持つ階級」と「持たない階級」が存在していた。そしてどの時代も，生産手段を「持つ階級」は「持たない階級」を支配し，これに対して「持たない階級」は「持つ階級」の支配に抗い，ときにはその支配を打倒して新たな時代を作り上げてきた。こうした「持つ階級」と「持たない階級」との階級間の闘争こそ，歴史を動かす原動力であり本質であるとマルクスは考える。すなわち「これまでのあらゆる社会の歴史は階級闘争の歴史である」（『共産党宣言』）。

　そして，これまでの階級闘争の歴史を振り返ると，最終的には「持てる階級」の支配は打ち倒され，「持たざる階級」が勝利するという展開をたどってきた。1789年のフランス革命はその典型である。このように，歴史を「階級闘争の歴史」とみなし，「持たざる階級」が最後に勝利するというマルクスの歴史観を「階

級闘争史観」という。また，唯物論を歴史解釈に当てはめるマルクスの歴史理論は，「史的唯物論」もしくは「唯物史観」とも呼ばれる。

　「階級闘争史観」や「史的唯物論」を，マルクスが生きていた19世紀当時の近代市民社会に当てはめると，資本主義社会において「持つ階級」とは，資本家，すなわち「ブルジョワ階級（ブルジョワジー）」であり，「持たざる階級」とは，資本家に雇われ，奴隷のようにこき使われている貧しい労働者たち，すなわち「プロレタリア階級（プロレタリアート）」である。すなわち現在，ブルジョワジーとプロレタリアートとの間で階級闘争が行われようとしているというのが，当時のマルクスの現状認識であった。

　これまでの歴史法則からすれば，「持たざる階級」が必ず勝利してきたのであり，プロレタリアートが団結して立ち上がり「革命」を起こせば，必ずやブルジョワジーに勝利するはずである。これは歴史の必然法則なのだ。「万国のプロレタリアよ，団結せよ！」（『共産党宣言』）。そして，現在の資本家による支配をプロレタリア革命によって打ち倒すのだ，とマルクスは呼びかける。

　しかもプロレタリア革命には，さらに重要な役割がある。マルクスは，ブルジョワ階級が打倒されプロレタリア階級が勝利したとき，階級闘争の歴史そのものも終ると主張する。というのも，プロレタリアートが勝利して社会主義が実現し，さらには共産主義の社会が招来すれば，格差や搾取のない平等な世界となり，階級自体が存在しなくなるからである。したがって，プロレタリア階級は，単にブルジョワジーとの階級闘争に勝利するだけでなく，階級闘争の歴史を終らせるという重大な歴史的使命をも負っているのである。

　マルクスは，歴史の具体的なプロセスのなかで資本主義社会をいかに克服したらよいかを示すことで，社会主義思想を理論的次元にとどめることなく，現実の政治運動へと導いた。実際，1917年にはロシア革命が起き，さらに中国をはじめとするアジアや東欧へと，マルクス主義に基づく社会主義革命が次々と波及し，冷戦時代，世界の半分は社会主義国となったのである。

③　共産主義の構想

　マルクスの想定によれば，高度に発達した資本主義国家で矛盾が高まり，労働者階級が一致団結して「プロレタリア革命」を起こし資本主義国家を打倒す

る。そして労働者階級が，国家権力を一時的に独占的に掌握する「プロレタリア独裁」の状態に至り，様々な政策を実施して，万人が平等な共産主義社会へ移行するための準備を整える。この過渡的段階が，いわゆる「社会主義」である。そして，この社会主義の段階を経た後に，理想の平等社会である共産主義へ最終的に到達する。つまり，マルクスの構想において共産主義は最終目的であり，社会主義は共産主義に到達するための手段ないし過渡期なのである。

　社会主義国家の特徴として，まず第一に「計画経済」が挙げられる。自由競争を原理としてきた資本主義経済体制から，平等を原理とする共産主義体制へ移行するには，これまでの政治や経済の仕組みを大きく変えて，生産手段の共有化や富の平等な分配などを推し進めなければならない。ブルジョワを排除すれば，放っておいてもおのずと平等な共産主義社会に至るわけではない。逆に，平等な社会を達成するには，国家権力による強力な統制によって経済全体を緻密に設計する「計画経済」が必要になるのである。

　資本主義は，市場における需要と供給に基づき民間の自由な取引を通じて生産と消費が行われる「自由市場経済」で成り立っている。これに対して社会主義は，中央政府が生産，流通，分配，資金，労働力などの配置計画を立て，経済活動のほとんどすべてを国家が管理・統制する「計画経済」という経済体制を採る。その結果，社会主義国家では，計画を立てる中央政府のエリート官僚の権限が，否が応でも肥大化せざるをえないだろう。

　こうした準備段階としての社会主義を経て，最終的に到達する理想の平等社会が「共産主義」である。マルクスによれば，共産主義体制が実現されれば，もはや国家が存在する理由がなくなる。国家は支配階級の道具であり，「階級支配のための委員会」にすぎない。これに対して共産主義は，もはや階級が存在しない「無階級社会」であるから，共産主義においては「国家は死滅する」のだとされる。とはいえ，事務的な作業を行う行政機関は残るとされるが，そこでなされるのはあくまで「行政」であり，書類の作成や証明書の発行といった必要最低限の事務作業だけである。

　マルクスの想定によれば，高度に発達した資本主義国家でプロレタリア革命が起きるはずなので（実際はそうならなかったが），共産主義体制は，資本主義が達成した高度の生産力や技術力をそのまま引き継ぎ，経済的に豊かで成熟した

社会である。共産主義社会では，物が溢れ，人はいつでも必要なものを必要なだけ手に入れることができる。したがって，富を囲い込んで独占するようなことは起こらないとされる。マルクスは，共産主義社会の様子については，これ以上詳しく語っていない。

④　社会主義の特徴

　マルクスの唱えた社会主義には，以下の特徴を指摘できるであろう。まず第一に，社会主義は何よりも「平等」の実現を最も重視し，「平等」を体制の原理としている。これに対して，自由主義や資本主義経済は，基本的に「自由」を原理としている。体制の基礎にあるこのような根本原理の違いが，自由市場経済と計画経済のような様々な仕組みの違いとなって現れている。

　第二に，社会主義国家は，経済活動の低迷と強権的・抑圧的な支配体制に陥りやすい点が挙げられよう。経済が高度化し複雑化すればするほど，中央政府のエリート官僚が経済活動全体を把握し，消費量から逆算して生産量を算出し，国家レベルで資源と人員を配置し，それを計画して実行するのは，極めて困難であるのは想像に難くない。国家官僚による不適正な介入や過剰な統制は，かえって浪費や非効率，または汚職の源泉となるであろう。

　また，社会主義の理念に反対したり，社会主義を変革しようとする自由は容認されにくい。自由主義には，自由主義を批判する自由までも許容する懐の深さがあるが，社会主義は体制を批判する人間を取り締まり，秘密警察や密告が横行するなど，窮屈で息苦しい抑圧的な支配体制に陥りがちである。これは，自由を原理としない社会主義の抱える根本的な欠陥といえるだろう。

　第三に，近代国家が福祉国家化する際に，社会主義思想や現実の社会主義国家の制度が大きな影響を及ぼした点が挙げられる。義務教育，累進課税や富の再分配，医療保険，生活保護制度など，福祉国家は，ある程度，社会主義的な平等の要素を自らの体制に取り込んできた。社会主義というライバルの存在があったからこそ，自由民主主義国や資本主義体制は，ある程度の平等を採り入れ，より住みやすい社会へと進化したといえよう。

　第四に，社会主義は，格差社会化の進行で再脚光を浴びている点が挙げられる。資本主義は，規制やルール化が適切かつ十分に行われないと，ブラック企

業，長時間労働，過労死，サービス残業，非正規雇用，ワーキングプアといった格差や貧困にまつわる様々な社会問題を引き起こす。これに対して社会主義には，資本主義の行き過ぎを告発する理論的な根拠として重要な役割が残されており，その存在意義は今なお失われていない。資本主義の暴走を抑制するには，やはり社会主義の考え方が欠かせない。資本主義を健全に保つには，社会主義を完全に捨て去ってはならないのである。

5 ベルンシュタイン

エドゥアルト・ベルンシュタイン（1850-1932）は，ドイツ社会民主党の指導者として活躍した社会民主主義の理論的創始者である。彼は，議会制民主主義を維持しながら，合法的・民主的な手段によって漸進的に社会を改革し，最終的に社会主義を実現すべきとする「社会民主主義（修正社会主義）」を唱えた。

マルクスの想定では，資本主義が高度に発達したイギリスでこそ資本主義の矛盾が頂点に達してプロレタリア革命が勃発し，資本主義から社会主義へ移行するはずであった。しかし現実のイギリスは，議会制民主主義が発展し，その下で労働立法や労働者の生活向上が漸進的に進められ，マルクスの予言した資本主義の必然的崩壊とプロレタリア独裁は出現しなかった。

ベルンシュタインは，このようなイギリスの現実を踏まえてマルクス主義の唱える暴力革命やプロレタリア独裁を否定し，民主的な議会政治を肯定した。そして，資本主義の枠内で漸進的な社会改革を行い，社会主義建設を目指すという現実的な思想を展開したのである。

ベルンシュタインの主張は，マルクス主義の革命理論に根本的な変更を加えるものであったため，カウツキーらドイツ社会民主党の主流派からは「修正主義」と揶揄され批判された。だが，そのカウツキーもプロレタリア独裁を否定したため，皮肉なことにロシアのボルシェヴィキ（レーニンを指導者とした後のソビエト連邦共産党）によって「修正主義」と批判されることになる。いずれにせよ，ベルンシュタインの社会民主主義論は，その後のドイツ社会民主党の方針に深い影響を与えることになったのである。

第**9**章　適者生存から福祉国家へ

　　産業革命を経た19世紀半ばから20世紀初頭のイギリスでは，経済競争が激化し，現代でいうところの「勝ち組」と「負け組」に社会は分断されていった。このような状況をいかに説明し，克服するか。ダーウィンの進化論を継承したスペンサーは，「適者生存」の概念を用いて産業社会を分析した。そこには多かれ少なかれ弱肉強食の世界を正当化する論理がみて取れるだろう。

　　他方，資本主義の進展に伴って，都市部では急速な人口増加や労働法の不整備が問題化し，労働者階級を中心に貧困，失業，飢餓に直面する人々も増えた。苦しむ人々を国家は支援すべきなのか，それとも貧しいのは自己責任なのか。この問いに取り組んだ政治思想として，ニューリベラリズム，フェビアン社会主義，多元的国家論を紹介する。近代を通じて形成された古典的自由主義の伝統が，ここにおいて転換期を迎えたことが示されるだろう。

[1]　ダーウィンとスペンサー

　生物学者のチャールズ・ダーウィン（1809-82）は，『種の起源』（1859）において自然淘汰と生存競争に基づく進化論を提唱した。1831年から5年間にわたる世界一周航海の調査研究をもとに，生物が多産であること，そしてその繁殖の結果，遺伝的な変異が発生することから，生物の多様性がもたらされると論じた。この変異過程で生存競争が生じ，環境に適した生物が多くの子孫を残す一方，環境に不利な変異を起こした生物は絶滅する。このような種の生存過程が，自然淘汰説（自然選択説）である。

　『種の起源』は，全能の神によって生物は創造されたという聖書の「創世記」の記述に反する帰結を示し，宗教家や思想家に強い衝撃を与えた。キリスト教的社会が変容し，民主的諸制度の構想が模索された19世紀半ばに，ダーウィンの進化論は，人類の進歩をめぐる議論に一石を投じた。ただし，『種の起源』は人間以外の生物一般が対象であり，ダーウィンの人間理解は『人間の由来』（1871）でより具体的に展開されることになるだろう。

　ダーウィンの進化論は，心理学，生物学，社会学，倫理学などの諸学の総合化を試みた社会哲学者ハーバート・スペンサー（1820-1903）によって，社会ダーウィニズムという形で継承された。スペンサーは，強者が生き残り，弱者は淘汰される「適者生存（survival of the fittest）」を唱えた。

　スペンサーの特色は，適者生存にラマルクの理論を加えたことにある。フランスの博物学者ラマルクは，キリンが高いところにある食物を食べたいという欲求によって，次第に長い首を持つに至ったように，生物が適切な生存状況を求めて進化することに着目した。スペンサーは，自然淘汰という間接的要因（ダーウィン）と，生物自らの環境適応による直接的な要因（ラマルク）を踏まえて，人間社会の進化過程を分析したのである。

　加えてスペンサーは，社会が軍事社会から産業社会へと移行した過程を，人間の進化の観点から読み解く。軍事社会では，戦争で強者による弱者の淘汰が起きると同時に，生存した集団の形質が次の世代に継承され，さらに征服を通じてより大きな社会が形成される。だが，次第により緻密な軍事組織が編成されるなかで，戦争を繰り返すよりも平和的解決という合理的な手段を獲得すべきだとする意識が生まれ，戦争による淘汰とは別の道徳意識が逆説的に生み出される。こうした過程を経て，軍事社会から産業社会への転換が起こった。

　産業社会への移行後も，市場経済において肉体や精神の優劣に基づく生存競争は不可避である。失業対策などに代表される国家による経済競争の是正は，個人の自由を侵害し，社会の進歩を妨げるとスペンサーは主張した。その意味でスペンサーの制度論は，しばしば最小国家論やリバタリアニズムに分類されるし，適者生存の論理は人種主義（レイシズム）を帰結する可能性もある。他方で，社会進化論は自由主義や社会主義に受容される一面を持っていたことも事実である。こうしてスペンサーの思想は，彼自身の政治的立場とは無関係に，多方面に大きな影響を与えたのである。

② ニューリベラリズム

　社会進化論は資本主義を正当化する言説にも応用されたが，市場経済の発展によって生じた失業や貧困といった社会問題は，近代自由主義の脆弱性を露呈した。この課題に正面から向き合ったのは，19世紀後半から20世紀前半にかけ

て登場したイギリスのリベラルな思想家たちであった。彼らは「ニューリベラリズム（new liberalism）」と呼ばれる新しい自由主義の潮流を形成し，スミス以来の自由主義を支えた個人主義的で放任主義的な「小さな政府」を批判して，諸個人の能力の改善を国家の役割とみなした。

イギリスの哲学者トマス・ヒル・グリーン（1836-82）は，古典的自由主義とは異なる「理想主義的自由」に基づく政治思想を提唱した。彼は，ロック以降のイギリス経験論や快楽主義的功利主義，さらにスペンサーの倫理学を批判し，人間の自己実現を重視する倫理学を唱えた。

グリーンによると，個人は共同体から切り離された存在ではなく，社会的動物である。各人の理想的な自由は，他者との協同関係から生じる倫理的・理性的な自由でなければならない。共同体の他の構成員を自らと同じ潜在能力を有する存在として尊重し，他者を「承認」するという道徳的義務を果たすことで，人間は最も自由になる。各人の人格が十分に自己発展できるように条件を整えるのは，政治の役割である。「福祉」「公的利益」「社会的善」といった共同体の「共通善」を強調したグリーンは，この共通善の観点から，社会的諸問題に対応可能な自由主義を模索したのである。

グリーンの社会思想を継承したイギリスの哲学者 L. H. ホブハウス（1864-1929）は，自由放任主義と社会主義をともに批判し，平等主義的な自由主義を構築するための社会改革思想を提示した。その代表的な著作である『自由主義』（1911）は，「大きな政府」を評価する左派の自由主義に理論的根拠を与え，近代から現代への転換期において自由主義を再定義した書物と評価されている。

ホブハウスは，人間社会の調和を実現するために，各人の人格の成長を支える共同体の役割を重視する。社会進化論の影響を受けたホブハウスは，動物園での生物の生態調査も踏まえて，人間は動物とは異なり，何らかの目的に向かって活動することで，自分自身の進化の過程を統制することができると考えた。そして，人間は進歩の結果として，競争ではなく互恵的かつ相互依存的な調和を達成することができると論じたのである。

しかし，ホブハウスによると，進歩の過程を予定調和に委ねるだけでは不十分である。国家は各人の自由の保障はもとより，人格の発展に必要な諸条件——自由で平等な生活を可能にする経済的条件——を整えなければならない。

そして，それに最も適しているのは民主的国家である。具体的には，労働の権利や生活賃金を獲得する権利の保障に加えて，失業保険，医療保険，老齢年金制度といった社会保障制度を整備することが求められる。ここに，古典的自由主義から転換を遂げたニューリベラリズムの思想と制度がはっきりと示されている。ホブハウスの自由主義は，財の再分配政策によって個人の自由を保障するとともに，社会における不平等の解消を目指すものであった。

　ホブハウスの盟友であったジョン・アトキンソン・ホブソン（1858-1940）は，ケインズ理論を先駆的に論じた経済学者・ジャーナリストである。19世紀半ば以降のイギリスは帝国主義政策によって自国の富を増大させたが，ホブソンにいわせれば，そうした政策の恩恵を受けて豊かになったのは一部の富裕層にすぎない。富める者は過剰貯蓄を行う一方，十分な収入を得られない貧しい者は，最低限の生活を営むための消費すらままならない過小消費の状態に陥った。このような社会状況が個人の尊厳を奪い，経済不況を生じさせていると考えたホブソンは，国家による積極的な再分配政策を求めた。こうしたホブソンの帝国主義批判と経済理論は，当時にあっては「異端」と評価されたものの，「大きな政府」の必要性を唱える経済理論は，後にケインズによって精緻化されることになる。

　ホブソンの『自由主義の危機』（1909）は，自由放任から積極介入へと政府の方針を転換することによって，個人が自分の力だけでは調達しがたいニーズ（教育，医療，交通・通信サービスなど）を提供すべきであると訴えた。また，労働者を含む民衆の進歩には，物質的繁栄のみならず，知性や徳の向上も必要であると論じられている。

③　フェビアン社会主義

　19世紀末以降，ニューリベラリズムとは異なる視点で社会問題を分析する議論が登場した。すでにイギリスでは1601年にエリザベス救貧法が制定され，貧民救済のための社会保障制度が整備されていたが，産業革命の進行を背景に，1834年に救貧法が改定された。しかしこの改定は，個人主義と自由放任主義の考え方に基づいていた。すなわち，生活の困窮に陥る人々は，経済競争という「適者生存」を生き残ることができなかった敗者であり，個人が自己努力によっ

て貧困を抜け出すことに期待するという発想に支えられていた。貧しさは当人の欠陥に起因すると考える自己責任論は，その人の自尊心を傷つけ，社会からの孤立を生じさせた。20世紀に入ると，救貧法の根本的改革のための本格的な調査研究が始まるが，その際に重要な役割を果たしたのが，1884年に設立されたフェビアン協会である。

　フェビアン協会は，シドニー（1859-1947）とビアトリス（1858-1943）のウェッブ夫妻や，作家のジョージ・バーナード・ショー（1856-1950）など，中産階級の知識人を中心とした社会主義団体である。イギリス労働党の創設にも深く関与し，組織的再編成を経た現在でも，労働党の基盤団体として活動を続けている。

　フェビアン協会は当初，格差・貧困の科学的調査に基づいて，不平等や不正の改善とそれらの事前抑止を国家と地方自治体が主体的に行うべきだと訴えていた。1909年には，救貧法改定のための報告書が救貧法調査委員会に提出されたが，貧困を自己責任と捉える旧来の見解に基づく多数派報告書と，貧困を社会的責任に帰す少数者報告書に分かれた。後者を起草したビアトリスは，貧困の根源的要因は救貧法と社会構造にあることを明らかにし，国家が積極的に貧困を防止することを求めた。少数派報告書は，国民に文化的な最低限の生活水準を保障することが国家の責務であるという「ナショナル・ミニマム」の考えを打ち出し，現在まで継承される福祉国家の基礎を提供した点において画期的であった。

　フェビアン社会主義は，強力な国家統制に基づく社会主義とは異なる視点に立って，戦後の資本主義経済圏における福祉政策を理論的に支えた。その意味において，フェビアン社会主義は自由主義を批判的に修正する契機を与えたということができよう。

④　多元的国家論

　20世紀初頭のイギリスで注目された多元的国家論は，従来の主権国家の権力観とは異なる見方を提示した。すなわち，国家主権に限定されない，国家内の多様な社会集団の活動や影響力を重視したのである。ニューリベラリズムやフェビアン社会主義が，国家やその他の集団（例えば自治体）が個人の苦境に

介入することを積極的に認めたのに対して，多元的国家論は，集団を媒介として個人が政治に関与する働きに着目した。

　この立場を代表するイギリスの政治学者ハロルド・ラスキ（1893-1950）によれば，グリーンが登場して以来，ボダンやホッブズに由来する国家主権に終止符を打つことで，「国家の行為」を「他の結社の行為と道義的に対等の地位に置くこと」が検討されてきた（『主権の基礎』）。ただし，国家と社会を構成する諸集団（結社）は，代表制の下では対立関係にある。なぜなら，国家主権の名において国家の意志として代表された考えは，政府を掌握する特定集団の利益を表すにすぎないからである。そこで，国家以外の集団に権力を多元的に分散させ，各集団を通じて国民が政治に関わることのできる経路が求められる。具体的には，地域代表に加えて，職能代表制に基づく労働組合などを通じた政治への参画が必要であるとラスキは論じた。

　ラスキと同じく多元的国家論を論じたのが，政治学者のエルネスト・バーカー（1874-1960）と G. D. H. コール（1889-1959）である。バーカーは，グリーンの影響を受け，国家を法的結社と捉え，この結社としての国家は，人格の発展のために必要な外的条件を保障すべきであると論じた。他方でコールは，ギルド社会主義運動の理論家として，労働組合，消費組合，教会といった職能集団が自治を行うことに着目し，階級社会の解体を企図した。生産者＝労働者による自治的統治に期待し，社会の多元的諸集団の役割を重視する点に，多元的国家論の特徴がある。

　なお，ラスキとコールはフェビアン協会員として活躍したこともあって，地方自治に着目したフェビアン社会主義との関連性を指摘することができる。さらに，国家の役割を再定義する多元的国家論には，ニューリベラリズムによる自由主義の自己改良的潮流と重なる部分もある。ホッブズ，ロックの時代に登場した古典的自由主義は，ここに転換期を迎えたのである。

西洋編

第 III 部

現代の政治思想

　第 III 部では，戦争と革命，全体主義とファシズムを経験した20世紀の政治思想，さらに今日の多文化状況における新たな理論的展開について概説する（全7章）。

　第 1 章では，二つの世界大戦の衝撃によって特徴づけられる20世紀前半の思想状況を，ドイツの思想家に即して検討する。第 2 章では，第二次世界大戦後のフランスの思想動向に注目し，実存主義から構造主義への転換を跡づける。第 3 章は，アメリカが生んだ独自の哲学であるプラグマティズムに焦点を合わせ，その実験精神から政治への示唆を読み取る。第 4 章では，ロールズ，セン，ドゥオーキンを中心とする現代正義論の展開を取り上げる。第 5 章では，バーリン，ノージック，ハイエクなどの現代自由論の広がりについて概観する。第 6 章では，文化をめぐる政治思想として，多文化主義やオリエンタリズム批判，近年のアイデンティティ・ポリティクスの諸問題を取り上げる。第 7 章は，フランス革命期の女権拡張論から近年のケアの倫理まで，フェミニズムの理論的展開を追う。

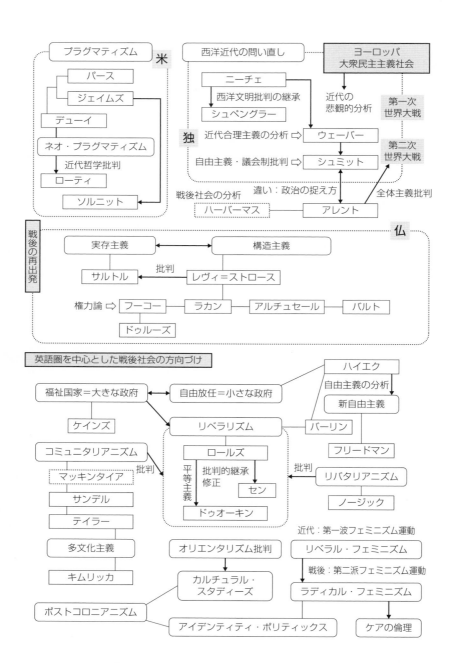

第 1 章　両大戦期の政治思想

本章では，両大戦期ドイツの政治思想を取り上げる。19世紀から20世紀に至る世紀末，ドイツは国家統一を果たし，資本主義経済の発達や英仏との植民地戦争を経て，他の欧州列強諸国と肩を並べる存在となる。近代化の進展により伝統や共同体は解体し，教養と財産を持つ市民に代わって無定形な一般大衆が主役となる大衆社会に至る。そしてドイツは，第一次世界大戦，ナチス体制，第二次世界大戦と破滅の道を歩んでいく。

ここではまず，世紀末期に悲観的なニヒリズムを唱えたニーチェやシュペングラーの思想をみよう。次に，第一次世界大戦前後の代表的思想家としてマックス・ウェーバーを論じ，続いてヴァイマール期やナチス体制で活躍したカール・シュミットの思想を検討する。そして最後に，第二次世界大戦や全体主義の経験を踏まえたうえで新たな政治概念を提唱したハンナ・アレントを取り上げよう。

①　ニーチェとシュペングラー

19世紀から20世紀への転換期は，ドイツにとって政治・経済面でも思想・文化面でも大きな変化が伴う時期であった。まず1871年に鉄血宰相ビスマルクの指導の下，念願の祖国統一を達成し，ドイツ帝国（第二帝政）が誕生した。その後ドイツは，経済的にも急成長を遂げ，海外に市場を求めて帝国主義的政策を展開し，植民地をめぐって英仏と対立するようになる。

また，19世紀の古き良きヨーロッパは，教養と財産を持つ「市民」の時代であったのに対し，新しい20世紀は，「大衆」が政治・経済・文化の主役となる大衆社会・大衆民主主義の時代である。一般大衆は，近代化の進展により伝統や共同体が解体され，確固とした根を持たず，エリートやマスメディアに振り回される無定形な情動的存在となる。世紀転換期にドイツは，政治や経済のみならず，社会や文化のあり方も根本的な変容を遂げたのである。

そうした時代状況のなかで，これまでのヨーロッパ文明の楽観論に懐疑の目を向け，それがデカダンス（頽廃）に陥っていると告発した代表的思想家がフ

リードリヒ・ニーチェ（1844-1900）である。近代の自然科学の発達や産業革命によって，世界や人間の生それ自体には目的も意味もないことが明らかとなり，こうしたニヒリズム（虚無主義）の到来をニーチェは「神は死んだ」という言葉で表現した。

　ニーチェによれば，これまで世界や生に意味と価値を与えてきたキリスト教や西洋形而上学に基づく価値観や道徳は，実は，優れた者を逆恨みする弱者のルサンチマンの産物にすぎない。そして平等思想に依拠するデモクラシーもまた，畜群たる大衆の奴隷道徳の表出である。「弱者こそが救われる」とするキリスト教思想や「一般大衆の意思による統治」を求めるデモクラシーは，強者の支配に対する弱者の怨念と憎悪を内に抱えているのである。

　これに対してニーチェは，ルサンチマンやニヒリズムの克服を主張し，強者の道徳を肯定する立場から「力への意志」という新しい価値の創造を試みる。そして，善悪を超越した永遠回帰の思想と，さらにその体現者としての「超人」という貴族的な徳の復活を説く哲学を唱えたのである。

　こうしたニーチェのペシミスティック（悲観的）な西洋文明批判を継承し，第一次世界大戦の終わりに出版され，敗戦国ドイツ——ひいてはヨーロッパ全体——にセンセーションを巻き起こしたのが，オスヴァルト・シュペングラー（1880-1936）の『西洋の没落（第一巻）』（1918）である。実際，彼はその序文で「自分はゲーテから方法を得，ニーチェから問題を得た」と述べている。

　シュペングラーは，世界大戦の発生を予期して書いたとされる本書で，世界史に現れた高度な諸文化をギリシア・ローマ文化，アラビア文化，エジプト文化，中国文化，インド文化，西洋文化など八つに分類・対比し，世界史をヨーロッパ中心の直線的な発展史観ではなく，高度な諸文化の比較形態学という形で論じる。つまり，「国家」ではなく「高度な文化」の栄枯盛衰として世界史を捉えるのである。

　それによれば，人類の諸文化は，それぞれ独自性を有する一つの有機体であり，各文化は生命体のように生成・成長・成熟・老衰・消滅の過程をたどる。そして文化は，老年期になると没落の兆候である「文明」の段階に到達する。シュペングラーは，外面的・技術的様相を呈している西洋文化が，すでに文明段階の老年期にあり終末が近づいていると断じ，近代ヨーロッパ文明が没落す

る運命にあると予言した。こうしたシュペングラーの見解は，第一次世界大戦による荒廃で悲観的な精神状況にあったヨーロッパ人の危機意識に見事に合致した。そのため，本書は全ヨーロッパで大きな衝撃と反響を呼び，膨大で難解な書物であるにもかかわらず広く読まれるベストセラーとなったのである。

② ウェーバー

こうした西洋文化に対する悲観的な見方は，ドイツの代表的な社会学者・政治学者であるマックス・ウェーバー（1864-1920）にも共有されている。ウェーバーの根本的な問題意識は，なぜ西洋近代でのみ普遍性を有する文化的現象（近代科学，近代芸術，議会制や官僚制などの近代政治制度，近代資本主義等）が出現したのかという点にある。西洋文化の普遍妥当性という言説は，一見すると，自らの文化の優越性を自画自賛する傲慢な西洋中心主義や，異質な他者への西洋文化の強制を正当化する帝国主義肯定論であるかのように思われるかもしれない。だが，西洋文化の根本にある近代合理主義がもたらす帰結に対して，ウェーバーの展望はきわめてペシミスティックである。この点を，ウェーバーの代表作である『プロテスタンティズムの倫理と資本主義の精神』（1904-05）を通してみてみよう。

そもそも利潤の獲得を本質とする資本主義は，営利活動を汚れた卑しい行為とみなすキリスト教の伝統的な考え方と対立する。さらに宗教改革では，金銭的欲望にまみれたカトリック教会の腐敗に抗議するなかからプロテスタントという新たなキリスト教の宗派が誕生したことからも明らかなように，プロテスタントの教義は，伝統的なキリスト教よりもさらに禁欲的である。ところが，その禁欲的なプロテスタントの倫理観から，金銭的な利益を貪欲に追い求める資本主義の精神が誕生したという，一見すると矛盾に満ちた逆説的な論理を展開したのが『プロテスタンティズムの倫理と資本主義の精神』なのである。

ウェーバーによれば，中世のカトリックでは，世俗から隔離された修道院で修道士のみが禁欲的な生活を実践していた。他方，万人司祭主義を掲げるプロテスタントは，全信徒に対して禁欲を求めた。その際プロテスタントは，世俗内の日常的な労働にこの世界で神の栄光を増すための営みという宗教的意義を付与した。そのためプロテスタント信徒は，世俗の職業を神から与えられた

「召命＝天職(Beruf)」として捉え，目の前の職業労働に勤勉に励むこととなる。

　これに加えて重要なのは，多くのプロテスタント諸派に影響を及ぼしたカルヴィニズム（カルヴァン派の教え）に含まれる「予定説」の教理である。予定説とは，救われる者と救われない者はあらかじめ神の意志によって決められており，善行によって徳を積もうが，呪術的な儀式をしようが，神に祈りをささげようが，懺悔の告白をしようが，人間がこの神の決めた予定を変えることはできないとする教説である。そうであれば，信徒は当然，自分が救われる予定なのか否かを，否が応でも知りたくなるだろう（☞西洋編Ⅱ-2）。

　現世の意義がこの世界で神の栄光を増すのに役立つことにあり，それに自分が貢献していることに確信を持つことができれば，自分は神の道具として選ばれているとみなすことができるのではないか。こう考えたカルヴァン派の信徒は，現世の仕事に成功することが神の救済に選ばれた証だと信じ，日々，勤労に励み成果を上げることで，自分が選ばれているという確証を得ようとした。そして彼らは，自らの仕事で成果を上げるために，富をさらなる富を獲得するための手段として投下・使用し，資本の増殖を目指す営利追求を肯定するようになる。こうして禁欲的なプロテスタントの倫理は，意図せざる結果として，およそ対極に位置すると思われていた資本主義の精神を生み出す源泉となったのである。

　だが，ウェーバーによれば，資本主義は，非有機的・機械的な生産様式や技術の進歩とともに強力な経済秩序を作り上げ，逃れえない「鉄の檻」となって一切の個人の生活スタイルを決定するほどの力を持つようになる。時代を経るにつれ，プロテスタントの禁欲的な宗教倫理はそこから抜け落ち，宗教のための営利が営利のための営利となる。ウェーバーは，資本主義の発展が「精神のない専門人」や「心情のない享楽人」に行きつくというペシミスティックな未来を見通していた。そして本書をこう締めくくる。文化発展の最後に現れるこうした「末人たち」（ニーチェ）は，閉じ込められた「鉄の檻」のなかで，自分たちは「人間性のかつて達したことのない段階にまですでに登りつめた，と自惚れるだろう」。

③　シュミット

　カール・シュミット（1888-1985）は，第二帝政，ヴァイマール期，ナチス時代，戦後の西ドイツと四つの異なるドイツを生き，第一次世界大戦と第二次世界大戦という二つの世界大戦も含め20世紀のドイツ政治のほとんどを体験した公法学者・政治学者である。

　シュミットは，ウェーバーと直接に接しており，彼の講演を聞いたり，1919-1920年冬学期に彼の講師向けゼミに出席したりしている。シュミットの政治思想の基底には，西洋近代に反抗する保守革命思想があり，シュペングラーの西洋文化没落論やウェーバーの文化ペシミズムと時代診断を共有していた。技術的思考・自由主義・法実証主義などに対するシュミットの批判は，技術と経済効率が支配する西洋近代に対する反発が背景にあり，ニーチェに始まりシュペングラーやウェーバーへと受け継がれた「末人」としての現代人への嫌悪感と通底しているのである。

　ヴァイマール期にシュミットが最も攻撃したのは，自由主義とその政治形態である議会制である。『現代議会主義の精神史的状況』（1923）で，シュミットは，議会制民主主義を自由主義と民主主義の二つの構成要素に分解する。そのうえで，大衆民主主義を容認する立場に立って，議会主義とその精神的基礎である自由主義を批判し，現代の議会制に死亡宣告を下す。それによれば，議会主義は，本来「公開性と討論」を原理とし，公開の場での意見の自由な競争のなかからおのずと真理や正義が生じるという「自由競争と予定調和」の思想を前提とする。そして，これが成り立つには，合理的な意見には説得される心構え，党派的拘束からは独立し，利己的利害に囚われないことが求められる。

　しかし，今日の議会の実態はこうした議会主義の理念とは程遠く，中身のない空虚な形式と化している。政治的な決定は，議会の本会議の討論ではなく，ますます小さな委員会で下されており，議会は「公開の討論」ではなく「秘密の取引」の場になってしまっている。現在の議会は，その精神的基盤と意味を失っており，歴史的な役割をすでに終えているとシュミットは断じる。

　機能不全に陥った議会制に対して，シュミットは現在の大衆民主主義状況を踏まえて，人民の「歓呼・喝采」によって支持されるカエサル主義的民主主義を対置する。そして，このような人民に直接支持された独裁は，民主主義的な

実質および力の直接的な表現でありうると主張するのである。

　このような主張を目の当たりにすると，シュミットはヒトラー独裁を正当化したナチスのイデオローグであるかのような印象を受けるかもしれない。確かにナチスの政権獲得後，シュミットは一時的にナチスに関わり，ナチスの桂冠法学者とみなされるまで至るのだが，それもわずか数年間にすぎず，またヴァイマール時代のシュミットは，ナチスを支持していたわけではなく，それどころかナチスそれ自体には批判的であった。このときシュミットが思い描いていたのは，機能不全に陥った議会に代わって，ヴァイマール憲法第48条に定められた大統領の非常大権を用いて憲法秩序をその敵から防衛することであった。国民の直接投票によって選ばれる大統領は，民主主義的・人民投票的正統性を有しており，大統領こそが「憲法の番人」であるとみなしていた。

　第一次世界大戦に敗北したドイツは，帝政から議会中心の政治体制に移行したものの，巨額の戦後賠償によるハイパーインフレ，ストライキの頻発，武装蜂起，要人の暗殺などで政治的・経済的・社会的な混乱を極めていた。秩序がなければ法律は適用できない。国家の非常事態に決断を下し，秩序をもたらす者こそ主権者である。『政治神学』（1922）によれば，「主権者とは例外状態に関して決断を下す者」なのである。

　また『政治的なものの概念』（1927）では，政治に固有の特徴が「敵と味方の区別」にあると主張する（友敵理論）。宗教・道徳・美・経済などの各領域の対立が，単なる論争や競争を超えて，相手の物理的抹殺を目指して敵・味方に集結するほど対立の強度が高まれば，それは政治的対立に転化する。そして政治では，友と敵を的確に区別することが重要であり，それができない国民は滅亡するのみだとシュミットはいう。たとえある国民が友と敵を区別する政治的決断を放棄したからといって，「政治的なものがこの世から消え失せるわけではない。ただ，非力な一国民がこの世から消え去るだけである」。

④　アレント

　敵と味方の区別という政治の権力闘争としての側面を強調したシュミットに対し，それとは対照的に，「言葉」に着目してそれまで強調されてこなかった政治の新たな側面に光を当てたのがハンナ・アレント（1906-75）である。アレ

ントはドイツ生まれのユダヤ人であり，大学ではハイデガーやヤスパースに師事したが，ナチスが政権を獲得した1933年に迫害を恐れてドイツを脱出し，フランスでの逃亡生活を経て，第二次世界大戦中の1941年にアメリカに亡命した。彼女の研究活動の背景には，こうした自身の政治体験やユダヤ人としてのアイデンティティがある。

　アレントの代表作の一つは，『全体主義の起源』(1951) である。それによれば，全体主義が出現した要因には，西欧近代が大衆民主主義社会になったことが挙げられる。それまでの伝統的な共同体が解体して根無し草となった大衆は，アトム化（原子化）した個人となり，権威に追従する受動的な存在となる。政治は他人任せとなり，人々は物言わぬ大衆となる。全体主義は，まさにこのような大衆社会のうえに出現した病理現象なのである。

　ナチズムやスターリニズムといった全体主義体制は，テロルを用いてイデオロギーを実現しようとし，人々の私的領域にまでその支配が入り込む。密告社会のなかで，人々は分断され孤立する。その結果，体制への同調が促され，人々の行動は画一化されて，人間の複数性が失われる。このような全体主義といかに闘い克服するかが，アレントの根本的な問題意識であった。

　もう一つの代表作である『人間の条件』(1958) で，アレントは新しい政治の概念を提示する。それによれば，人間の営みは「労働 (labor)」「仕事 (work)」「行為 (action)」の三つの類型に分類される。「労働」とは，人間が生物として生きていくための活動であり，「仕事」とは，耐久性のあるモノを製作する活動である。これに対して「行為」とは，言葉を介して他者と関わり合う活動であり，「行為」によって他者と共同して公的な事柄に関わることが政治である。アレントにとって政治とは，言葉によって複数の異なる意見を交換しながら，この世界で他者と共生する道を模索する営みなのである。

　アレントは，シュミットとは異なり，政治を「暴力」ではなく「言葉」によって共通の問題を解決する営みと理解する新たな政治概念を提示した。西洋近代は，人間を孤立させ，他者との間で言葉を介して共同性を形成する働きかけが喪失した状況を生み出した。全体主義の脅威を防ぐには，言語行為としての政治の側面を強調し，人々の複数性を育む政治を回復することが肝要なのである。

第**2**章　実存主義からポストモダンへ

第二次世界大戦後のフランスにおいて，サルトルは哲学界のスーパースターであった。今，ここにいる，この私を起点とするサルトルの実存主義は，戦後の再出発にふさわしいヒューマニズムの哲学であった。それは一種のファッションと化し，パリのサン・ジェルマン・デ・プレ界隈のカフェで，黒づくめの服を身にまとい，煙草をふかしながら議論する若者たちは，実存主義のスタイルを体現する存在であった。

しかし，まさに「人間」という概念を主戦場として，実存主義は構造主義による攻撃の矢面に立たされる。人類学者レヴィ＝ストロースは「世界は人間なしに始まったし，人間なしに終わるだろう」と『悲しき熱帯』の最終章に記し，歴史家フーコーは「人間は波打ち際の砂の表情のように消滅するだろう」という一文で『言葉と物』を閉じた。実存から構造へ，人間中心主義から脱人間中心主義へ——この流れは近代政治哲学にも押し寄せ，権力論を中心に不可逆的な認識の変化をもたらした。

1　サルトルと実存主義

第二次世界大戦が終わった年の10月，すでに長編小説『嘔吐』（1938）で名をあげ，ドイツの現象学や実存哲学を踏まえた難解な哲学書『存在と無』（1943）を世に問うていたジャン＝ポール・サルトル（1905-80）は，パリのクラブ・マントナンで講演会を開いた。「実存主義はヒューマニズムか」と題されたこの講演（翌年の出版に際して『実存主義はヒューマニズムである』に改題）は，「無神論的実存主義」のマニフェストとして熱狂的に歓迎され，小説家・哲学者サルトルを世界中が注目する「行動する知識人」の地位へと押し上げることになった。

サルトルは実存主義の考え方を「実存は本質に先立つ」という点から説明している。例えば，ペーパーナイフのような物質であれば，その素材や製法，用途などがあらかじめ職人の頭のなかにあり，そうした概念をもとにペーパーナイフという現実の存在（実存）が作り出される。この場合，「本質は実存に先

立つ」。ところが人間については事態が逆になる。「人間はまず先に実存し，世界内で出会われ，世界内に不意に姿を現し，その後で定義される」のであり，存在が本質に先行している。「人間は後になって初めて人間になるのであり，人間は自らが作ったところのものになるのである。このように，人間の本性は存在しない。その本性を考える神が存在しないからである」。

　そうだとすると，人間は自らの意志によって自分自身を作り出していかなければならない。人間とは「投企（projet）」以外の何ものでもない，とサルトルはいう。わが身を前方へと投げ出し，未来に向かって自分自身のあるべき姿を企てること，主体的な決断によって他者と関係し，自己の人生と世界に意味を与えていくことが重要だというのである。このように人間の自由と主体性を積極的に肯定する実存主義は，戦後社会の解放感を反映しており，そこには思想の若々しさが感じられる。とはいえ，実存には自由であるがゆえの孤独や不安，責任といったものも付きまとっている。こうした問題系は，すでに処女作『嘔吐』のなかに描き出されていた。

　『嘔吐』の主人公ロカンタンは30歳の独身男で金利生活者。ある歴史上の人物について本を書くために図書館で調べものをするほかは，ほとんど誰とも会話をせず，孤独に過ごしている。特に出来事らしい出来事も起こらないロカンタンの生活に，しかし，少しずつ感覚の変化が生じてくる。身の回りのありふれた事物に，えもいわれぬ不快感を覚え始めるのである。公園でマロニエの木の根を目にしたとき，この吐き気は極限に達する。「実存が突如その姿を現していた。それは抽象的な範疇としての無害な見かけをなくしていた。……物の多様性，物の個別性といったものは，単なる見かけ，うわべのニスにすぎなかった。そのニスは溶けてしまい，後には，奇怪な，ぶよぶよの，無秩序の塊だけが残っていた——むき出しの塊，ぞっとする卑猥な裸体の塊だけが」。

　単に木の根っこが薄気味悪いというのではない。そこに何かが存在すること，実存そのものが吐き気を催させるのである。存在することそれ自体には，いかなる意味も，理由も，必然性もない。一切の事物は不条理に存在し，人生は端的に無意味である。このような認識は，歴史の本を書こうというロカンタンの企てを挫くのに十分であろう。「私は自由だ。もう生きる理由が何もないのだから。……庭と庭との間を沿って続くこの白い道にいて，私は独りきり。

独りきりで自由だ。しかしこの自由はいくぶん死に似ている」。それでも人間は生きなければならない。サルトルは先の講演のなかで，「人間は自由の刑に処せられている」と述べている。すなわち，「実存主義者は，人間は何のよりどころもなく何の助けもなく，刻々に人間を作り出すという刑罰に処せられているのだと考える」。『嘔吐』の最後，ロカンタンはカフェで耳にしたジャズをきっかけに，小説を書くという新たな投企に救いを見出すだろう。

　人間が何らかの形で現実の社会に関与していくことを，サルトルは「アンガジュマン（engagement）」と表現した。「自己拘束」や「政治参加」と訳されるこの言葉も，実存主義のキーワードの一つである。重要なのは，例えば結婚といったごく私的な行為でも，ほんの少しだけ人類を一夫一婦制のほうへと動かすことになるように，諸個人のアンガジュマンは自己のみならず他者を巻き込み，ある意味で全人類への責任を伴うということである。サルトルにとって自由とは，所与の状況に制約された人間が，この状況を主体的に引き受け直し，乗り越えていくことを意味していた。

　サルトルその人も生涯を通して，積極的なアンガジュマンを続けた。1950年代から60年代にかけては共産主義に接近し，大著『弁証法的理性批判』（1960）では実存主義とマルクス主義の結合を目指したが，ソ連によるハンガリーやチェコスロヴァキアへの軍事介入をみて決別した。アルジェリア戦争ではフランス軍脱走兵を支援する活動に参加し，ベトナム戦争ではアメリカの戦争犯罪を厳しく非難した。また68年のいわゆる5月革命では，学生や労働者の反体制運動を支持したこともよく知られている。

　理論的にみるならば，サルトル以後の現代思想の展開において，人間の主体性や自由，あるいは「自己同一性」という意味でのアイデンティティというものが徹底的に批判され，解体に向かうことを考えるとき，実存主義はデカルトの「コギト」に始まる近代人間中心主義の一つの到達点であった。

② フーコーの権力論

　1960年代から70年代にかけて，フランスを中心に構造主義ないしポストモダンと呼ばれる思想潮流が押し寄せ，直接には人類学者レヴィ＝ストロースのサルトル批判を契機として，実存主義は退潮を余儀なくされる。

　構造主義の考え方によれば，われわれは自由かつ主体的に物事を考え，行動しているように思い込んでいるが，実際には，特定の時代，特定の社会，特定の集団の発想に囚われているにすぎない。マルクスが経済的下部構造を，フロイトが無意識を分析の対象としたように，われわれの思考と行動を深層で規定している不可視の「構造」にこそ目を向けなければならないというわけだ。

　構造主義者と目される思想家としては，レヴィ＝ストロースをはじめ，マルクス主義哲学のアルチュセール，精神分析のラカン，記号論のバルトなどが挙げられるが，ここでは政治理論へのインパクトという観点から，哲学者ミシェル・フーコー（1926-84）の権力論を取り上げてみよう。

　フーコーは『監獄の誕生』（1975）において，絶対王政下の残虐な身体刑から近代化された監獄制度への変化について語っている。フーコーによれば，加辱，拷問，車裂き，火刑といった残虐な刑罰は，衆人環視の下，犯罪者の身体を破壊することを通じて，法の制定者である国王の権威を象徴的に回復させる一種の祝祭であった。ところが19世紀以降，処罰の対象は犯罪者の身体から精神へと移行した。そこでは，監獄という監禁環境における「規律＝訓練（discipline）」を通して，犯罪者から危険性を除去し，正常な規範を内面化させることが重視されるようになる。

　ここに作用している「ミクロな権力」のあり方が最もよく現れているのが，イギリスの功利主義者ベンサムの考案した「パノプティコン」（一望監視装置）である。これは，中央の監視塔の周囲に独房を円環状に配置した建物であり，窓から独房に差し込む光の加減で，監視者からは独房内の様子がみえるが，囚人には監視者がみえないように設計されている。かつて国王が体現していた権力は，人々のまなざしを集める中心に位置していたのに対して，今や権力は不可視となる。「その権力の本源は，ある人格のなかには存せず，身体・表面・光・視線などの慎重な配置のなかに，そして個々人が掌握される関係をその内部機構が生み出すそうした仕掛けのなかに存している」。監視塔の看守は，実際には不在であるかもしれない。にもかかわらず，囚人は常に監視されているという意識を持ち続けることで，権力の要請する規律・規範を内面化し，自ら従順な主体を作り上げていくのである。

　このように非人格化・匿名化した権力は，監獄だけでなく，家族，学校，工

場，病院，軍隊など，あらゆる近代的な組織のなかに浸透していることをフーコーは示唆している。近代社会とは規律＝訓練権力が偏在した社会であり，われわれは至るところで権力の網の目に絡めとられ，そうと気づかないまま権力に従属する主体へと自らを調教しているというのである。主体とは，サルトルの考えるような思想と実践の起点ではなく，むしろ権力の効果によって事後的に生み出されるのだ。

　このような「従属＝主体化（assujetissement）」のメカニズムを明らかにしたことは，政治理論上の大きな貢献であろう。しかし，匿名の権力に対しては，いったいどのような抵抗が可能なのだろうか。この点はしばしばフーコーの権力論にはらまれたアポリアの一つであるとされる。毛細血管のように社会のすみずみまで張りめぐらされた権力には「外部」がない。そうだとすれば，抵抗も権力の内部で，具体的な問題状況に応じて，ローカルな形で展開されるしかないだろう。「権力のある所には抵抗があること，そして，それにもかかわらず，というかむしろまさにその故に，抵抗は権力に対して外側に位するものでは決してないということ。……権力に対して，偉大な《拒絶》の場が一つ——反抗の魂，すべての叛乱の中心，革命家の純粋な掟といったもの——あるわけではない。そうではなくて，複数の抵抗があって，それらがすべて特殊事件なのである」（『性の歴史 1』）。

　この問題はまた，現代における知識人の役割をどう考えるかという論点にも関わってくる。サルトルのようにあらゆる社会問題にコミットし，権力に対峙して真理や正義を説く「普遍的知識人」に対して，フーコーは，限定された専門領域において批判的活動を行う知識人を「特定領域の知識人」と呼んだ。フーコー自身も後者の一人として，受刑者の状況改善のために「監獄情報グループ（GIP）」を主導し，監獄行政への抵抗運動にコミットしたのであった。

③　ドゥルーズの権力論

　構造主義の切り開いた地平を前提に，さらに脱人間中心主義を徹底させていく思想の流れをポスト構造主義と呼ぶことがある。その政治的含意は必ずしも明らかではないが，ここではフーコーの規律＝訓練権力のその先に，哲学者ジル・ドゥルーズ（1925-95）の権力論を位置づけてみよう。

　ドゥルーズによれば，フーコーが指摘した規律社会においては，「個人は閉じられた環境から別の閉じられた環境へと移行をくりかえす」(『記号と事件』)。家族，学校，兵舎，工場，病院，監獄……。人はそれぞれの場面にふさわしい規律を身につけていくことが想定されていた。しかし，もはやそのような規律の内面化は十分に機能していないのではないか。

　そもそも，家庭，学校，会社といった境界自体があいまいになっていることは，起業する主婦なり，学校に通うサラリーマンなり，大学で教える経営者なりといった存在を想起すれば，容易に理解できるだろう。ドゥルーズは，「閉鎖環境」から「開放環境」への移行に「管理社会」の特徴を見出している。境界線を自由に乗り越えて活動する人々を把捉するために，権力のモードも変化する。「私たちが管理社会の時代にさしかかると，社会はもはや監禁によって機能するのではなく，恒常的な管理と，瞬時に成り立つコミュニケーションが幅をきかすようになる」(『記号と事件』)。

　近年，至るところに設置されている監視カメラの存在は，恒常的に管理する権力を象徴している。監視カメラは特定の誰かを狙い撃ちにするのではなく，誰かれなく網羅的に捉えることによって要注意人物をあぶりだす。こうして管理は，ドゥルーズにいわせれば，「連続的で際限のないもの」になったのである。しかし，情報テクノロジーの発達は監視カメラすら不要にしてしまうに違いない。ドゥルーズは，監獄に代わって「エレクトロニクスの首輪」で受刑者を管理する可能性について考えていたが，現在の技術では，例えばGPS機能を利用して瞬時に居場所を特定することもできるし，生体認証(バイオメトリクス)によって建物への出入りを記録することも容易である。

　重要なことは，もはや管理する権力はわれわれが何者であるか(アイデンティティ)には関心を持っていないということである。ドゥルーズの言葉を借りるなら，人間は「分割不可能な個人(individus)」ではなく，いくつかのデータに断片化されうる「可分性(dividuels)」となったのだ。こうしてわれわれは，自己の存在を主体的に選び取る実存主義的人間から，はるかに遠い地点に辿り着いたといわなければならない。

第**3**章　プラグマティズム

　　アメリカ固有の哲学といえば，プラグマティズムである。南北戦争後，ハー
ヴァード大学の周辺で，パースやジェイムズなどの若い哲学者たちが集まり，「形
而上学クラブ」と呼ばれる研究集会を開いていた。プラグマティズムはここから生
まれた。実用主義や道具主義とも訳されるプラグマティズムは，伝統的な西洋哲学
とは異なって，絶対的で普遍的な真理の探究ではなく，思想が行為に及ぼす具体的
な影響や結果を重視する。ある理念が期待された結果をもたらすなら，さしあたり
それは真理であるとみなしてよい――このような考え方は，いかにもアメリカ的な
実利主義や経済中心の思考法を感じさせるし，実際そうした批判が常に付きまとっ
た。しかし近年，この思想の開かれた性格や柔軟さ，実践性に注目が集まってい
る。プラグマティズムは幅広い分野に応用可能な思想であるが，一種の「実験」と
しての側面を備えている民主主義や教育といった領域では，とりわけ大きな意味を
持つだろう。

① パース

　チャールズ・サンダース・パース（1839-14）は，デカルト以来の近代哲学に
おける認識枠組みを批判する。デカルトはわれわれの感覚や常識はもとより，
数学的真理を含む一切を疑うことによって明晰判明な観念に到達しようとし
た。こうした「方法的懐疑」の末に見出された「考える私（コギト）」の確実性，
さらにそこから導かれた神の誠実性のうえに，確実な知識の体系を打ち立てよ
うとしたのである。しかしパースによれば，デカルトのような普遍的懐疑は不
可能である。本当に意味のある懐疑とは，われわれがすでに持っている信念が揺
らぎ，生活に支障が生じるような場面で行われる「生きた懐疑」だからである。
　プラグマティズムという言葉は，「行為」を意味するギリシア語の「プラグマ
（pragma）」に由来する。われわれは常に何らかの信念を持ち，その信念に基づ
いて何らかの行為をなす。信念と行為の連鎖は日常生活における習慣を形作っ
ているが，いくつかの信念は具体的な行為を重ねるうちに疑わしく感じられる

ようになる。こうした「実際の懐疑」を通して信念は置き換えられていく。「思考の働きは，疑念という刺激によって生じ，信念が得られたときに停止する。したがって信念を固めることが思考の唯一の機能である」（「我々の観念を明晰にする方法」）。古い信念に取って代わった新しい信念は，暫定的に行為の指針として機能するものの，将来的には改訂される可能性をはらんでいる。このような信念→疑念→信念……という無限のプロセスこそ，あらゆる科学や学問の根底をなす「探究」という営みにほかならない。

　デカルト流の明晰判明な観念を斥けたパースは，持続可能な信念を獲得するために，次のような規則——「プラグマティズムの格率」——に従うことを提唱する。「われわれが持つ概念の対象は何らかの効果を及ぼすと，われわれが考えているとして，もしその効果が行動に対しても実際に影響を及ぼしうると想定されるなら，それはいかなる効果であると考えられるか，しかと吟味せよ。この吟味によって得られる，こうした効果についてわれわれが持つ概念こそ，当の対象についてわれわれが持つ概念のすべてをなしている」。例えば，「硬い」という概念は「こすっても傷がつかない」という意味であり，「ダイヤモンドは硬い」というのは「ダイヤモンドをこすっても傷がつかない」，すなわち「ダイヤモンドでこすれば，他のものに傷をつけられる」ということである。「もし……すれば」という条件文に書き換えることで，概念の意味は実際の効果と結びつけられ，行為の指針として役に立つ。このように思考と行動を常に結びつける点に，プラグマティズムの最大の特徴がある。

　学問的探究は「プラグマティズムの格率」を用いて遂行され，信念を確固たるものにすることを目指す。その際，自分が正しいと思うことに固執して，それ以外の考えに耳を塞いだり，国家権力によって公認されたイデオロギーを盲信したりする危険性もある。こうした陥穽を避けるには，理性を重視した探究を行うべきだが，反デカルト主義を標榜するパースは，個人の理性に依存する探究方法では不十分であり，すべての探究者の意見を突き合わせる必要があるという。「探究するすべての人が究極において同意するように定められている意見こそ，真理という言葉の意味するものであり，こうした意見によって表現されている対象こそ，実在にほかならない」。パースにとって真理とは公共的なものであり，無限の探究の果てに見出される最終的信念であった。

2　ジェイムズ

　プラグマティズムという言葉が世界的に知られるようになったのは，パースの盟友ウィリアム・ジェイムズ（1842-1910）の活躍によるところが大きい。彼は化学，生理学，心理学から出発し，哲学や宗教学へと関心を広げていった。彼にとって，プラグマティズムは科学的方法論にとどまらず，宗教や芸術，政治などの活動も含めて，広く人生全般に適用されるべき思想であった。

　パースが「プラグマティズムの格率」によって意図していたのは，概念の意味はその概念のもたらす実際的な結果によって定まるということであったが，ジェイムズは，ある事柄を信じることによって生じる個人的な感情や行為をも実際的な結果に含めている。例えば，合格を信じて受験勉強に取り組むことで，モチヴェーションが維持され，実際に合格するということがある。「信じる意志」によって，信念は現実になりうるというのである。

　このような考え方は，パースの真理観とジェイムズの真理観の違いを生み出す。ジェイムズはパースと同じように，実験と観察を繰り返し，自己修正を重ねることで到達しうる「絶対的真理」を想定する一方で，より日常生活に即した限定的な真理を認めている。神の観念がそれを信じる者に心の平穏を与えるならば，その観念は「それを信じることが有益であるかぎりにおいて『真』である」（『プラグマティズム』）といってよい。ここでは，有用であることが真理の基準とみなされているのである。

　絶対者のような客観的に検証不可能な観念を有用性の名においてポジティヴに評価するジェイムズは，宗教生活一般に関して理解を示していた。『宗教的経験の諸相』（1902）では，科学を超えた領域への「超越的信仰」を擁護している。われわれが目にしているこの世界の背後には，より大きな精神的宇宙が広がっているのであって，理想を追求しようとする人間のエネルギーはこうした神秘的領域に由来するというのである。

　ジェイムズの真理観は，主観（信念）と客観（事実）の一致に真理を見出してきた西洋哲学の伝統（真理対応説）に反するものであったため，イギリスの哲学者ラッセルのような伝統的立場からの激しい批判を招いた。また，個人の夢想や妄想であっても，有用ならば真理とみなすジェイムズの議論は，同志であったはずのパースにも受け入れがたいものであった。パースは自身の考え方

を「プラグマティシズム」と呼んで，ジェイムズ流のプラグマティズムとは決別することになる。

③　デューイ

　パースとジェイムズの思想を総合し，教育，宗教，政治といった幅広い領域にプラグマティズムを応用していったのが，ジョン・デューイ（1859-1952）である。プラグマティズムに傾倒する以前，デューイはヘーゲル主義とダーウィニズムの影響を受けていた。デューイによれば，西洋哲学の特徴は二元論にある。哲学者は伝統的に，理論と実践，精神と身体，不変的なものと流動的なものといった二つの領域に世界を区分してきた。プラトンからデカルト，カントに至るまで，様々に変奏されてきたこの二元論の起源は，古代ギリシア人が市民と奴隷，知的活動と肉体労働を区別したことにある。デューイは二元論を克服する契機を，ヘーゲルの弁証法とダーウィンの進化論に見出した。主体と環境が相互に影響し合いながら変化するプロセスを重視する姿勢は，知識や思考を問題解決のための道具とみなす「道具主義」の立場を帰結する。

　デューイはパースの探究の概念を継承しつつ，疑念から信念に至る思考のプロセスを明らかにする。それは具体的には，①不確定状況における問題の気づき，②問題の設定，③仮説の形成，④推論による仮説の再構成，⑤実験・観察による仮説の検証，という五つの段階からなる（『思考の方法』）。こうした探究のプロセスを経て証明された仮説こそ，伝統的な西洋哲学において真理とされてきたものであるが，デューイはこれを「保証つきの言明可能性（warranted assertibility）」と呼ぶ。探究によって得られた知識は，ある問題を解決するための有用な道具であるかぎり，ジェイムズにならって真理とみなしてもよい。とはいえ，それはなおも誤謬を含んでいる可能性があるという意味で，あくまでも暫定的な真理にすぎず，究極の真理はパースと同じく無限の探究の果てに遠望されるべきものであった。

　このような探究の考え方は，狭義の哲学の枠を超えて，教育の理論と実践に応用されていく。1896年，デューイはシカゴ大学に附属小学校を創設した。後に「実験学校」と改称されるこの小学校では，暗記と試験を中心とする詰め込み教育ではなく，問題解決型の学習が重視された。従来の教育では，教師や教

科書に重心が置かれ，カリキュラムや教育方法は画一的なものであったが，デューイはこうした古い教育からのコペルニクス的転回によって「子どもが太陽となり，そのまわりを教育の様々な装置が回転する」ような新しい教育を実現しようとした（『学校と社会』）。

　目指されたのは，知識や観念が日常的で具体的な活動に結びつき，生活と学習が一体であるような学校である。例えば，子どもたちは調理や裁縫，工作といった「仕事（occupation）」に自主的に取り組むことを通して，他者との協力やコミュニケーションの大切さを学ぶ。デューイにいわせれば，学校は「小さなコミュニティ」なのであって，そこで子どもたちは社会への参加と貢献の重要性を体験することになるのである。デューイの提起した「行うことによって学ぶ」という原理——今日のいわゆる「アクティヴ・ラーニング」——は，進歩主義的な新教育運動のスローガンとなるだろう。

　こうした教育実践は，デューイにとって，民主的社会を構築することに等しかった。デューイの考える民主主義は，選挙や議会などの政治制度というよりも，一つの「生き方」を意味していた。「民主主義は単なる政治の一形態ではなく，協同的な生き方であり，共同的にコミュニケーションが行われる経験の一様式である」（『民主主義と教育』）。自然科学の探究が，仮説の設定と実験による検証を繰り返すことで「保証つきの言明可能性」に到達しようとする努力であったのと同じように，政治的領域においても，問題の共有，討議への参加，解決案の模索，実行と検証といった探究のプロセスが重要なのであり，このような不断の運動こそ民主主義にほかならないのであった。

　第一次大戦後のアメリカでは，経済的に豊かな消費社会が実現する一方で，ウォルター・リップマンが『幻の公衆』（1925）で指摘したように，人々は公共的問題に関心を失い，選挙での投票率も概して低調であった。民主政治の前提となるべき公衆の衰退が顕著になるなかで，リップマンが専門家集団のエリート支配に期待を寄せたのに対して，デューイは教育や文化を通して「コモン・マン（普通の人々）」が公衆として再生する道を模索したのである。

④　現代の展開

　リチャード・ローティ（1931-2007）は，ジェイムズやデューイの思想を継承

する「ネオ・プラグマティズム」の代表的論客である。その主著『哲学と自然の鏡』(1979) では，「心」は「自然」を正確に写し取る「鏡」であるという近代哲学の発想（表象主義），時代や社会を超えた不変の真理が存在するという考え方（本質主義），哲学によって文化や知識を基礎づけようとする態度（基礎づけ主義）が徹底的に批判されている。普遍的な真理の放棄は，ある種の相対主義を帰結するだろう。ローティは自身の立場を「自文化中心主義」と規定している。それが意味するのは，真理に関する客観的基準が存在しない以上，われわれはさしあたり自文化を判断基準とするが，自分が用いている言語や自分が属している共同体の価値観が偶然の産物にすぎないことをわきまえ，自文化が誤っているのではないかと憂慮し続ける「アイロニカル」な態度なのである。

　ローティのネオ・プラグマティズムが重視するのは，絶対的な真理の探究ではなく，偶発的な言語活動としての「会話」である。会話の継続によってこそ，強制なしに合意を形成し，共同体での連帯を促進し，寛容の精神を培うことが期待できる。これはデューイの民主主義の考え方に近い。実際，ローティは『アメリカ　未完のプロジェクト』(1998) のなかで，経済よりも文化の問題に関心を集中させているポストモダン的な「文化左翼」を批判する一方，デューイを継承した「改良主義的左翼」を高く評価し，こうしたアメリカ的伝統を保持すべきであると主張している。

　さらに最近の作品として，ノンフィクション作家レベッカ・ソルニット(1961-) の『災害ユートピア』(2009) にも注目しておきたい。一般に，地震や洪水などの大災害の直後にはホッブズ的な戦争状態が出現すると思われているが，現実には相互扶助的な共同体が立ち上がることを，この本はいくつかの具体的事例を通して活写している。軍や警察といった治安当局は，暴動や略奪の発生を過剰に恐れ，「エリート・パニック」に陥って，民衆を弾圧しようとする一方，被災者や救援にかけつけた人々は，互いに助け合い，利他的に行動する。ソルニットにいわせれば，人々の行動を決めるのは信念である。「何を信じるかが問題だ」という視点を，ソルニットはジェイムズのプラグマティズムから学んだのであった。

第**4**章　現代正義論

正義論は，文字通り「正義とは何か」を探究する学問であり，正義に関わる重要な諸概念——平等，自由，権力，国家，公共性——との密接な結びつきを持つ。とりわけロールズの『正義論』は，「平等主義的リベラリズム」とも称されるように，狭義の正義論にとどまらないリベラリズムの特徴を備えている。本章以降，随所で概説していくように，ロールズは，戦後英語圏の政治思想史を語るうえで看過することのできない一大潮流を形成した。

ロールズの政治思想は，福祉国家的な「大きな政府」を理論的に正当化したともいわれる。本章では，20世紀前半に積極的国家を擁護する理論が登場した背景を紹介し，リベラリズムをめぐるアメリカの知的文脈を探る。そのうえでロールズの『正義論』を検討し，ロールズに対する応答として形成された分配や平等に関する研究（センとドゥオーキン），共同体の役割を強調するコミュニタリアニズムの議論を紹介する。

① 正義論の背景

　20世紀初頭のイギリスでは，ニューリベラリズムのホブスンによる積極的な国家介入論に基づく経済学，フェビアン協会が主導した救貧法の根本的改革で示された「ナショナル・ミニマム」といった福祉国家の発想を支える学説が登場した。福祉国家はしばしば「大きな政府」ともいわれる。貧困や失業問題の根本的解決には，国家主導で経済・社会政策を行うことが求められるため，国家の機能や権限は「大きく」なる。

　「大きな政府」を支える経済学は，イギリスの経済学者ジョン・メイナード・ケインズ（1883-1946）によって提唱された。その主著『雇用・利子・貨幣の一般理論』（1936）は，自由放任主義の経済政策を否定し，国家の積極的な市場介入によって資本主義が好転すると論じた。ケインズによると，市場の自動調整機能に頼ることなく，好不況といった景気に対応して，政府は総需要を管理しなければならない。市場で流通する貨幣量を調整する金融政策と，公共事業によって政府が主体となって雇用を創出する財政政策とを実施することで，市

場の安定化を図るのである。第二次世界大戦後，その理論は「ケインズ主義的福祉国家」を支え，イギリスをはじめ各国の福祉政策に影響を与えた。

　アメリカのフランクリン・ローズヴェルト大統領は，世界大恐慌に伴う失業や貧困に対処するためにニューディール政策を実施した。この政策は，連邦政府による財政介入や再分配政策を支持する「リベラル」に共鳴するものであった。19世紀後半以降のアメリカでは，政治主導で社会改革を実行すべきだとする立場は「リベラル」と称される一方，個人の自由な能力の発揮に期待を寄せ，国家の積極的介入に否定的な立場は「保守」と呼ばれた。1960年代には，黒人差別撤廃や貧困問題が政治課題として浮上したが，冷戦下における資本主義陣営の中心国アメリカでは，次第に「保守」の影響力が増すようになる。このような背景の下で，ロールズの『正義論』（1971）は刊行された。

2　ロールズ

　英米圏の現代政治哲学の代表格であるジョン・ロールズ（1921-2002）は，政治や法などの規範理論に関わる豊富な論点と視座を提示した。ここでは，ロールズの主著『正義論』を中心に，正義に適う政治社会の理論と構想を紹介し，「平等主義的リベラリズム」とも呼ばれるロールズ正義論の特徴を解説する。

　『正義論』の出発点は主に二つある。第一に，近代以降の規範理論で広く影響力を及ぼしてきた古典的功利主義への批判である。功利主義は苦痛の回避と快楽の最大化を目指すが，ロールズによると，快という人間の「善（good）」は多義的である。快楽と一口にいっても，信仰を持つこと，特定の文化的生活を送ること，ある価値観に基づいて人生設計を試みることなど，われわれに快楽や幸福をもたらす善は多種多様である。特にベンサムの功利主義を問題視したロールズは，善によって基礎づけされた理論ではなく，万人にとって受け入れることのできる「正（right）」に基づく政治哲学の構築を試みる。

　第二の出発点は社会契約論である。ホッブズ，ロック，ルソーは，それぞれに自然状態を構想し，社会契約によって政治共同体が設立されると考えた。ロールズはこの社会契約論に着想を得て，正義の問題を扱うにあたって，まずは法や政府の存在しない「原初状態（original position）」を想起する。原初状態では，各人は「無知のヴェール」に覆われている。このヴェールを被ると，人々

は自らの年齢や性別，地位，資質，能力，財産など自身の立場や属性に関する情報を「何も知らない」状態になる。ここでロールズは問いかける。自分の置かれた境遇が何もわからない場合，私たちはどのような「約束」に合意するだろうか。ロールズの答えは次の通りである——無知のヴェールに覆われた人々にとって最も合理的な選択は，自らを最も不利な境遇に置かれた人間であると想定し，正義の原理に合意することである。われわれは，どのような状況に置かれたとしても，正義に適った社会で生きることを求めるだろう，と。

　この原初状態で合意される正義は，二つの原理によって成立する。第一原理は，平等な自由原理であり，基本的自由はすべての人に等しく分配されなければならないことを定める。第二原理は平等に関する原理で，社会的・経済的資源は等しく分配されなければならないことを定める。正義の二原理には，さらに二つの条件が加わる。第一に，第一原理は第二原理に優先するという「自由優先ルール」である。第一原理が擁護する基本的自由とは，最低限の市民的・政治的自由であり，これらの自由がなければ，人々は自らの生の目的や理想を考え，実現することはできない。少数者の価値や自由を守るためにも自由優先ルールは不可欠である。この点に，リベラリズムの特徴が明確に表れている。

　第二の条件は，第二原理に関するもので，社会的・経済的不平等が容認されるのは，格差原理と機会均等原理が満たされている場合に限定されるという原則である。端的にいえば，平等に関する条件である。それゆえ，ロールズのリベラリズムには，平等主義の特徴が見られる。格差原理は，社会的・経済的不平等が認められる条件を，最も不利な人々の利益が最大化される場合に限定する。最も不利な人々とは，社会的・自然的な偶然によって生活するために必要な財を獲得することができない人々である。例えば，病気などの自然に由来する偶然や，突然の失業といった偶然によって，生産手段を持つことができない場合が考えられる。具体的政策としては，累進税率に基づく相続税と贈与税，消費に対する定率税（消費税）が挙げられる。前者は所得収入や財産に応じて税率が変動するため，富裕層にはより多くの徴税が課されるが，全体の所有を社会に還元することができる。消費税は所得に関係なく徴収されるため，構成員同士が等しく負担する。ただしロールズは，制度設計は，国ごとに財政や社会状況が異なるため，個別的な政治判断が求められると考えていた。

機会均等原理とは，公正な機会均等の条件下で，社会的・経済的資源の獲得に有利な地位や職務につくことのできる可能性が全員に開かれていることを意味する。よって，生まれながらの才能や地位は偶然にすぎず，かりに最も不利な立場に置かれたとしても，社会的・経済的資源と機会の平等な分配により，各人が正義に適った社会で生活できるための構想が導き出されるのである。

③ ケイパビリティ・アプローチ

さらに『正義論』では，自由で平等な諸個人が秩序ある社会を形成するために，財の分配原理を決定する社会の基礎構造（制度）について検討されている。ロールズによれば，私たちが合理的な目的を持ち，人生計画を実現するために不可欠な基本財というものがある。それは，健康，活力，知性，想像力といった自然的基本財と，権利，自由，機会，所得・富，自尊心といった社会的基本財とに区別される。自然的基本財は，社会の基礎構造にさほど左右されないが，社会的基本財はどのような制度を選択するかによって変化する。とすれば，正義の二原理に基づいた社会的基本財の分配によって，自由で平等な社会は達成されるであろう。しかし，そもそも分配すべき財とは何なのか，また何に基づいて平等を達成するのかという問いが浮上することになる。

分配すべき財について疑問を呈したのは，ノーベル経済学賞を受賞したインド出身の経済学者アマルティア・セン（1933-）である。センは功利主義の主観的快楽説と比較して，ロールズの基本財がより客観的な基準を提示していることを高く評価した。しかし，センによれば，基本財をいかに用いることができるかは，各人の置かれた状況によって制約を受ける。例えば，障碍のある人と障碍のない人では，目的を達成するためのニーズは異なるであろう。また，生まれ育った環境によって人生が左右されることもあるだろう。ロールズの基本財では，多様な生に適った仕方で十分な分配がなされない可能性がある。

そこでセンは，基本財に代えて，「ケイパビリティ（capability）」概念を導入する。基本財が人生の目的を可能にする手段であるのに対し，ケイパビリティは，その目的を形成するための能力に着目する概念である。聴覚が不十分な人にとって手話が不可欠であるように，人間の多様な境遇に応じて，各人の能力を補完するために必要な財は異なる。センは，各人が十分に自由な生き方を享

受するための能力にも，視野を広げなければならないことを明らかにした。

　センのケイパビリティ・アプローチを継承したアメリカの哲学者マーサ・ヌスバウム（1947-）は，ケイパビリティを，人間が人間らしく尊厳のある人生を送るために必要な「選択肢の幅」であると理解し，それをリスト化した。生命や健康，身体の不可侵性といった従来の正義論でも重視された要素のみならず，感情，連帯，遊びといった政治的・社会的な活動もリストに含まれている。このリスト自体は，時代や地域に応じて変化する可能性もあり，ケイパビリティの具体的な項目は，継続的に議論を重ねる必要があるだろう。

4　ドゥオーキン

　センが「何を分配するべきか」という問題を提起したことは，正義論を活性化させた。次に，ロールズの平等主義的リベラリズムを深化させた法哲学者ロナルド・ドゥオーキン（1931-2013）の議論を紹介しよう。ドゥオーキンは『平等とは何か』（2000）において，各人が多様な生の目的を追求するために必要な「資源」に着目し，「資源平等主義」を提唱した。

　ドゥオーキンによれば，特定の人が「運」の偶然によって他の人よりも多くの財を必要とする場合がある。例えば，脚が不自由な人にとって，車椅子の購入は日常生活を送るうえで不可欠な出費である。つまり，個人の嗜好に基づく「選択」の結果によって生じる財（高級なワインを毎日飲むという個人の自由な選択）と，自然的帰結という「運」に起因する財（病気や事故によって車椅子が必要な状態になること）には，大きな違いがある。

　平等を正義の原理として位置づけるには，個人的主観ではなく，客観的尺度としての「資源」が不可欠である。偶然の結果として生じる資源（車椅子）の必要は平等に分配されるべきだが，選択による不遇（ワインの消費による金欠）は個人に帰責する。ドゥオーキンは，限られた資源を用いて平等の実現を試みる資源平等主義を提唱した。この立場は，後にコーエンらによって批判的に継承され，「運の平等主義」と呼ばれる新たな正義論を形成していく。

5　コミュニタリニズム

　1980年代に入ると，北米を中心に，個人の自律を重視する個人主義的リベラ

リズムに疑問を投げかけたコミュニタリアニズム（共同体主義）が登場した。
人間は孤立した個人ではなく，家族や友人，コミュニティといった他者との関
係のなかで生きる存在である。この視点に基づいてコミュニタリアニズムは，
共同体の内部で育まれる伝統や文化，価値などの「共通善（common good）」に
基づく政治理論を提唱した。

　現代のコミュニタリアニズムを代表するアメリカの政治哲学者マイケル・サ
ンデル（1953-）は，『自由主義と正義の限界』（1982）においてロールズの『正
義論』の問題点を指摘した。無知のヴェールに覆われた原初状態では，年齢や
性別，人種などの個人の属性に関わる情報が開示されていないため，自分が何
者であるのかを知ることはない。サンデルにいわせれば，このような原初状態
は，自我が存在しない状態を意味する。だが現実において，自らの存在を説明
する情報を一切知らずに生きることはできない。サンデルは，ロールズが仮想
的で抽象的な状況から正義の二原理を導出していることを批判し，原初状態の
非現実性に疑問を呈したのである。

　さらにサンデルは，人間の自我が不明瞭な状態で議論を進めると，ロールズ
の正義原理の実現自体も困難になると指摘する。そもそも，他者から完全に切
り離された人間は，正義に合意するという道徳的判断力を身につけることがで
きるだろうか。不平等や格差といった正義の課題を理解し，意志決定をするた
めには，共同体のなかで自己反省や他者との対話を行う必要がある。そのため
には，自らの置かれた境遇を知っておかねばならない。

　ロールズの格差原理や機会均等原理を政策化するためには，共同体のコンセ
ンサスや協力が必要となる。「最も不利な状況に置かれた他の構成員をなぜ私
たちが助けなければならないのか」という問いに対して，「同じ共同体のメン
バーとして運命を共にしているから」という価値観や物語に基づいて他者を説
得するほうが，より現実的ではないかとサンデルは論じる。つまり，格差や不
平等を是正する必要性を共同体内で共有し，互いに協力するための政治的連帯
が不可欠なのである。サンデルによると，この連帯は，国家と個人の間にある
公共空間を活性化することで生み出される。このようなコミュニタリアニズム
の着眼点は，多文化主義の政治思想にも影響を与えることになる。

第5章　現代自由論

　「自由」は政治思想史上の最大の問題である。国家による強制や国家への服従はいかに正当化されるのだろうか。本章では，この問いに向き合った現代の思想家としてバーリンを紹介する。二つの世界大戦と冷戦という歴史的転換期を生きたバーリンは，自由主義の伝統を再検討しながら，「二つの自由概念」を提示した。

　個人の自由をいかに保障すべきかは，ロールズの批判者として有名なリバタリアンのノージックによっても議論された。ロックの所有権論を手がかりに，最小国家論を提唱したノージックは，福祉国家型の思想は「拡張国家」をもたらすと批判する。

　他方，「大きな政府」を支持する福祉国家論が登場したのとほぼ同時期に，「小さな政府」を擁護する経済的自由にも注目が集まった。20世紀半ばには，資本主義経済の強化を目指す新自由主義も登場した。今われわれはどのような「自由」を重視すべきなのだろうか。

1　バーリン

　ラトビアに生まれ，イギリスで活躍したアイザイア・バーリン（1909-97）は，現代の自由主義やナショナリズム研究の分野で多くの功績を残した思想家である。冷戦下の1958年にバーリンが行った講演「二つの自由概念」では，政治的権力と個人の関係が取り上げられ，権力への服従の問題が論じられている。

　バーリンは，自由を「消極的自由（negative freedom）」と「積極的自由（positive freedom）」に区別し，自由に潜む強制や隷属の局面を解明し，消極的自由の重要性を強調した。バーリンによると，消極的自由とは「～からの自由」と表現され，権力による干渉の不在と拘束からの自由を意味している。これは，個人の行為に干渉する権力を抑制することで自由を確保する考え方である。

　これに対して，積極的自由は「～への自由」と表現され，個人の自己支配や自己実現を意味する。自己支配とは，自らの主人でありたいという個人の願望に由来し，民主主義との深いつながりを持つ。しかし，トクヴィルやミルが警

告したように，民衆の多数支配は個人の自由を侵害する「多数者の専制」に至る危険性がある。したがって，公的自由を重視する古代人の自由をコンスタンが問題視したのと同じく，バーリンは自己支配にも注意を要すると考える。また積極的自由には，自律的な性格の獲得によって真の自己を達成しようとする自己実現が含まれている。これは，理性や自律を行使することで，人間は自由になると考える立場である。だが，自己実現のために，自分にできることだけを選択する「内なる砦への退却」が生じる可能性もある。自律や理性を重視するあまり，人間の非合理的側面が軽視されるかもしれない。

　バーリンが最も警戒するのは，自らが帰属する共同体の存在価値や共同体内での役割を自己の存在と同一視し，自己支配や自己実現を目指す状態である。かりに共同体が全体主義のような圧政であった場合，自己実現の自由という名の下に，個人の自由が著しく侵害される危険がある。理性的な政治的指導者や民族精神の体現者へ自ら服従することで，自己支配が実現されると考える人々がいれば，彼らは個人の自由を放棄して，権力や権威に隷属することになる。バーリンは，積極的自由が自由ではなくなる危険があることを，ファシズムや全体主義の歴史的経験を踏まえて考察している。

　バーリンは，一つの価値に真理が収斂する価値一元論ではなく，社会には複数の相反する価値が存在するとして価値多元論を擁護している。消極的自由は，人間の生の目的が多数存在することを受け入れるものであり，バーリンの価値多元論を支えている。バーリンは，コンスタンやミルの自由概念を批判的に継承し，個人の自由のあり方を論じた。バーリン以降，その自由概念はスキナーやペティットの共和主義理論など多角的な観点から再検討されている。

② ノージック

　すでにロールズの『正義論』をめぐっては，ケイパビリティ・アプローチ，資源平等主義，コミュニタリアニズムといった立場から投げかけられた問いをみたが，リバタリアニズム（libertarianism）の代表的論者ロバート・ノージック（1938-2002）も，ロールズの平等主義的リベラリズムに対する明確な批判を展開している。

　リバタリアニズムとは，諸個人の自由を最大限に尊重し，政府による介入や

強制は最小限にとどめるべきだとする立場を指す。平等主義的リベラリズム
は，政府が個人の私的な財を一部徴収し，それらを社会に再分配するが，リバ
タリアニズムはこの考え方に否定的である。個々人の身体や精神を自由に用い
て獲得した財は，自己所有権によって保障されるべきであり，過度にそれらを
政府が回収することは正義に反するからである。

　ノージックは『アナーキー・国家・ユートピア』(1974) のなかで，ロック
の自然権論にならって，自らの労働によって獲得される所有物を最大限尊重す
る所有権論を重視する。労働は他者の権利を侵害しないかぎり自由に認められ
るべきであり，労働の対価やその成果として生まれる財は，最低限の必要を除
いて国家によって徴収されてはならない。政府の役割はできるだけ小さくとど
めるべきである。こうしてノージックは，個人の自由を正当化する最小国家論
を提唱した。

　まずノージックは自然状態から議論を始める。国家が存在しない自然状態は
アナーキーである。生命や財産が侵害された場合，各人は自らの力で侵害行為
に対処し，権利を回復しなければならない。しかし，自己防衛や自助努力には
限界があるので，人々は生命と財産を守るため，互いに協力関係を結ぶ「保護
協会」を形成することになる。複数の保護協会が誕生し，協会間では紛争や衝
突も生じるだろうが，この競争を通じて，やがて地域全体の権利保護を担う
「支配的保護協会」が誕生する。私的な団体である支配的保護協会は，協会に
未加入のメンバーに対しても無償でサービスを提供することで，構成員を増や
していく。その結果，最小国家という政治共同体が成立する。

　最小国家は，最低限の国家機能として，治安維持や国防の役割を果たし，司
法という賠償制度を備えることで，個人の自由を保障する。それ以外のサービ
スの提供は，私的所有物を必要以上に回収するため不当であるとみなされる。

　最小国家を正当化するため，ノージックは正しい資源の分配を判定する基準
として権限理論を用いた。権限理論は，自らの所有物に対する権限によって三
つの基準に分類される。第一に，まだ誰にも所有されていないものを占有し獲
得する場合である。国家や個人の所有物ではない自然を開拓し，獲得した資源
や土地がこれに該当する。第二に，同意のうえで，所有物がある人物から他者
に譲渡される場合である。第三に，所有物が不正な取引によって獲得された場

合，不正を被った被害者を救済する措置として所有物を返還・補償することである。

　ノージックは，ロールズがこれら三つの基準を超えて，国家に対する財の提供を構成員に求める「拡張国家」を擁護したと批判する。例えば，累進課税を正当化する格差原理は，最も不遇な人々のために，富裕層の所得を別の社会階層に移転させることを認めている。これは権限理論の観点からみると，正義に適っていない。個人の功績によって獲得した財を国家が強制的に回収し，その財を再分配政策の資源に使うことは正しくないからだ。

　国際的に活躍する音楽家がいたとしよう。このアーティストのライブコンサートのチケット代金は，一般的な公演会よりも高額に設定されている。さらに，ステージ近くの VIP 席はより高値で売られている。それでもこの演奏を楽しみにする人々はチケットを購入し，音楽家は多額の報酬を稼ぐことができる（ノージックはこれに類似した事例をプロバスケットボール選手「ウィルト・チェンバレンの例」として挙げている）。このたとえ話は，個人の身体やそこから生み出される能力を駆使して獲得した財は，個人の功績として認められるべきか否かという問いを投げかける。ノージックの立場に則して答えると，共同体の最低限の秩序を維持する以外の目的で，私的な財を国家に移譲することは，個人の自由に不当な制約を加えることになる。よって，このアーティストは多額の報酬を再分配政策のために国家に渡す必要はない，と結論づけられるだろう。

③　ハイエク

　新自由主義（neoliberalism）は，現代自由主義のヴァリエーションの一つであり，リバタリアニズムとも共通点を持つ。ハーヴェイの定義に従えば，「強力な私的所有権，自由な市場，自由貿易を特徴とする制度的枠組み内で，個々人の企業活動の自由と能力が解放されることで，人類の福利がもっとも増大する，と主張する政治的経済的実践の理論」である。1930 年代からケインズ経済学を批判する文脈で誕生した新自由主義は，1980 年代以降，資本主義国の政策やグローバルな経済圏で多用されている。新自由主義にとって自由とは，資本主義の経済システムにおいて，生産，取引，投資，大量消費から利潤を獲得し，市場経済における自由によって社会を活気づけることを意味する。まず，

新自由主義の思想的下地を築いたといわれるハイエクの学説を紹介する。

　ウィーン出身の経済学者・法哲学者フリードリヒ・ハイエク（1899-1992）は，ノージックと同じくリバタリアニズムの擁護者である。しかし，ハイエクの議論には，国家による財の供給と分配を認めるところがあり，古典的自由主義の系譜に位置づけられることもある。ノージックがロックの自然権論からリバタリアニズムを導出したのに対し，ハイエクはリバタリアニズムを採用することで，結果的に社会の進歩と繁栄が実現されると考える。この点において，個人の経済的活動に政治社会の活力を見出すスミス的な古典的自由主義の特徴を有しているのである。

　ハイエクの『隷従への道』（1944）によると，個人の自由を保障するために，国家が平等な機会を提供したり，再分配政策や計画経済を実行したりすると，むしろ自由が侵害される場合がある。各人の価値や目的は多様であるにもかかわらず，例えば生活水準の設定によって国家が個人の福利や自由の基準を設定することは，ある種の強制につながるからである。これをハイエクは「隷従への道」と呼んで，「大きな政府」は最終的に全体主義に至る危険があると指摘した。

　20世紀初頭から世界的にみられた社会主義，福祉国家主義，全体主義の問題を，ハイエクは「設計主義（constructivism）」の問題として説明した。いずれの主義も，一つの設計図をもとに国家の計画を策定し実行することで，合理的な社会形成を目指す。この設計図は，専門家や官僚を含む少数の政治的指導者が情報を収集し，集約することで作図される。しかし，複雑に巨大化した社会において，すべての知識や利益を一部の諸個人が把握することは難しい。限られた人数のリーダーが，全体の目的や生活基準を定めることには限界があり，個人の知識やアイデアが設計図に反映されない可能性も高い。

　この課題に対処するためには，各人の自由で自発的な行為によって形成される「自生的秩序」に頼るべきであるとハイエクは論じる。ハイエクにいわせれば，国家や市場が緻密な設計図に基づいたルートをたどらなかったとしても，各人の自己利益追求によって社会全体の利益が達成されてきた歴史というものがある。この歴史は，自生的秩序の効果的な働きを示している。さらに，政府が設計図を独占するよりも，市場競争を通じて社会の様々な領域において知識

や技能が自由に分散しているほうが，それらを獲得したり活用したりする機会
が開かれることになる。自生的秩序に基づく社会的分業論の意義を強調するハ
イエクは，国家による不必要な介入を抑制することが，自由への道であると考
えたのである。

④　フリードマン

　経済学者のミルトン・フリードマン（1912-2006）は，ハイエクの経済的自由
論と秩序観を実践的な領域に適用することで，新自由主義の理論を体系化し
た。論説「新自由主義とその展望」（1951）において，福祉国家は個人の自由
を抑圧する「集産主義」であると批判した。集産主義とは，国家が中央集権的
な統制と管理を行うことで，社会全体の福祉を実現しようとする思想や体制を
意味する。ただし，自由放任主義や最小国家論が国家の介入を最低限に限定す
るのに対して，フリードマンは，自由な市場経済を維持するための国家の役割
も強調した（一部企業による独占の禁止，通貨の安定化，最低限の生活保障など）。

　市場経済と政府のつながりを論じたフリードマンの代表作『資本主義と自由』
（1962）は，当時のアメリカを背景とした研究であったが，後の新自由主義政
策一般を支える理論となった。フリードマンによれば，好況と不況を繰り返す
不安定な市場を管理するために，政府が市場経済に介入し，景気の安定化をも
くろむことは誤りである。例えば，世界大恐慌の克服ために実施されたニュー
ディール政策は，国家が個人の生活に介入した事例であるが，その結果，政府
は停滞に直面し，社会には多様性ではなく「画一的な凡庸さ」が広がることに
なった。したがって，国家の成長のためには，公権力外の領域に，私的なアク
ターの自由な経済活動を認めなければならない。

　経済的利潤の最大化を企図する新自由主義は，ときに「リベラルな」陣営を
模倣しながらも，ミルの古典的自由主義や19世紀のニューリベラリズム，さら
にロールズの平等主義的リベラリズムとは一線を画す特色を持つ。国家の介入
を最低限に抑制するよう政府を管理する新自由主義は，むしろ保守主義に接近
するような場面もある。実際，新自由主義政策を実施したアメリカの共和党
レーガン政権やイギリスの保守党サッチャー政権は，積極的な再分配を行う福
祉国家型のリベラルな政府とは対極にあった。

第6章　政治と文化

　自由主義が想定したように，われわれは本当に自律した個人なのか。生まれてから死ぬまで，誰とも交流せずに生活することは到底できない。他者と出会い，他者に認められることで，人は自己の存在を確認する。この世界は自分とは違う他者で溢れているが，なかには自分に似ている人もいる。言語，宗教，人種，民族，文化などアイデンティティの共通性を発見すると，人間は集団を形成することもある。だが，われわれはいかにして互いを認め合うことができるのだろうか。

　本章では，このような他者の承認の問題を政治思想がどのように考察してきたのかを紹介する。さらに，文化の次元に隠蔽されてきた支配や権力作用を解き明かす理論を取り上げる。西洋と東洋，本国と植民地，高級文化と大衆文化といった二項対立に基づく考察や，長らく抑圧されてきた諸集団の存在に着目してみると，政治思想が分析対象とすべき言説や歴史の範囲の広さを知ることができるだろう。

① 多文化主義

　文化（culture）は多義的な言葉で，もともとはラテン語のcultura ないしcolo に語源を有し，耕作，教育，教養，洗練，生活といった意味を帯びていた。近代において文化は，人間精神の能動的作用を表す言葉としても用いられたが，第二次世界大戦後の文化人類学の発展に伴って，特定の人間集団の生活様式全般を意味するようになった。いうまでもなく，世界には数多くの異なる文化が存在している。この文化の多様性を考えるにあたって，まずは多文化主義（multiculturalism）について検討してみよう。

　一般に多文化主義とは，一つの国家や共同体で複数の異なる文化が共存できるよう，諸集団間の政治的・経済的・社会的な不平等の是正を試みる立場を指す。文化のなかでも，言語，宗教，民族，人種といった集団的アイデンティティに関わる不平等を問題化する傾向が強い。さらに，ロールズの『正義論』が前提としたリベラリズム一般を根本的に捉え直そうとする立場や，リベラリズムの視点から多文化主義を擁護する試みなど，多様な潮流が存在している。

本章では，前者の立場をテイラーの「承認の政治」を手がかりに考察し，後者の視座をキムリッカの議論から読み解いていく。

２　テイラー

　カナダの政治哲学者チャールズ・テイラー（1931-）は，コミュニタリアニズムと多文化主義の研究分野で言及されることが多い。サンデルと同様にテイラーは，リベラリズムが人間の文化や歴史，言語といった共同体固有の特色を過小評価し，他者との関係から切り離された個人を想定していると批判する。私がどこで生まれ，誰と友情を育み，どの学校に通い，どのような職に就き，何を人生の目的とするか，といった一人ひとりの物語は，われわれの置かれた状況を具体的に描き出すものである。人は一人で生きることは難しく，どのような人生の局面でも，他者との出会いを果たす。しかしリベラリズムは，個人の理性や自律を強調するあまり，人間の物語的特徴を無視してきたのではないか。テイラーはリベラルな理論が，人間の「状況から乖離した理性（disengaged reason）」を前提としてきたことを批判するのである。

　カナダのケベック州モントリオールに生まれたテイラーは，この地で一つの物語を発見した。移民国家であるカナダには，先住民の他に，ケベック州を中心に居住するフランス語系住民など，複数の文化的アイデンティティが併存している。この事実に着目したテイラーは，カナダの多数を占める英語系文化と，マイノリティであるフランス語系文化との共存を模索する必要を認識した。いかなる文化的特徴を持っていたとしても，等しく尊重されることが不可欠だと考えたテイラーは，自らの政治思想の基礎に「承認（recognition）」の概念を据えた。

　テイラーに影響を与えたドイツの哲学者ヘーゲルは，自己の確立にとって他者からの承認（Anerkennung）が重要な役割を果たすと考えた。互いの自己を承認し合うことで自己の独立性が成立し，この承認を経て「われわれ」という共同体の精神が生成する。近代社会では，承認欲求が一つの原動力となり歴史を動かしてきた。このことをヘーゲルは「承認をめぐる闘争」と表現した。

　このような議論を踏まえてテイラーは，自己や自己の属する集団を承認してほしいという要求が，文化をめぐる政治的課題を提起し，共同体に変化をもた

らしてきたと理解する。例えば，言語，文化，宗教，民族など，特定の属性を共有する集団によって国家を設立したり，国家の一体感を高揚させようとしたりするナショナリズムには，他者（他国）からの承認を求める傾向がある。この場合，対外的に自国が承認されなければ，究極的には国際紛争に発展する可能性も否定できない。

　また，ケベック州の事例で検討されたように，国家内に存在する複数の集団が多数派と少数派に分断されていた場合，特に少数派は承認を必要とするだろう。かりにナショナリズムを援用した国家統一政策が実施されると，少数集団の存在は否定され，多数派に同質化することを求められるかもしれない。

　さらに，宗教や文化的習慣をめぐる対立が一国内で生じることもある。フランスにおける「ヴェール問題」を取り上げてみよう。フランス革命後に導入された非宗教（ライシテ）の原則は，各人の信教の自由を保障するために，公共空間において宗教性を排除することを定めている。現在のフランスにはイスラム系移民が多く定住しているが，2004年には，イスラム教徒の女性が信仰上の理由で身につけるヴェールを公立学校で着用することが法的に禁止された。信仰心に従って生きるという個人の内面に関わる問題を，国家はどのような形で承認すべきだろうか。イギリスの採用した多文化主義的な政策のように，表現の自由の一部として衣服の自由を認めるほうが，他者の承認にとって望ましいとの立場もありうるだろう。

　テイラーの提起した承認の概念は，人種差別問題にも関連する。1960年代のアメリカで導入された積極的差別是正措置（アファーマティヴ・アクション）の事例をみてみよう。この政策では，アフリカ系アメリカ人を中心に，歴史的に社会的弱者の立場に置かれてきた人々の地位を改善するために，国家が社会に積極的に介入し，人種的マイノリティの境遇を是正する措置が行われた。例えば，大学入学試験や雇用の際に，特定の集団の入学や採用を優先する枠を設けることが試みられた。つまり，異質な他者として排除されてきた個人や集団を社会的に承認することで，差別の撤廃を試みたのである。

　テイラーは，20世紀ドイツの哲学者ガダマーが提唱した「地平の融合」という考え方から承認の理念を学んだ。人間は自らの価値判断を支える地平を各々持っているが，未知の世界には自分にとって異質な地平もある。自分の知らな

い文化的背景を知ることは，もはやそれを知る以前の自分ではいられないことを意味する。換言すれば，他者の文化を学ぶことは，別の異なる可能性を持った地平に自分を再配置させることである。相互理解など不可能だと思っていた相手方の地平を知ることは，異質な他者と「溶け合う」契機をもたらすかもしれない。このような他者理解に，テイラーの意図する異文化理解の哲学的基礎が示唆されているといえるだろう。

③　キムリッカ

テイラーの多文化主義に影響を受けたカナダの政治哲学者ウィル・キムリッカ（1962-）は，『多文化時代の市民権』（1995）において，リベラリズムと多文化主義の両立可能性を探った。

リベラリズムの擁護する個人の自由や権利の実現には，人間の活動や生き方を意味づける「社会構成的文化（societal culture）」が不可欠である。社会構成的文化には，社会生活，教育，宗教，余暇，経済活動といったものが含まれる。一定の領域内で共通の言語を用いることによって，これらの諸文化は育まれていく。さらに，文化を尊重するためには，三つの集団的権利を擁護する必要がある。すなわち，少数民族に対する自治権の保障，特定のエスニック集団に財政支援や法的保護を与えるための文化的権利，少数民族やエスニック集団の議席数を確保するための特別代表権である。文化的権利の承認は，文化的少数者が自らの生き方を選択するための文脈を提供する。

だが，すべての文化が一様に擁護の対象とされるのだろうか。キムリッカは，権利を保障されるべき文化をリベラリズムの原則に即して判断する。つまり，個人の自由を抑圧しかねない文化は，保護の対象から除外される。多文化主義は「文化相対主義」に陥るとしばしば批判されるが，キムリッカは一定の基準を設けることで，多文化共生の規範を定める視点を提示したのである。

④　オリエンタリズム

西洋という概念には，暗黙裡に支配や権力を肯定する意識が投影されてきたところがある。「西洋（Occident）」と「東洋（Orient）」は対等な二項対立の関係にはないのだ。このことを解明したのが，パレスチナに出自を持ち，アメリ

カで活躍した文芸批評家エドワード・サイード（1935-2003）である。

　その主著『オリエンタリズム』(1978)によれば，オリエンタリズム（orientalism）とは，帝国主義や植民地支配といった単なる政治的・経済的支配とは次元の異なる文化的支配を指す概念であり，主として「西洋」による「東洋」の支配という従属関係が含意されている。もともとオリエンタリズムという言葉は，東洋研究や東洋趣味といった意味で使われていたが，サイード以降，中立的な用語とはみなされなくなった。

　サイードは，18世紀後半から1970年代にかけて，イギリスやフランスの著述家によって書き残された中東イスラム世界に関する膨大な文芸作品を分析した。これらの作品は，中東地域を支配した英仏という権力者側の視点から執筆されているので，西洋が東洋の習俗や文化を「エキゾチックなもの」——異質でときに風変わりな生活様式——として捉える意識が反映されている。ここに「優越する西洋」と「劣弱な東洋」という二元論が，オリエンタリズムの本質として浮かび上がってくる。

　こうした本質を踏まえたうえで，西洋／東洋という単純な地理的二項対立を超えて，オリエンタリズムの射程を拡大することもできる。すなわち，一つの国家や地域が他の国家や地域と自らを比較し，自文化の優位性を自負するときにみられる原理として，オリエンタリズムは応用可能となる（こうした発想は福沢諭吉の「脱亜論」も免れていないだろう☞日本編Ⅰ-2）。

　サイードのオリエンタリズム批判は，人文・社会科学の研究に大きな影響を与えた。すでに1960年代のイギリスでは，文化を語ることを通じて社会分析を試みるカルチュラル・スタディーズが誕生していた。従来，文化を対象とした研究の多くは，芸術や文学，哲学，古典音楽に代表される「高級文化」を対象としていた。これに対してカルチュラル・スタディーズは，大衆文化や若者文化，サブカルチャー，労働者文化など，長らく看過されてきた社会に点在する文化——そのなかには，高級文化へのアンチテーゼや，多数派やエリートに対抗する意識を備えた文化や運動が含まれる——に光をあてた。その後，オリエンタリズム批判とカルチュラル・スタディーズは共鳴しつつ，日常生活に隠された権力作用を文化の観点から暴き出していった。

　1980年代以降，政治的・経済的搾取のみならず，文化的抑圧の構造を明らか

にする植民地研究が進展をみせ，さらに1990年代に入ると，サイードのオリエ
ンタリズム批判もそこに合流して，植民地支配（コロニアリズム）の脱却を企図
するポスト・コロニアリズム理論が興隆した。この「ポスト」という語には，
植民地の後という意味と同時に，植民地支配が終わった後でもこの従属関係が
いまだに継続しているとの批判的認識が含意されている。

⑤　アイデンティティ・ポリティクス

　これまで，文化の観点から自己の多様なアイデンティティと政治との結びつ
きを検討してきたが，概して人間というものは他者と何かしらの共通性を共有
しながら生きていることが明らかになっただろう。このことに着目した政治理
論を一般にアイデンティティ・ポリティクスと呼ぶ。

　アイデンティティ・ポリティクスは，何らかの集団的アイデンティティに基
づいて，その集団に共通する利益の実現を目指す。1960年代以降に世界的に広
まった「新しい社会運動」を背景に，支配的文化圏で抑圧され，無視されてき
た集合的アイデンティティに注目し，これを抑圧してきた政治的・社会的構造
の問題性を解明することが求められた。この研究過程で，若者，女性，同性愛
者，黒人，少数民族など，長いこと政治的・社会的承認の対象とされてこな
かった多様な集団の存在が顕在化したのである。

　先述したアファーマティヴ・アクションは，アイデンティティ・ポリティク
スが勝ち取った成果の一つである。ただし，これには批判も少なくない。例え
ば，黒人に対する優遇措置は白人に対する逆差別であるという見解が根強く存
在する一方，黒人に対して劣等集団の刻印を押すことになるとの批判もある。
さらにいえば，アイデンティティ・ポリティクスが文化的・人種的分断を固定
化し，集団間の対立を恒久化することを危惧する声もある。

　ナチスの人種絶滅政策を通過した今日，特定の人種をその血統によって差別
する人種主義は影を潜めた。しかし，人種に代えて文化の差異に依拠する「新
しい人種主義」が登場し，アメリカやヨーロッパの多くの国々において，移民
や難民を排斥する排外主義を帰結している。われわれは他者を承認し，他者と
ともに生きる術をみつけることができるのだろうか。文化をめぐる問いは，現
在において，ますます重みを増しているといわなければならない。

第7章　フェミニズム

　アメリカの政治哲学者スーザン・オーキンは，『西欧政治思想における女性』（1979）において根本的な問いを投げかけた——「政治哲学の偉大な伝統は，端的にいえば，男性による，男性のための，男性についての著作から構成される」。この教科書に登場する政治思想家が，ほとんど男性であることに気づいた読者はいるだろうか。

　18世紀末にイギリスのウルストンクラフトは，女性に男性と同等の権利や自由が認められていないことに強い憤りを感じた。彼女の訴えは，フェミニズムの誕生に大いに貢献した。本章では，ウルストンクラフトの生きた近代に立ち返り，そこから現在に至るフェミニズムの軌跡を確認していく。この過程で，西洋政治思想史が前提としてきた「個人」のあり方が再検討されるだろう。

　フェミニズムには，思想と運動が密接に関わるダイナミックな特徴がある。各時代の運動史との関係も視野に入れながら，「自分らしさ」とは何かを考えてみよう。

１　公私二元論の再検討

　フェミニズムとは，男女の性の違いによって生じた不平等——女性の権利保障が不十分であり，女性の境遇が不利な状態に置かれていること——を明らかにし，その是正を通じてより平等な社会の実現を目指す理論である。それはまた，性別上の差異によって生じた差別や格差の問題の解決を実践的に探究する営みでもある。このように思想と運動が密接に関連しているところに，フェミニズムの特色がある。

　「私が何者であるか」は，ときに性別によって決定される。性別は人間社会にある種の規範を植えつけてきたからだ。例えば，「男性は外で仕事をし，女性は家庭を守るべきである」という家父長制下の規範は，近代以降，資本主義経済を支える性別分業概念により強化された。われわれの存在が政治社会のなかで構築されたことを明らかにするために，フェミズムはジェンダーの概念を生み出した。ジェンダーとは，生まれもった生物学的な性別（sex）ではなく，

人間が成長し，社会生活を営む過程で外部から付与される社会的・文化的な性別のことである。この概念を用いると，女性のみならず，男性や男／女に限定されない多様な性のアイデンティティを問い直すことが可能になる。

現代フェミニズムの政治思想は，第二次世界大戦後の規範理論を批判的に摂取することで発展を遂げてきた。フェミニストは，西洋政治思想史において自明視されてきた公的領域と私的領域の区別に疑問を呈する。特に近代以降の自由主義が「公＝政治」，「私＝市場経済・労働」と捉える二元論を前提としたことが問題とされた。この枠組みは，私的領域に対する政治の不当な介入を抑制する役割を果たしてきたが，そこにはある重要な領域が欠落している。すなわち，親密圏という家族の領域である。

フェミニズムは，ジェンダー規範によって女性の居場所とされてきた家族を分析対象とするために，私的領域に家族を再配置した。そして「政治＝国家」と「経済＝市場」の領域をいずれも公的領域として捉えることで，新たな公私二元論を打ち立てたのである。この見立ては，従来の研究で看過されてきた女性たちの生に光をあてることを可能にした。

② フランス革命期のフェミニズム

女性の地位向上を訴えるフェミニズムという言葉が登場するのは，20世紀に入ってからのことである。しかし，20世紀以前にも，男女の不平等を明示し，その改善を訴える議論があった。まずは，市民的・政治的権利の観点から女性解放を目指した近代のリベラル・フェミニズムを紹介しよう。

イギリスのメアリ・ウルストンクラフト（1759-97）と，フランスのオランプ・ド・グージュ（1748-93）は，フランス革命期に女性の権利を擁護した女性著述家である。フェミニズムの先駆的存在であるウルストンクラフトは，自由を求めて知的活動に勤しみ，女子学校を創設し，結婚制度に反対を表明するなど，急進的な知識人であった。彼女は，18世紀の啓蒙思想が男性のみを対象とした議論であることを非難した。その主著『女性の権利の擁護』（1792）では，男性に服従することが女性の美徳であるとみなすジェンダー規範を批判した。男性と女性はいずれも理性的な存在であり，男女平等の教育によって，性差に関係なく人は有徳な市民になることができると彼女は論じた。

　ウルストンクラフトと同様に，グージュも女性解放に向けて重大な問題提起
を行なった。彼女は，革命期のいわゆる「人権宣言」，正式には「人間および
市民の権利宣言（Déclaration des Droits de l'Homme et du Citoyen）」に，権利主体
として女性と女性市民が含まれていないことを暴露した。フランス語で「人間
（homme）」は男性を，「市民（citoyen）」は男性市民を意味するが，同宣言では「女
性（femme）」や「女性市民（citoyenne）」の表記は用いられていなかった。そ
のため，グージュは人権宣言を女性の視点から書き換え，『女性および女性市
民の権利宣言（Déclaration des droits de la femme et de la citoyenne）』（1791）を公
表した。彼女は，公的領域における女性の地位向上のみならず，家族や性と
いった私的領域で女性が自由と権利を十分に持つべきだと主張する先駆的思想
の持ち主であった。革命が恐怖政治へと傾き始めた1793年，グージュは女性た
ちの政治参加への願望を抑制する「見せしめ」として処刑された。

③　第一波フェミニズム

　舞台をイギリスに戻そう。1860年代に男性参政権の拡大が検討されていた最
中，庶民院議員を務めていたJ. S. ミルは，女性たちの署名が記された女性参
政権の請願書を提出した。当時，女性議員は皆無であったし，この請願を嘲笑
する議員は少なくなかった。請願書自体は否決されたが，予想以上に賛成票が
多かったこともあり，女性の政治的権利を擁護する気運は次第に高まりをみせ
た。20世紀初頭には，サフラジェット（女性参政権獲得運動）を中心に，女性の
政治的領域への参画を求める社会運動が展開された。この運動は，第一波フェ
ミニズムを象徴する出来事となった。

　ミルは『女性の隷従』（1869）のなかで，人類の半分を占める女性たちを「理
性的な自由の人生」に解放すべきだと論じた。ヴィクトリア朝のイギリスで
は，医学や解剖学の発展に伴い，生物学的な男女の自然な違い（生まれつきの
違い）を強調する言説が流布していた。一般に，妊娠，出産，育児，家事と
いった妻・母の役割が女性の幸福な生の目的であるとされていたのに対し，ミ
ルは，男女の身体的な相違は必ずしも精神的な相違を意味せず，教育や社会環
境の改善によって女性にも性格形成の機会を大いに解放すべきだと主張した。
女性が自由になれば，社会全体の才能の総量は増大し，男女を問わず個人の自

由な活動が社会全体に利益をもたらし進歩を導く。ミルは自身の功利主義と自由主義に基づいて男女同権論を擁護したのである。さらに『代議制統治論』（1861）では，未来に望みを託す一節を残している——「あと一世代が経過してしまう前に，肌の色の偶然と同様に性別の偶然が，市民としての平等な保護と正当な特権を剥奪する十分な正当化理由だとは考えられなくなっていること」に期待したい，と。

　アメリカでも19世紀半ば，女性参政権の擁護や，教育・職業の機会の改善を求める運動が起こった。大戦期に入ると，女性たちは軍需工場で働き，なかには戦地で看護士として働く者もいた。彼女たちは戦争に参加し，国家の安全と利益を男性とともに守った。女性の戦争参加は，19世紀末からの女性参政権運動とあいまって選挙権獲得の一契機となった。皮肉にも，戦争への参加を市民権付与の条件とした古代ギリシアの考えが，この時期に再び現れたのである。

④　ラディカル・フェミニズムと第二波フェミニズム

　近代のリベラル・フェミニズムの誕生を経て，19世紀末から第一波フェミニズム運動が英米圏を中心に展開された。第二次世界大戦後になると，世界各国で女性参政権が確立され，女性たちは第一波の時期に切望されていた公的領域へのアクセス権を獲得した。しかしその一方，生活圏では依然としてジェンダー規範に従うことが期待されていた。

　フランス実存主義の哲学者シモーヌ・ド・ボーヴォワール（1908-86）は，『第二の性』（1949）で，女性に対する抑圧の歴史を踏まえ，女性らしさや女性の存在を規定してきた幅広い知と言説に分析を加えた。「人は女に生まれるのではない，女になるのだ」という鋭い指摘は，第二波フェミニズムの形成に多大な影響を与えた。他方，アメリカの女性著述家ベティ・フリーダン（1921-2006）は，『新しい女性の神話』（1963）において，女性に妻・母の役割のみを課すことを批判し，教育と仕事によって人格の成長機会を十分に与えるべきだと主張した。同書はアメリカの女性運動を支える思想を提供した。この女性運動は，1960年代以降の市民運動（公民権運動，ヴェトナム反戦運動，ゲイ・レズビアン解放運動など）とも共鳴し，各国で第二波フェミニズム運動を形成した。

　第二波フェミニズムは「個人的なことは政治的である」というスローガンを

掲げた。私的領域においても権力や支配に関わる問題が数多く残されていることが，第二波フェミニズムを通して明らかになった。この運動を背景として，女性を抑圧する根源的な（radical）理由を解き明かすラディカル・フェミニズムの思想が誕生した。なぜ個人的なことが政治的なのだろうか。ラディカル・フェミニズムは，公私の区別が政治的・歴史的に構築されてきたことに注目する。婚姻関係を基礎に付与される女性の権利や，生殖に関する法の多くは，男性優位の体制下で制定されてきた。このことは，結婚や性の領域で女性が自己決定権を剥奪されてきたことを意味する。例えば，1970年代のフランスやドイツでは，自らの身体は自ら決定する権利があるという観点から，人工妊娠中絶の合法化運動が起こった。さらにラディカル・フェミニズムは，日常生活に隠蔽された権力構造を暴く視点を提供した。この視点によって，従来の公私二元論では十分に議論されてこなかった親密圏（家族，恋愛，友情，パートナーシップ），さらに職場や学校などの社会圏を包摂する分析が可能となった。

⑤　ケアの倫理

　第二波の時期には，西洋政治思想史が前提としてきた個人のあり方そのものを再検討する議論も登場した。そのなかで注目を集めた概念の一つが「ケア（care）」である。いち早くケア概念を提唱したアメリカのメイヤロフは，ケアとは「その人が成長すること，自己実現することを助けること」であると定義した。メイヤロフの提起は，ケアが医療や福祉の領域のみならず，身体や生命への気配り，さらに人間関係全般に関わることを示した。

　アメリカの倫理学者キャロル・ギリガン（1936-）は，主著『もう一つの声』（1982）のなかで，ロールズ的な抽象度の高い正義倫理ではなく，個別具体的な状況下で育まれる他者との関係に基づいて，道徳的思考を試みるべきだと論じる。自分の人生を振り返ってみよう——私のそばにはいつも自分の世話をしてくれる誰かがいたのではないだろうか。子供から大人になるにつれて，誰かの世話をすることもあっただろう。将来は誰かを世話する責任を負うことになるかもしれない。育児や家事，介護などのケアに焦点を合わせると，人間が他者とともに生きる存在であることがわかる。ギリガンは，女性の人生選択や自己決定は，ケアの活動によって定められてきた側面があると指摘する。

　ケアの倫理を批判的に摂取したアメリカの哲学者エヴァ・フェダー・キテイ（1946-）は，リベラリズムが想定する個人は完全に自由で自律した存在なのだろうかと問いかけ，そうではないと答える。われわれ人間は，人生の様々なライフステージで，他者を必要とし，他者に依存しているのだ。ここから政治共同体のあり方を捉え直すことも十分に可能である。互いにケアし，ケアされる依存関係を軸に，従来の規範理論で構築された正義や平等，自由を再検討し，他者との共存関係を築き上げる構想が求められているのである。

⑥　「自分らしさ」を求めて

　第二波の問題意識を継承しながら，「女性とは何か」の再検討が1980年代末から1990年代にかけて起こる過程で，第三波フェミニズムの潮流が生まれた。第三波では，アイデンティティ・ポリティクスやポスト・コロニアリズムが提起した人間の多様性を重視する視点を取り入れつつ，性別以外の属性も女性の自己規定に関連すると考えられた。女性以外の複数のアイデンティティに目を向けることで，フェミニズムの多面的な研究や運動が繰り広げられた。

　ユダヤ系アメリカ人のジュディス・バトラー（1956-）は，第二波から第三波への転換の契機を与えた哲学者である。主著『ジェンダー・トラブル』（1990）は，女性というカテゴリーが言説上の構築物にすぎないことを指摘し，第二波まで前提とされてきた「女性」が，ある種の虚構であると分析した。バトラーは，男性と女性に分類不可能な領域を析出し，それを「クィア（queer）」と名づける。その後，バトラーの研究はLGBT（レズビアン，ゲイ，バイセクシュアル，トランスジェンダー）全般に関わるクィア理論の発展に寄与した。

　第三波の運動面では，個人の自由をさらに開花させ，生き方の選択の幅を重視するようになった。スカートを履いて化粧をすることは男性に媚びることだから，フェミニスト的には間違っていると考えるのではなく，自分の個性を大切に，生きたいように生きるという「ガールパワー」の精神が流布した。2010年代に入ると，フェミニズムは第四波を迎えたともいわれる。ポップカルチャーや映画産業などの大衆文化や，SNS等のオンラインを媒介に，性やジェンダーに関わる問題発信（例えば2017年の#MeToo運動）も盛んである。フェミニズムは現在進行形の政治思想であり，社会運動なのである。

日本編

第 I 部

近代の政治思想

　第 I 部では，幕末から1945年の敗戦に至るまでの時期における日本の思想状況を取り上げる（全10章）。

　第 1 章は，佐久間象山・横井小楠という二人の儒学者の「開国」論を紹介しつつ，彼らの思想が明治以降の日本にいかなる影響を及ぼしたのかを考える。第 2 章では，明治初期における政府および知識人がそれぞれ西洋文明のどのような点を日本に取り入れるべきと認識していたのかをみていく。第 3 章は，自由民権運動を中心に明治国家のあり方をめぐる主張を取り上げる。第 4 章では，民友社と政教社に焦点を当てて両社が明治日本の問題点をどこに見出し，どのように変革しようとしたのかを考える。第 5 章では，教育勅語を手がかりに1890年前後の思想状況を取り上げる。第 6 章は，２つの戦争（日清戦争・日露戦争）に直面した思想家たちの動向に注目する。第 7 章では，「改造」をキーワードに大正初期の思想状況をみていく。第 8 章は，女性の権利向上の動き，そして社会主義運動の高揚に焦点を当てる。第 9 章の前半では，第一次世界大戦前後に展開された国家改造運動を，後半では自由主義をめぐる論争を手掛かりに昭和初期の思想状況を取り上げる。第10章は，昭和の戦争の時期における思想に注目する。

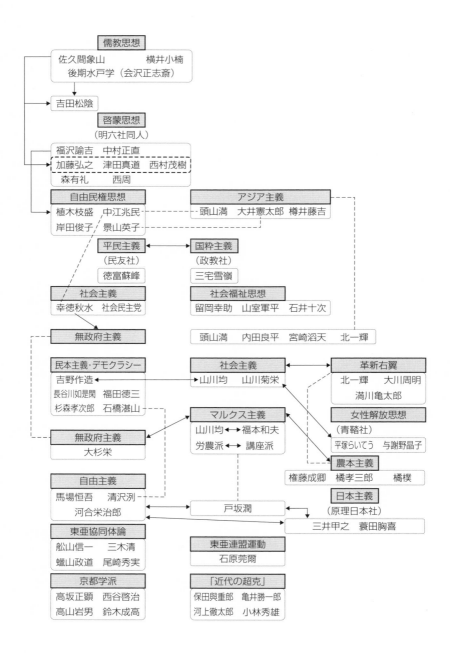

儒教思想
佐久間象山　　　横井小楠
後期水戸学（会沢正志斎）

吉田松陰

啓蒙思想
（明六社同人）

福沢諭吉　中村正直
加藤弘之　津田真道　西村茂樹
森有礼　　西周

自由民権思想　　　　　アジア主義
植木枝盛　中江兆民　　頭山満　大井憲太郎　樽井藤吉
岸田俊子　景山英子

平民主義　　　　国粋主義
（民友社）　　　（政教社）

徳富蘇峰　　　　三宅雪嶺

社会主義　　　　　　社会福祉思想
幸徳秋水　社会民主党　留岡幸助　山室軍平　石井十次

無政府主義　　　　頭山満　内田良平　宮崎滔天　北一輝

民本主義・デモクラシー　　社会主義　　　　　革新右翼
吉野作造　　　　　　山川均　山川菊栄　　北一輝　　大川周明
長谷川如是閑　福田徳三　　　　　　　　　　　満川亀太郎
杉森孝次郎　石橋湛山
　　　　　　　　　　　　マルクス主義　　　　女性解放思想
無政府主義　　　　　　山川均 ←→ 福本和夫　（青鞜社）
大杉栄　　　　　　　　労農派 ←→ 講座派　　平塚らいてう　与謝野晶子

自由主義　　　　　　　　　　　　　　農本主義
馬場恒吾　清沢洌　　　　　　　　　　権藤成卿　橘孝三郎　　橘樸
河合栄治郎
　　　　　　　　　　　　戸坂潤　　　日本主義
東亜協同体論　　　　　　　　　　　（原理日本社）
舩山信一　三木清　　　　　　　　　　三井甲之　蓑田胸喜
蠟山政道　尾崎秀実

京都学派　　　　　　　東亜連盟運動
高坂正顕　西谷啓治　　石原莞爾
高山岩男　鈴木成高
　　　　　　　　　　「近代の超克」
　　　　　　　　　　保田與重郎　亀井勝一郎
　　　　　　　　　　河上徹太郎　小林秀雄

第 **1** 章　秩序のゆらぎ

　本章では，幕末から明治維新に至るまでの時期における日本の思想状況を中心に取り上げる。一般的に，ペリーの来航は日本にとって「太平の眠りを覚ます」もの，つまり「鎖国」にいきなり打撃を与えた思いがけない出来事とイメージされるが，実際にはそれ以前から知識人の間では，日本近海における外国船の出没に対する危機意識が語られていた。また，日米修好通商条約の締結をめぐる意見の対立のなかで，「尊王攘夷」と「開国佐幕」の二つの勢力が対峙し，そのまま明治維新に至る，という理解も根強いが，この両者ははたして対立する考え方だったのか。これを考えるうえで，佐久間象山・横井小楠という二人の儒学者の「開国」論を紹介する。彼らは，なんのために「開国」を説いたのか。そして，彼らの思想は明治以降の日本にいかなる影響を及ぼしたのか。

⬚1　ペリー来航のもたらしたもの

　18世紀後半以降，日本近海にはロシア，イギリス，アメリカなど西洋諸国の艦船が頻繁に出没し，日本との交易を求めていた。日本人の海外渡航を禁じ，外国との交易を制限していた当時の江戸幕府はこの動きを警戒し，文政8（1825）年に異国船打払令を出すが，天保10（1840）年に起こったアヘン戦争で清王朝がイギリスに敗北した衝撃は大きく，かつまた日本が西洋諸国で唯一交易を認めていたオランダからも日本の開国は不可避であるという意見がもたらされ，従来の対外政策の維持が困難になりつつあるという認識が生まれ始めていた。アヘン戦争前後の時期に，初めて西洋式の軍事演習を行ったことも，幕府が国際情勢の緊迫化を理解していたことを示す一つの証拠であろう。

　このような状況のなかで，嘉永6（1853）年にペリー率いる最新鋭の軍艦4隻，いわゆる「黒船」が浦賀に来航し，大統領からの国書を提出して日本との交易を求めたのであった。すでにこの時期には，天保の改革（1841-43年）の挫折に示されるように幕府を中核とする政治体制が揺らぎつつあったが，ペリーの要求への対応策に関し，全国の諸大名から意見を募るという従来にはなかっ

た姿勢を示したことで，対外的な危機に対応しうる，強固な新たな政治体制の必要性が論じられるようになった。具体的には，朝廷と幕府との調和を説いた公武合体論，幕府と諸大名の合議制を目指す議論，さらに幕府そのものの解体を唱える主張なども現れていく。幕府によるペリーとの交渉自体は，大きな譲歩をすることなく日米和親条約の締結にこぎつけたものの，ペリー来航が日本の政治情勢に与えた影響は，非常に大きなものだった。

② 西洋を知ることの意味

　開国という政治決断を受け，幕府は西洋の知識を受容するため，安政2（1854）年に洋学所を設置，翌年に蕃書調所と改称し正式な教育機関として開校した（のちに洋書調所，さらに開成所に改称）。ここには幕臣を中心に，他藩からも多数の人材が集まった。さらに，同5（1858）年に締結した日米修好通商条約の批准書交換のため，万延元（1860）年に幕府が派遣した使節団のなかには，直接西洋「文明」の実情に触れ，それまで自分たちが抱いていた価値観との衝突を感じつつ，その先進的な文物や制度，さらにはそれらの背後にある思想を理解しなければならぬ，と考えた人々もいた（随行員の玉虫左太夫はその一人。彼の『航米日録』には未知のものに触れた驚きや戸惑いなどが記録されている）。外様大名である薩摩の島津斉彬や肥前の鍋島直正（閑叟）などが，比較的早い段階で西洋の文物に関心を抱いていたことはよく知られているが，上記のような幕府の取り組みが明治期の「文明開化」の基盤となったことは間違いない。

　もちろん，開国後ただちに西洋への関心が日本の国民全体に広がったわけではない。しかし外国人と出会う機会があった人々，あるいは留学や使節団の一員として西洋社会を実見した人々，そして彼らからもたらされた西洋に関する情報——それを世に広めた著述の一つが，万延元年の遣米使節団に随行した福沢諭吉（1834-1901）の『西洋事情』（1866）である——に触れた人々のなかに，進んだ西洋に対抗するために，日本はどうあるべきか，という意識が生まれたことは確かであった。その広がりが幕末の激しい政争をもたらし，最終的には戊辰戦争を経て，明治政府による国家の統一へと至るのである。

③　尊王攘夷思想とその淵源

　アメリカとの交易を認めた日米修好通商条約は，領事裁判権の承認と関税自主権の喪失など，日本に不利な内容を含むものであった。孝明天皇の強い反対にもかかわらず，幕府が条約締結に踏み切ったことを受け，尊王攘夷運動が大きなうねりとなって広がった。この運動の思想的な背景は18世紀まで遡る。中国の影響を排して日本古来の精神への回帰を説いた本居宣長（1730-1801）らの国学と，記紀神話に基づき天皇を中心とした日本の「国体」の卓越性を強調しつつ，朝廷を支える幕府への敬意と連動させた「尊王敬幕」を説いた水戸学である。これらの思想は，儒学に内在する中華思想（華夷思想）に基づき，日本を「中華」，外国を「夷」（野蛮）と位置づける傾向を持っていた。水戸学の会沢安（正志斎，1782-1863）は，著書『新論』（1825）で，西洋列強がキリスト教を用いて日本の「愚民」を誘惑することの危険性を説き，民衆に日本の「国体」の至高性を教化して，外国と対峙（攘夷）する姿勢を整えなければならない，と説いた。このような主張は，天皇の意向を無視した幕府への反発に結びつき，「尊王」と「攘夷」が一体化して倒幕への流れを生み出した。「天下は幕府の私有にあらず」と説き，徹底した尊王論を説いた長州藩の吉田松陰（1830-59）もまた，水戸学の強い影響を受けていた。

④　儒学者の「開国」論——佐久間象山・横井小楠

　一方，「尊王攘夷」と対立する形で，開国を決断した幕府を支えるという「開国佐幕」の立場が現れるが，はたしてこの両者は大きく異なるものなのか。この点を考えるうえで，開国を論じ，かつ仕えた主君が幕府の中枢を担う存在であった佐久間象山・横井小楠の二人の儒学者の思想を取り上げてみたい。

　佐久間象山（1811-64）は主君の松代藩主・真田幸貫が老中を務めていたこともあり，いち早く国際情勢に関する知識を入手することができた。アヘン戦争での清の敗北に強い衝撃を受けた象山は，清の思想家・魏源（1794-1857）の『海国図志』（1842-52）を読み，その「夷（＝西洋）の長技を師として夷を制す」，つまり西洋の侵略を防ぐためにも，その優れた技術を受容することが重要だという意見に触発される。象山は主君への意見書で，「五大洲の学術を兼備し，五大州の長ずるところを集め，本邦をして永く全世界独立の国とならしむる基

礎を世に弘めむ」(「ハルマ出版に関する藩主宛上書」) と，西洋の学問や知識を広く普及させることが日本の独立を維持する基盤になるとし，現状の西洋諸国の国力，とりわけ軍事力が日本を上回る以上，即時の攘夷は採るべき途ではなく，国力を高めて彼らに対抗するために開国が必然だと論じた。

　なお，魏源の『海国図志』や『聖武記』(1842) などの著書は，象山，そして後述の横井小楠をはじめとする幕末日本の知識人に広く読まれ，彼らの西洋に対する理解を深めるうえで大きな役割を果たした。象山の門弟であった吉田松陰もその一人である。松陰はペリー来航に際してアメリカへの密航を企てようとしたが (象山もこれに関与したとして処罰を受ける)，西洋諸国の実情を知ることが，攘夷を実行するうえで必要だと考えたのである。

　横井小楠 (1809-69) は熊本藩の出身で，地元に私塾小楠堂を開き，藩外からもその知識の深さを広く知られていた存在であった。当初は攘夷論を唱えていたが，『海国図志』の影響などもあってその限界を認識し，ペリー来航後は開国を「道理」とみて，開国論へと変化した。またキリスト教には否定的であったが，開国以降は古代中国の理想である堯舜三代の実学に相当するものと解釈して，その道徳性と機能を評価した。その後，縁あって幕府の要職にあった福井藩の松平慶永 (春嶽) に仕え，その顧問として幕政にも関与した (ただし国家の大義を優先する小楠と，藩の大義を優先する春嶽は後に対立する)。その思想は，「富国・強兵・士道」の三つの主題について論じた『国是三論』(1860) に示されている。富国論では，対外貿易の利を説き，この潮流に反して日本が開国を拒絶すれば外国の攻撃を受ける可能性がある，しかも現状の日本は万事困難を極める状況にある以上，攘夷は不可能だと論じた。ここでいう困難とは，主君である松平春嶽もかかわった将軍継嗣問題や安政の大獄 (1859年)，さらに大老井伊直弼が暗殺された桜田門外の変 (1860年) などの政治的な対立を意識したものであろう。強兵論では海軍の増強による国防の強化を提唱し，士道論では為政者としての武士の心構え・道徳を説き，儒学の重要性を強調した。「富国・強兵」は，後の明治政府のスローガンとして知られる言葉であり，また「五箇条の御誓文」の案文 (「議事之体大意」) を起草した由利公正 (1829-1909) が小楠の弟子であったことを考えれば，小楠が明治維新に際して非常に大きなインパクトを与えた存在であったことがうかがえる。

　もっとも，小楠の開国論の目的は富国・強兵を実現して外国の侮りを防ぐことにあり，それを忘れて西洋の「文明」を無批判に尊ぶべきではないと戒めている。また甥のアメリカ留学に際して，儒学の道を究めつつ西洋の科学技術を受容すれば，日本は富国・強兵にとどまらず，大義を世界に広げることができると述べたように，小楠は日本，さらに東洋（アジア）が西洋と比肩しうる価値を有することを疑わなかった。これは「東洋の道徳，西洋の芸術（＝技術）」という表現で，それぞれの長所を説いた象山とも共通する考え方であった。

　この二人は，儒学という軸を保持しつつ，現在の国際情勢において日本が強大な西洋とどのように向き合うのかを考える際に，単なる迎合でもなく，また排斥でもない道を歩もうとした。もっとも，開国を説く姿勢が過激な攘夷論者には許しがたいものと映り，結果的に両者とも彼らの手にかかって命を落とす。しかし，その思想が吉田松陰，勝海舟，坂本龍馬，西郷隆盛，木戸孝允（桂小五郎）など，幕末に活躍した数多くの著名な人々に多大な影響を与えたことは，紛れもない事実である。

⑤　天皇という存在

　「尊王攘夷」といいつつ，実際に攘夷が不可能であることは，幕府も，また攘夷事件を原因とする西洋列強との武力衝突を経験した薩摩藩・長州藩も十分に理解していた。結果的に残るのは，いかに天皇という権威を取り込むか，つまりはどちらが尊王の大義を獲得するか，であった。それに成功したのが薩長側であり，尊王論を説く水戸学を生み出した水戸藩出身の15代将軍徳川慶喜が逆賊とされたのは歴史の皮肉である。

　しかし新たに成立した明治政府も，新しい政治体制の具体像を確立していたとはいえない。まずは国家の中核と位置づけた天皇の権威を確立するため，「王政復古」というスローガンの下，神道と政治の融合を指す「祭政一致」が唱えられた。これは神仏分離運動とそれに伴う廃仏毀釈などの動きを生み出したが，その非現実性，そして仏教勢力からの反発もあって次第に衰えた。もっとも水戸学に源流を持つ「国体論」はその後も継承されていく。このような「伝統」を基軸に据えた主張に対し，「文明」の視点から「あるべき日本国家」を考える議論が，西洋経験を持つ知識人の間から広く展開されるのである。

第**2**章　維新の諸相

本章では明治初期の知識人の思想についてみていく。幕末の激動を経て，天皇を中核とした新たな国家建設を始めた明治政府の指導者，そして西洋の学問や知識を身につけた人々にとって，日本の独立の維持と不平等条約の改正こそが最大の目標であり，それを実現するうえで，当時のロールモデルであった西洋「文明」国の成果をいかに受容していくかが重要な課題であった。政府の立場から，そして洋学者の立場から，それぞれ西洋文明のどのような点を日本に取り入れるべきだと考えたのだろうか。とりわけ，当時の洋学者の代表的な存在として認知されている福沢諭吉の文明に対する見方は，はたしてどのようなものであったのか。彼のアジア諸国に対する議論ともあわせて，考えてみてほしい。

①　明治日本の課題と岩倉使節団

　近代のヨーロッパ，およびアメリカを含む西洋諸国では，産業革命による経済発展と，それと並行した軍事力の強化，さらに自由・平等・人権といった諸価値の普及を受け，それ以前に比べて自分たちは「文明」化／「進歩」した，という考えが浸透していた。あわせて自分たちよりも「野蛮」な状態，つまり遅れているとみなした非西洋地域の文明化が西洋人＝白人の使命である，という意識も生まれた。その結果，各国家の主権を相互に承認するという西洋の国際秩序は「野蛮」とされた非西洋地域には適用されず，西洋諸国の支配下に置かれるか（インド，東南アジア・アフリカの大半など），不平等条約を締結することで，国家の主権に制約がかけられることとなった（日本・清王朝・朝鮮王朝・タイ・ペルシア・トルコなど）。

　そのため，明治政府の指導者や明治初期の知識人は，日本の目標を独立の維持と幕末に締結された不平等条約の改正に置いた。これを実現するためには，日本を「文明」国のレベルに引き上げるしかなく，そのモデルは西洋諸国以外にはなかった。「西洋とは何か」を知ることが日本の国家建設の基盤となると

いう感覚は，幕末から一貫したものだった。

　政府による取り組みとして真っ先に挙げられるのは，明治4（1871）年から約二年間にわたり，西洋諸国に派遣された岩倉使節団である。その目的は条約改正交渉であったが，その困難さに直面した使節団は，西洋諸国の実情の観察をより重視するようになった。岩倉使節団に随行した久米邦武（1839-1931）が編纂した『米欧回覧実記』（1878）に目を通すと，使節団の一行が政治，経済，産業に加え，社会，思想，宗教，文化などにも強い関心を向け，西洋の評価すべきところは評価しつつ，日本の国情に照らして取捨選択するという現実的な姿勢があったことがわかる。また，イギリス・フランス・アメリカの大国やそれに次ぐドイツだけでなく，小国ながら独立を保つオランダやベルギーなどを視察した際の感想が次のように描かれる。「国の貧富は，土の肥瘠にあらず，民の衆寡にもあらず，又其資性の智愚にもあらず，惟其土の風俗，よく生理に勤勉する力の，強弱いかんにあるのみ」（『米欧回覧実記』）。「勤勉する力」への着目は，小国である日本の一般民衆を勤勉な国民へと育成しなければならぬ，という彼らの決意を強めたと思われる。

②　洋学者による西洋思想の紹介

　日本社会の「文明化」に大きな役割を果たしたのは，西洋の学問をいち早く受容した洋学者たちであった。彼らはみな，福沢諭吉の「一身にして二生を経るが如し」（『文明論之概略』）という言葉通り，青年期は儒学を学び，開国前後には蘭学・洋学を受容し，江戸から明治への劇的な変化を経験した。そして，彼らの多くは西洋諸国を実際に訪れ，「天賦人権」（natural right ＝「自然権」の訳語）論や，スペンサーの社会進化論（☞西洋編Ⅱ-9），そしてベンサムやJ. S. ミルらが説いた自由主義・功利主義の思想に関心を寄せ（☞西洋編Ⅱ-7），それを日本に紹介した。加藤弘之（1836-1916）は『国体新論』（1875年）などで天賦人権論をもとにして立憲制の樹立を説き，君主による国家の私有を厳しく批判した。中村正直（1832-91）はスマイルズの *Self Help*，ミルの *On Liberty* をそれぞれ『西国立志編』（1870），『自由之理』（1871）として翻訳し，儒学の素養に裏打ちされたわかりやすい解釈が好評を博して多くの読者を獲得した。

　あわせて，彼らは西洋の制度や思想にかかわる用語を翻訳する際に，日本人

に受け入れられやすいように漢語を用いた。福沢諭吉の「演説」，西周（1829-97）の「哲学」などはその一例である。また，中国での西洋書の翻訳において，中国の古典から援用した言葉（「自由」「共和」など）も使われた。もっとも，漢語の意味と西洋の原語の意味とが必ずしも合致しないこともしばしばであり，例えば「自由」は元来「放恣，わがまま」の意味合いが強く，「liberty」や「freedom」と完全に重なり合うものではなかった。それを意識して福沢は「自由と我儘の界は，他人の妨げをなすとなさざるとにあり」（『学問のすゝめ』）とその違いを説明している。西洋の思想や理論を日本に根づかせようと努力した洋学者の試みは，後に「文明」の成果を学ぼうとする東アジアの知識人にも影響を及ぼしていくことになる。

③　明六社の活動

　日本最初の学術結社とされる，1873（明治6）年に創設された明六社には，発案者の森有礼（1847-89）のほか，西村茂樹（1828-1902），福沢，中村に加え，蕃書調所から始まる江戸幕府の教育機関の教官を務めた西，加藤，津田真道（1829-1903），箕作麟祥（1846-97）などが名を連ねた。彼らは「西洋とは何か」「近代とは何か」という問題に取り組むなかで，旧来の日本の慣習や考え方を変化させることを自らの使命だと考えた。「我国の教育を進めんが為に有志の徒会同して其手段を商議するに在」る（「明六社制規」）ことを掲げたのは象徴的であり，彼らがいわゆる「啓蒙」思想家と称される所以でもある。ここでいう「教育」は端的にいえば「文明開化」と同義であると解釈でき，人々に西洋の思想や制度などを紹介するとともに，会員間の意見交換を活発に行い，『明六雑誌』や演説会という媒体を通じて，政治・法律・外交・経済・財政・社会・哲学・婦人・宗教・教育・歴史・科学・国字・出版・服章など，多様なテーマについて自分たちの見解を訴えた。また，外国経験や外国語の知識のない儒学者の阪谷素（1822-81）が主要メンバーだったことに象徴的であるが，明六社では異論を受容する気風があり，他者との真摯な討論が社会を進歩させる，という認識が共有されていた。

　具体的な議論に分け入ってみると，「国字」すなわち国語については，ローマ字化を提唱する西に対して西村が強く反論したほか，漢字廃止論，さらに

「万国共通語」の制定を説く主張もみられた。政治に関しては，議会（民選議院）の設立に関する議論のほか，「学者職分論」が注目を集めた。これは政府の専制・抑圧に人民が迎合するという江戸時代以来続く気風を変えるためにも，学者は政府の外で活動すべきだという福沢の『学問のすゝめ』の主張が発端となったものである。政府に出仕していた多くの同人は，「国務も民事もともに肝要」であり，それぞれの立場から改革を志すべき（加藤「福沢先生の論に答ふ」）と反論した。そして「婦人」問題については，婚姻を男女の合意に基づく権利義務関係と捉えて夫婦の同権および一夫一婦制の確立を唱える森（「妻妾論」）に対し，津田は西洋でも男女は法的に同権ではないと反駁しつつ，「妾」制度は国家の害毒だと否定した（「夫婦同権弁」）。また中村は良妻賢母の論理に依拠しつつ，教育面での男女平等を説いた（「善良なる母を造る説」）。阪谷は「妾」を持つことを「自主自由」だと放言する男性の態度を厳しく批判した（「妾説の疑」）。そして福沢は，男女が「同数」である以上，男女同権を説く前提として一夫一婦制が必要だと論じた（「男女同数論」）。明六社に女性の同人はいなかったが，多くの同人が男女の人間としての「同等」を意識した点において，日本における女性の地位向上を唱えた議論の先駆けとなったことは間違いないだろう。

　明六社の活動自体は，1875年の讒謗律と新聞紙条例の制定によって制約を受ける。これらの法規は民権運動の抑止を目的としていたが，政府に対しても遠慮なく批評していた『明六雑誌』も廃刊を余儀なくされ，演説会も翌年に廃止された。活動期間は短く，影響力も決して広範なものではなかったが，福沢のいう「多事争論」──多様な問題について自由に意見を戦わせる，という明六社の精神は，現代にも受け継がれるべきものであろう。

④　福沢諭吉の思想①──「惑溺」からの脱却

　多士済々の明六社の同人のなかで，最も著名な人物が福沢諭吉であることは間違いない。代表的な著述『学問のすゝめ』（1872-76）の冒頭，「天は人の上に人を造らず，人の下に人を造らず」という一節もまた多くの人が知るものであろう。これは前述した天賦人権論を意識したものであるが，この部分に続いて「といへり」という言葉があることに注意が必要である。つまり「（西洋の思想家が）そう言っている」，というわけである。福沢は，人間の平等はあくまで

「権利通義」（＝権利）におけるものであり，現実には学問の有無による不平等が存在すると考えていた。よって，福沢はすべての人々が実際に役立つ学問＝実学に親しむべきだと説く。これは固定的な身分制度や形式的な儀礼を重視する儒学への批判でもあり，古い習慣への盲従──福沢は「惑溺」と称する──から脱却することで日本は文明に近づくと考えたのである。個々の人民が学問に励み，他者，とりわけ上位者に依存せずに独立して物事を考え行動できるようになれば，その人民で構成される国家もまた独立を維持できる。これを福沢は「一身独立して一国独立する」と称し，日本のあるべき姿だと主張した。福沢は現状の日本もまだ「ただ政府ありて未だ国民あらずというも可なり」という状態にあるとして，ウェーランドの『修身論』（1835）を参照し，政府と人民がそれぞれ自らの分限を守って行動するという相互契約の論理を展開して，旧来の「為政者＝主人，民衆＝客分」という図式を打破しようとした。

　さらに福沢は人間の「同等」を国家間に援用し，日本と西洋諸国との対等性を強調しつつ，返す刀でいわゆる中華思想のもとに他国を野蛮＝「夷」だと位置づける中国（清）の尊大さを非難する。幕末の攘夷運動の標的となった経験を持つ福沢にとって，外国人を「夷狄」として排斥し，逆にその進出を招く結果となった清の現状は，世界の潮流を理解しない愚かなものに映った。それゆえに福沢は中華思想，及びそれに基づく華夷秩序と呼ばれる，中国を中心とした東アジアの伝統的な国際秩序を否定したのである。

⑤　福沢諭吉の思想②──「文明」理解

　しかし，文明化が世界の潮流であり，それが日本の独立を維持するうえで必要だとすれば，福沢は文明人であるはずの西洋人＝白人が，自分たちの目線で「野蛮」だとみなした地域に対して行う侵略行為や抑圧的な支配をどう考えるのか。また，日本が文明化に努力したとしても，真に西洋人から文明国と認められるのか。これに対する福沢の答えは『文明論の概略』（1875）に示される。福沢は，「文明の歴史」を描いたギゾーやバックルの著述を参考に，文明を人間全体の精神の発達として捉え，それを基準に現状の世界を欧米の「文明」，アジアの「半開」，アフリカなどの「野蛮」の三段階に区分する。しかし，この区分は固定化されたものではない。なぜなら「文明は死物にあらず，動きて

進むもの」だからである。「野蛮は半開に進み，半開は文明に進み，その文明もまた進歩の時なり」と考えれば，現在の西洋文明も相対的に他よりも進んでいるように映るにすぎない。つまり福沢は，現状の西洋文明を絶対的な善だとはみておらず，また現時点では西洋から「半開・野蛮（未開）」とされる国（日本も含む）も文明化が可能だ，と論じたのである。これに基づけば，同じアジアの中国や朝鮮なども文明国になれるはずであり，実際に福沢は日本をモデルにした朝鮮の改革派による文明化の試みを積極的に支援した。

　ただし，福沢は現時点での「文明」を絶対視しなかったとはいえ，日本が独立を維持する手段としてこれを受容することは正しいと考えていた。これは逆にいえば，福沢からみて「野蛮」なままにとどまる国家は正しくないことになる。これは『学問のすゝめ』の中国批判や，明治維新をモデルとした朝鮮改革派のクーデターが清の軍事的な干渉で挫折した甲申事変（1884年）の直後に書かれた有名な「脱亜論」（1885）にもつながる。もっとも，この論説はしばしば福沢のアジアへの蔑視や侵略の意図を示すものとされてきたが，実際には朝鮮の改革派の失敗に対する落胆が反映した時事的なものだと考えられる。とはいえ1880年代の福沢が，かつての『学問のすゝめ』における対等な国家主権の尊重という主張から，次第に国際政治の「力」の側面を重視する方向へと移行していったことは間違いない。国内的にも，天皇を「政治的局外」に置くことを説きつつ，「懐古の情」によって国民を統合する存在とし，それまで否定的に捉えていた神話に基づく万世一系の「国体」をその根拠とするようになる（『帝室論』）。これは明六社に結集した他の洋学者にもみられた傾向であった。

　「脱亜論」で福沢は，「（日本の）国民の精神はすでにアジアの固陋（＝古くさい習慣）を脱して西洋の文明に移りたり」と述べ，「亜細亜東方の悪友」である野蛮な中国と朝鮮を拒絶すべき，と論じている。しかし，『学問のすゝめ』で一般民衆の「独立」の意識の不十分さを嘆いた福沢が，わずか十年ほどで日本人が文明に至ったと本気で考えていたとは思えない。朝鮮をめぐる日清の対立が不可避だと考えた福沢は，当時の日本人に対し，あくまで「日本は文明国であると信じよ，文明化の趨勢を理解しない清を恐れるな」と鼓舞しようとして，このような表現を用いたと考えられる。

第 3 章　憲法構想をめぐって──自由民権運動を中心に

　本章では，自由民権運動を中心に，明治国家のあり方をめぐる主張について取り上げる。明治維新によって成立した新政府は，1889年の大日本帝国憲法（明治憲法）制定に至るまでの時期において，その国家建設の方向性について試行錯誤を繰り返していた。その間，民間においても「あるべき国家」をめぐる構想が様々な形で提起されていた。その代表的なものが自由民権運動である。民権運動家は，はたしてどのような国家のあり方を理想としていたのか。また，「自由」や「平等」という価値をどのように捉え，それを民衆にどう語りかけたのか。また，民権運動に対峙した政府の指導者たちは，憲法の制定に際して，それをいかにして「文明」的なものへと近づけようとしたのだろうか。

① 自由民権運動の発端──民撰議院設立建白書をめぐって

　「大日本帝国」の政治体制は，明治維新によって一朝に成立したわけではない。それがほぼ固まっていくのは，1881（明治14）年のいわゆる「明治14年の政変」から85年の内閣制度の発足を経て，89年の大日本帝国憲法（明治憲法）の公布に至る時期だといえる。それ以前は，「王政復古」「祭政一致」の理念に基づく神道国教化政策の推進とその挫折，急速な文明化に反感を持つ士族の反乱──その最大かつ最終的なものが77年の西南戦争である──，イギリス流の議院内閣制の導入を求め，結果的に伊藤博文（1841-1909）らと対立して政府を追われた大隈重信（1838-1922）の構想など，明治憲法に示されたものとは異なる国家のあり方が提起されていた。そのなかで，大きなインパクトを与えたのが自由民権運動であった。これは立憲政体の樹立や民選議会の設立を目指す政治的な運動であると同時に，一般の民衆に対し，「自由」や「平等」という価値が自分たちの生活に直結するものであり，これらを実際に享受するには政治に関心を持たねばならないと認識させたという意味で，大きな意義を有する運動でもあった。

　西洋諸国において，議会が重要な役割を果たしていることは，幕末の時点で認知されていた。横井小楠は『国是三論』で議会制度を高く評価し，弟子の由利公正が起草した「五箇条の御誓文」の案文（「議事之体大意」）における「万機公論に決し，私に論ずるなかれ」という一節にも結びつくが，それはあくまで議論一般の重要性を指すものであって，明治維新後に公議所は設けられたものの，しばらくは民選議会の設立が議論されることはなかった。

　その状況を変えたのが，1874年，前年の征韓論争で敗れて下野した前参議の板垣退助（1837-1919）や後藤象二郎（1838-97）らが政府に提出した「民撰議院設立建白書」であった。彼らが民選の議会を必要だと唱えた理由は何か。まず，薩摩・長州両藩出身者を中心とした藩閥による「有司専制」への批判である。「政権の帰する所を察するに，上帝室に在らず，下人民に在らず，独り有司に帰す」という冒頭の文章は，一部の有力者による強引な政権運営が結果的に「国家土崩の勢」を招くという危機感につながる。これを救う道は「天下の公議を張るに在るのみ，天下の公議を張るは民撰議院を立るに在るのみ」，つまり議会を通じて民意を反映させる政治を行うしかない，としたのである。もっとも，藩閥批判のための議会開設の要求であれば，権力争いに敗れた側の巻き返しの手段とも取れるし，また板垣らにその意図が少なからずあったことも否定できない。

　ゆえにより重要なのは，明治政府が一般人民に納税・徴兵・教育などの義務を課している以上，参政権をはじめとする権利を認めるべきだ，という論理である。「政府に対して租税を払ふの義務ある者は，すなわちその政府の事を与知可否（＝関与し，賛否を表明）するの権理を有す」という，西洋の市民革命における「租税共議論」や「代表なくして課税なし」に範をとった主張は，当時の納税者の多数を占める農民に響くものであった。民権運動の指導者の多くは士族（武士出身者）であるが，広範な階層の人々が運動に加わった要因は，この一節にあったといえるだろう。

　建白書は提出翌日に新聞に掲載され，その内容は議論を呼んだ。もっとも，前章で紹介した洋学者はもちろん，建白書を受け取った側の明治政府の指導者も，議会が文明国において不可欠であるという認識は共有していた。ただし問題はいつ議会を設立するかであり，それがいわゆる「民撰議院論争」の焦点で

あった。明六社の加藤弘之は，大多数の日本人が政府の意義や徴税・兵役の義務などへの十分な理解がない以上，現時点での議会設立は時機尚早であり，まずは人民の教育を優先すべきだと説いた（「民撰議院を設立するの疑問」）。これに対し，民権運動家の大井憲太郎（1843-1922）は，議会を設立すれば人民は政治を自分の問題として考えるようになり，結果的に彼らの意識が向上すると反駁した（「民撰議院の議に就き謹で加藤閣下に質す」）。現状の日本人が国民意識に欠けることを前提とし，その対応策として議会開設を説く運動家の大井と，教育を説く学者にして官僚の加藤とのコントラストは興味深い。

　憲法に関しても，1875年の「立憲政体樹立の詔」に示されるように，文明国をモデルとした憲法に基づく国家体制の建設は，政府の指導者にとっても至上命題であった。しかし民権派の人々は，政府主導で作られる憲法で十分に人民の権利が保障されるかを疑問視した。そのゆえに彼らは運動の過程で激しい政府批判を展開し，政府もまたこれを厳しく弾圧，あるいは懐柔して運動の弱体化を企図する，という構図が生まれたのである。

　ただし，明治初期まで残存した過激な攘夷派や，徴兵制や義務教育の拒否などにみられる文明化や国民国家化への反発とは異なり，民権運動は西洋文明を一つの理想形としつつ，政府とは異なる角度から，あるべき国民国家の理想像を追求するものであった。つまり彼らは「反政府」ではあるが「反国家」ではなかったことに留意しておいてほしい。

② 自由民権運動の思想家──植木枝盛と中江兆民

　自由民権運動を広めるうえで，民衆に対してわかりやすい言葉で議会や憲法の重要性，そして自由や平等の価値を説くことは重要な課題であった。これに取り組んだ人物として，植木枝盛と中江兆民の二人を挙げておこう。

　土佐藩出身の植木枝盛（1857-92）は，福沢諭吉の『学問のすゝめ』に共鳴し，上京して明六社の演説会や福沢の主宰する三田演説会に出席するとともに，日本語訳されたギゾーやスペンサーらの著述に触れた。その後，板垣退助の側近として民権運動の機関誌，さらに遊説で運動の意義を宣伝する役割を担った。植木は「卑屈することはない。自由は天から与えたのじゃ。どんと民権を張り自由をお展べなさいよ」（『民権自由論』1879）などとわかりやすい言葉で民衆に

呼びかけるとともに，すべての人間が生まれながらに持つ自然権＝生命や身体，財産の自由などの権利を守るためにも，政治に関与する権利が必要不可欠だと訴え，議会の意義を強調した。

　植木を語るうえで欠かせない著述は，私擬憲法（民間による憲法案）の『東洋大日本国国憲按』（1881）である。主権在民の発想（天皇の存在は認める）と基本的人権の保障を軸とし，人民の自由・権利を恣意的に侵害する政府の打倒も国民の権利だとするジョン・ロックの革命権（抵抗権）の理念（☞西洋編Ⅱ-3）を条文に明記し，当時の文明国でもほぼ例のない死刑廃止の条項も盛り込んだ。また，板垣の名で発表した『無上政法論』（1880）では，将来における国家の消滅を見据え，「万国共議政府」の下での世界平和と軍備縮小の構想を掲げ，現在の西洋中心の国際秩序を超克することの必要性を論じた。植木にとっての「文明」とは，個人単位でも国家単位でも国際社会という次元でも「自主自由」の貫徹する世界を指す，という考察があるが，実に的確である。

　植木と同じく土佐藩出身の中江兆民（1847-1901）は，明治維新後に司法省の官吏となり，フランスに留学した際にはナポレオン3世の第二帝政の崩壊，第三共和政の発足という大きな政治変動を経験した。帰国後ほどなく官を辞し，1881年に『東洋自由新聞』を刊行，翌年にルソーの『社会契約論』（☞西洋編Ⅱ-5）の一部を漢文訳し解説を加えた『民約訳解』を出版する。兆民は留学中にルソーに共鳴していたジュール・バルニやエミール・アコラスら当時の共和派の思想家の言論に直接触れており，結果としてルソーに興味を惹かれるようになったのは自然な話であった。

　兆民もまた，ルソーに限らず西洋思想を紹介する際に，当時の日本の知識人が熟知していた漢学の知識を援用している。自由で平等であった自然状態から，理性を濫用した結果，人間社会に不平等が発生したというルソーの議論について，兆民は『荘子』の「機心」（＝悪智恵）や「至徳の世」（＝対立のない自足的な社会）という単語を用いて説明している。また「リベルテーモラル」（道徳的自由）を『孟子』の「浩然の気」と，ソクラテスやプラトンの道徳（☞西洋編Ⅰ-1・2）を儒学の「仁義忠信」と重ね合わせている。兆民が「東洋のルソー」と呼ばれた理由の一つをここに見出せるとする研究もある。

　このほか，兆民は『平民の目さまし』（1887）『選挙人目さまし』（1890）など，

一般民衆向けに議会や選挙の重要性を説いた著述もある。また，民主政を称賛し絶対平和論を説く紳士君，対外進出による国家の富強を説く豪傑君，そして両者の国際認識を批判しつつ，漸進的な国内の変革を説く南海先生の三人による鼎談という形式をとった『三酔人経綸問答』(1887) も，その内容の面白さもあって広く受け入れられた。紳士君の主張の基盤には，戦争が君主の征服欲から起こる以上，国際平和実現のためには共和制が不可欠だと考える前述のフランスの共和主義者の議論があったとされるが，さらに遡れば，カント（☞西洋編Ⅱ-**8**）の『永遠平和のために』の影響もうかがえるだろう。

③　広範な民衆の参加

　自由民権運動が全国規模で拡大した背景には，新聞や演説会などの新しいメディアを通じて，庶民層にも彼らの主張が広がり，政治的な関心を喚起したことがある。神奈川県西多摩郡五日市町（現・東京都あきる野市）の住民の有志が集まった五日市文芸講談会において作成された「日本帝国憲法」案（通称「五日市憲法」1881）はその一つの成果である。この案では国民の「権利自由」の保障に力点が置かれ，学校教育における教員の教授の自由，子どもが小学校で教育を受ける権利を保障する責務を保護者に課すという規定を設けている。また，国事犯への死刑を禁ずる規定からは，政府による民権運動への弾圧の厳しさや，それへの不満がうかがえる。

　さらに，それまで政治という分野の埒外に置かれていた女性も民権運動に加わった。戸主でありながら区会議員の選挙権が認められなかったことを契機に，女性参政権の実現を求めた楠瀬喜多（1836-1920），家父長制の弊害と男女同権を説き，女性のみの演説会を組織して積極的に活動した岸田（中島）俊子（1863-1901），そして岸田の演説に共鳴し，様々な挫折を経ながら女性の解放を訴え続けた福田（景山）英子（1865-1927）などはその一例である。もっとも，民権運動の主流はあくまで男性であり，男性優位の意識は多くの運動家にも抜きがたく残っていた。

　このように，それまで政治に無縁だった人々の関心を集めた民権運動であったが，しかし運動に関わった民衆がみな「国民」という自覚を持っていたかはまた別である。納税や徴兵の負担を課す政府への不満を背景に，政府を徹底的

に攻撃する民権派の演説に快哉を叫び，それを制止する警察官に罵声を浴びせて解放感を得るという，うっぷん晴らしの心理も濃厚であった。議会の必要性を認識しつつも民権運動に距離を置いていた福沢諭吉は，運動に参加する人々の多くは「国会の何者たるを知らず，その開設の後にいかなる利害が我身に及ぶべきやも弁へず，唯他人が願望する故に我もまた願望すというに過ぎず」（『時事小言』）と揶揄したが，これもまた民権運動の実態であった。

　もっとも民権派の指導者の側も，このような状況に頭を悩ませていた。先に述べたように，民権運動家は反政府ではあっても，日本「国家」という枠組みを否定しておらず，「民権を張らざれば，国権を張り独立を保つ能はず」（植木『民権自由論』）という言葉にもあるように，「民権」の実現が国家の独立の維持という命題に直結すると考えていた。この観点から植木は国家の動向に無関心な人々を「国家の死民」だと断じていく。また，民権派の新聞は朝鮮半島をめぐる清との対立をめぐる動きや条約改正に対する政府の「弱腰」を厳しく批判し，政府よりも自らを愛国的だとアピールしていった。また，民権派が主催する演説会や運動会（合間に演説をはさみながら，軍隊風の行進や「圧政棒倒し」などの競技を行う）では，会場に国旗や「天皇万歳」と大書された旗を掲げ，参加者に国家への意識を高めようとする工夫も行った。このような民権派による国民意識の育成の試みは，民衆からしばしば反感を買っていた明治政府による教化以上に効果があったと考えられる。ただし，外交問題における政府批判は，場合によっては強硬かつ無責任な対外論をよしとするな空気をも生み出しかねない，諸刃の剣でもあった。

　自由民権運動は帝国議会の発足によって実質的に終焉した。この運動には大きな意義と同時に限界もあった。例えば彼らの掲げた「自由」は，高知の民謡「よさこい節」の替え歌として民権運動家に好まれた「よしや節（武士）」の一節，「よしやシビルはまだ不自由でも，ポリチカルさえ自由なら」に象徴されるように，政治的自由に傾斜したものであり，また「平等」が政治的権利の獲得に偏り，経済面や性別間の平等という側面が十分に論じられたとはいえないという見方もある。しかし，民権運動がなければ，日本における国民国家の形成・確立はかなり遅れたのではないか，という評価は間違いなく的を射たものである。民権運動が残した課題は，後の社会主義，あるいは女性解放運動によって

担われることになる。

④　政府内における憲法構想

　最後に，政府の憲法制定をめぐる動きにも触れておく。明治14年の政変の翌年，伊藤博文は憲法調査のため１年半にわたる欧州視察に旅立つ。すでに井上毅（1843-95）がプロイセンの憲法をモデルにした草案を作成していたが，伊藤は視察の過程でオーストリアの法学者シュタインの示唆を受け，君主大権を確立しつつも専制を排し，他方で議会制度の導入とともにその専横を防ぐうえで，憲法体制の基盤となる行政制度の整備が不可欠だと痛感した。帰国後に進めた近代的内閣制度の導入(1885年)，枢密院の創設(1888年)はその一例である。

　また枢密院における憲法草案の審議で，国民（臣民）は天皇への義務だけを負う以上，憲法では「臣民の権利義務」ではなく「分際」と規定するべきだと唱えた森有礼に対し，議長を務めた伊藤は「そもそも憲法を創設する精神は，第一に君権を制限し，第二に臣民の権利を保護するにあり」と，その要求を拒絶している。ここでいう「君権」は君主を輔弼する行政権と同義であり，国家権力の暴走を防ぐために憲法が存在するという立憲主義の原則を伊藤が理解していたことがわかる。さらに，国民統合のために天皇を「統治権を総攬する」絶対的な存在と規定しつつ，政治的には責任を負わせず，あくまで日本国家の機軸としての機能を天皇に求めたのである。むろん，中江兆民が明治憲法の全文を通読して「ただ苦笑するのみ」（兆民の弟子・幸徳秋水「兆民先生」）と反応したように，民権運動の側からみれば理想的なものではなかったが，それでも当時の西洋諸国からは一定の好意的な評価が得られたことも事実であった。

　ただし，絶対的な天皇としてのイメージが教育勅語などを通じて国民に浸透していったこと，元老や枢密院など憲法外機関の存在が実際の政治過程に影響を与えたこと，当初は軍と政治の分離を意識して制定された天皇の「統帥権」の規定が，後に軍による天皇権威の利用につながったことなどは，伊藤の意図を超えて，昭和期に大きな問題を招くことになる。

第**4**章　欧化批判とナショナリズム

　　本章では，1880年代後半の思想状況について取り上げる。明治憲法を軸とした「大日本帝国」の国家体制が固まりつつあったこの時期，明治初期に教育を受けた若い世代が次第に思想的な影響力を持つようになる。その代表的な存在が，民友社と政教社という二つの団体であった。彼らはそれぞれ「平民主義」と「国粋主義」という主張を掲げ，「第二の維新」などの表現を用いて，現実の日本のあり方への疑問をつきつけていく。彼らは，明治日本の問題点をどのように見つめ，それを変革しようと考えたのだろうか。

　　また，前章でみたように，自由民権運動では盛んにナショナリズムが強調されていたが，そのなかから，西洋諸国との協調を重視する明治政府の外交姿勢とは異なる理念を説く思想も現れる。その内容について理解したうえで，なぜこのような主張が現れたのかを考えてほしい。

①　民友社の思想――「平民主義」

　　1889（明治22）年の明治憲法の成立と翌年の帝国議会の開設，また同時期における市制・町村制，府県制・郡制の公布によって，「大日本帝国」の枠組みはほぼ固まった。他方，1880年代後半には，藩閥政府の実力者（伊藤博文，山県有朋，松方正義ら）や自由民権運動の指導者（板垣退助，大隈重信，中江兆民ら），あるいは明六社の知識人（福沢諭吉ら）とは異なり，幕末・維新を直接経験せず，明治初期に教育を受けて成長した若い世代が，言論の世界で台頭するようになる。それを象徴するのが，民友社と政教社という二つの団体である。彼らはそれぞれの主張を鮮明に打ち出し，明治維新以降の日本の歩みを総括しつつ，今後の日本のとるべき針路を示した。

　　民友社を結成した徳富蘇峰（1863-1957）は熊本の郷士（帯刀を許された豪農）の出身，京都の同志社英学校で学んだ後，熊本で大江義塾という私塾を開いて若者の教育にあたった。上京して23歳で『将来之日本』（1886）を刊行，多くの読者を獲得し，翌年に大江義塾のメンバーらを核として民友社を組織した。

民友社が政治・社会・経済・文学を網羅する総合雑誌として刊行した『国民之友』は，1000部発行すれば上々という当時の出版状況のなかで，創刊号は7000部，最盛期には3万部近くを発行した。同人には史論家として知られる竹越三叉（1865-1950）や山路愛山（1864-1917），そして蘇峰の弟の蘆花（1868-1927）や国木田独歩（1871-1908）など，文学者にも個性的な人材が集結し，民友社の名声を高めた。さらに，蘇峰は新しい時代を支えるのは「明治の青年」であり，当時の日本でなお指導的地位にあった「天保」（1830-44年の元号）生まれの「老人」との世代交代を訴え，若者からの支持を集めた。

　民友社の特徴は，「平民主義（平民的欧化主義）」の主張にある。蘇峰をはじめ，民友社の同人は西洋文明の受容に積極的であったが，蘇峰は現実の日本の文明化が「貴族的」であり，平民にその利益が及んでいないと考えた。「泰西（＝西洋）文明の恩沢は，僅に一種の階級に止り，他の大多数の人に於ては，何の痛痒もなく，何の関係もなく，ほとんど無頓着の有様」（「嗟呼国民之友生れたり」）。蘇峰はこの状況を打破する「第二の維新」を説き，地域社会で影響力を持つ豪農層を，イギリスの議会制民主主義の担い手だったジェントリに重ねて「田舎紳士」と呼び，彼らを中核とした平民主義の実現を呼びかけた。

　このような主張の背景には，マンチェスター派のコブテンとブライト，アダム・スミスらの自由貿易論の影響（☞西洋編Ⅱ-4），そして社会進化論（☞西洋編Ⅱ-9）への信頼感があった。蘇峰はスペンサーの「軍事型社会から産業型社会へ」という図式を応用し，軍備重視の「武備主義」から経済重視の「生産主義」，そして平和主義へと移行することが歴史の必然的な大勢だと考えた（『将来之日本』）。中江兆民は蘇峰を『三酔人経綸問答』における紳士君のモデルにしたともいわれるが，「進化の理法」を信奉する紳士君を南海先生がたしなめる姿は，若い蘇峰の理想主義に対する兆民の忠告ともとれる。実際，社会の進化に依拠した蘇峰の主張は現実の状況の変化によって大きく揺らぐことになる。

② 政教社の思想──「国粋主義」

　三宅雪嶺（1860-1945）・志賀重昂（1863-1927）らを中心に，1888年に結成された政教社は「国粋主義」をその特徴としている。この言葉は一般的に「極端な（偏狭な）ナショナリズム」を意味することが多いが，発足当初の政教社の

主張はそれとは異なる。このことを理解するうえで，政教社の雑誌『日本人』における志賀の論説をみてみよう。志賀は，クジャクになろうとして外面を飾ったカラスが，クジャクからもカラスからも仲間外れにされたという寓話を引きつつ，次のように述べる。「（政教社は）徹頭徹尾日本固有の旧分子を保存し旧元素を維持せんと欲するものに非ず。只泰西の開化を輸入し来るも，日本国粋なる胃官を以て之を咀嚼し之を消化し，日本なる身体に同化せしめんとする者也」（「『日本人』が懐抱する処の旨義を告白す」）。前段は旧来の日本をひたすら保守しようとする排外論への批判であり，後段は皮相的な文明化への違和感の表明である。雪嶺も同様に「国を挙げて欧化すとせんか……模倣の極まりや，ただ国をして劣等なる欧米とならしめ，民をして劣等なる欧米人とならしめ，もって欧米国民中の賤劣種族を増加するに過ぎず」（『偽悪醜日本人』）と，単なる西洋の模倣が日本を西洋の猿真似にすぎない劣った国家にしてしまう，という危機感を示している。日本の「国粋」，すなわち西洋とは異なる日本の国民性や独自性を守るべきだというのが，政教社の国粋主義であった。

　この特徴的な国粋主義の背景には，雪嶺の進化論解釈の存在も大きいと思われる。雪嶺も蘇峰と同様にスペンサーの影響を受けていたが，蘇峰がどちらかといえば人間社会の進化を一直線に捉えたのに対し，雪嶺は多様性を尊重する方向へと社会が次第に進化するとして，国民一人一人の個性を発揮することが国家という人間集団の発展につながり，そして個々の国家がその独自性（＝国粋）を生かすことで世界全体が発展すると考えた。国民の個性を重視するという意識は，三菱高島炭坑における労働者虐待を告発し，大企業を保護する政府の殖産興業政策の実態を追及する政教社のキャンペーンにも示されている。

　しかし，守るべき「国粋」の具体像が政教社の同人の間で一致していたわけではない。志賀は日本という国土に根ざした自然に着目し（『日本風景論』），雪嶺はいささか抽象的に，日本人の精神性のうち「真・善・美」なる部分を生かし，他方でその欠点（偽・悪・醜）を修正することで日本人が世界に貢献し得ると説いた（『真善美日本人』『偽悪醜日本人』）。ほかにも，天皇に対する国民の感情を「国粋」と位置づけるものもあったように（菊池熊太郎「国粋主義の本拠如何」），個々が想定する「国粋」を軸にして，現実の日本に対する批判的視座を共有する場として政教社が機能していた，といえるだろう。このほか，「日

本主義」を掲げた陸羯南（くがかつなん）（1857-1907）が創刊した新聞『日本』も，政教社に近い立場から政府の欧化主義を批判した。

　民友社・政教社は，「明治の青年」と蘇峰が称した若い世代に大きな影響を与えた。当時第一高等中学校（一高）の学生で，後に社会主義運動の指導者となる堺利彦（1870-1933）は次のように回想する。「『国民之友』は新思想の雑誌として学生必読であった。……『日本人』が『国民之友』と対立の形を以て出現した時，我々は又三宅雪嶺を尊崇した。……政治社会評論に於いて，平民主義の蘇峰でも，国粋主義の雪嶺でも，皆な同じく丸呑にした」（『堺利彦伝』）。

③　「アジア主義」

　政府の欧化主義を，民友社や政教社とは別の角度から批判したのが「アジア主義」と呼ばれる思想である。これは「西洋列強の進出に対抗するため，日本も含めた『アジア』という枠組みを設定し，そのなかにおける連帯を強調する主張」と定義できるが，連帯すべきアジアの範囲については，東アジアに限定するもの，また中東も含めた広範な地域を想定するものなど，論者によって異なっていた。戦後のアジア主義研究の第一人者である竹内好（1910-77）（☞日本編Ⅱ-2）が，「ある実質内容をそなえた，客観的に限定できる思想ではなくて，一つの傾向性ともいうべきもの」だと捉えたのも理解できる（「アジア主義の展望」）。西洋という強大な敵に立ち向かうロマン性が，立場を超えて多くの思想家を惹きつけたこと，また「政府の現実主義，民間の理想主義」という表現にも示されるように，政府当局者がアジア主義を実際の政策として選ばなかったことを考えれば，政府に対抗する自由民権運動のなかから，アジア主義の源流といえる主張が現れたのもまた必然だった。1880年に自由民権運動の一派として玄洋社を創設し，国権の拡張を鼓吹する一方で，インドやベトナムの独立運動や中国の革命運動を支援した頭山満（1855-1944），また甲申事変後に朝鮮の改革派の支援を計画し，官憲に摘発された大阪事件（1885年）の指導者・大井憲太郎（☞日本編Ⅰ-3）などはその例である。大井は事件後の聴取で，朝鮮の改革を援助してその国力の増大に寄与するという目的を語る一方で，現状の朝鮮は野蛮極まるもので，これを傍観できないがゆえにその「文明化」を支援するとも述べている。ここには朝鮮に対する親近感と侮蔑感，そして「野蛮」

を「文明」へと導くことを無条件に正しいとする姿勢がうかがえる。これはアジア主義と対立するものとして語られがちな福沢諭吉の「脱亜論」と大きな違いはない。ただし、福沢が甲申事変の結果に失望してアジアとの連携を放棄したのに対し、逆に大井は事変の結果を受けて朝鮮の文明化を支援することを志向し、そしてその変革のエネルギーを日本の自由民権運動の活性化へと結びつけることも視野に入れていた。

　このほか、大井と親交のあった樽井藤吉（1850-1922）の『大東合邦論』（1885年原案、1893年公刊）も、明治のアジア主義を語るうえで欠かせない。西洋の脅威というアジア共通の問題への対処のみならず、家族制度を核とした「東亜（東アジア）」の社会システムの共通性に着目して日本と朝鮮の対等な合邦（国家の合併）を説き、さらに清との連帯によって東南アジアやインドを西洋の支配から解放すべき、と説いたこの書物は、漢文という東アジアの共通語で書かれていたこともあって、中国や朝鮮でも読まれた。

　樽井のアジア主義には、白人と黄色人種の対立という構図が濃厚である。「わが黄人にして勝たずんば白人の餌食とならん」と述べ、西洋に打ち勝つためにも黄色人種の団結が必要だと訴えた点は象徴的である。明治政府の指導者や福沢ら洋学者は、日本が西洋モデルの文明化を進めれば西洋諸国に対等な存在として認められると考えたが、樽井はそれを全面的に否定したのである。

　しかし、「（日本が）よろしく先覚者となり、もって友国の迷夢を破り、これを富強開明の域に導くべし」と記したように、樽井はアジアの各国が「迷夢」、つまり野蛮の状態にとどまるならば、日本が指導してそれを文明へと導くことを主張する。これは彼が西洋と対峙するにはアジア諸国の文明化が必要だと考えていたことを意味する。自由民権運動に共鳴し、大井と交友があったことを考えれば、樽井が文明化そのものを否定しないのは当然である。しかしこの文章に示された論理は、アジアでいち早く西洋の文明を受容した日本が、指導者として他のアジア諸国に干渉することを正当化する可能性を示すものでもある。実際、この後、日本がアジアで唯一の文明国と認められていくにつれ、次第にアジア主義はこのような指導者意識に強く拘束されていくことになる。

第 5 章　教育勅語の発布とその余波

　本章は教育勅語を手がかりに，主に明治20年代前半の思想状況を取り上げる。
　日本の近代化は，西洋型の近代国家に範を求めながら進められた。制度面からみ
れば，国家の「機軸」として「皇室」を位置づける帝国憲法の制定により一段落を
迎えたといえる。一方で，明治初期より課題となっていたのが，国民意識や国民道
徳を醸成する方法である。この問題については，政府内で議論が繰り返されてきた
ものの，「智育」と「徳育」のどちらに重点を置くのかをめぐり，一致した見解が
得られなかった。最終的には，地方からの要請を受けて政府が道徳規範を策定する
ことになった。これが教育勅語である。それでは勅語にはどのような規範が盛り込
まれたのだろうか。
　また教育勅語の制定を契機として，キリスト教に対する批判が展開されたが，そ
れはなぜなのか。さらに批判を浴びたキリスト者は，勅語をどのように位置づけて
おり，いかなる論理で反論したのだろうか。

1　国民道徳への関心

　明治 4 年（1871）に文部省が設置，翌年に学校教育制度の法令として「学制」
が公布された。学校制度が整い，教育が実施されるなか，明治天皇が1878年の
巡幸時に教育現場を視察した。現場の混乱や智育偏重の教育内容などを憂慮し
た天皇は，侍講の元田永孚（1818-91）に「教学聖旨」の起草を命じた。ここで
は風俗の乱れへの憂慮や徳育の重要性が説かれている。「聖旨」について意見
を求められた内務卿の伊藤博文は，風俗が変化した原因を維新後の社会的変革
にあると指摘したうえで，「大政ノ前轍ヲ変更シ，更ニ旧時ノ陋習ヲ回護スル
ガ若キコトアラバ，甚ク宏遠ノ大計ニ非ザルナリ」と述べ，復古的な教育方針
に疑問を呈すと同時に「科学」「実用」の必要性を訴えた（「教育議」）。だが伊
藤の意見は反映されず，「聖旨」に基づいて教育政策が進められる。また「聖旨」
の精神を児童に普及させる目的で元田を中心に「幼学綱要」が編集された。し
かし最終的に教育勅語に結実する国民道徳の規範が作り上げられるまでにはも

う少し時間を要する。

　教育勅語を制定する契機となったのが，1890年の地方長官会議による建議である。教育の要は「徳性」の涵養にあるはずだが，現状は智育に偏重しているとして政府に徳育方針の確立を要望した。榎本武揚文部大臣は方針を立てる旨を明らかにし，内容を「人倫五常の道」に基づくと明言したものの，実際に作業が進められたのは芳川顕正文部大臣の時代である。

　文部省から委託を受けた中村正直により草案が作成された。「忠孝ハ人倫ノ大本ニシテ其原ハ実ニ天ニ出ヅ」「父ハ子ノ天ナリ，君ハ臣ノ天ナリ」など「天」の多用に特徴がある。これに対して井上毅は，勅語が「政事上」の命令と性格を異にする点を指摘したうえで，「君主は臣民之良心之自由に干渉せず」という立憲政体の原則に基づき「社会上之君主の著作公告」として公表すること，「宗旨上之争端を引起すの種子」になる恐れのある語句を避けることなど七つの注意点を挙げて中村案に反対した（「山県有朋宛書簡」）。また自らも原案を起草し，最終的にこの案をもとに勅語の作成作業が進められた。

②　教育勅語の内容と「不敬」事件

　1890年10月，明治天皇が山県有朋首相と芳川文相に教育勅語を与えて，翌日文部省訓令により周知された。勅語はまず「臣民克ク忠ニ克ク孝ニ億兆心ヲ一ニシテ世世厥ノ美ヲ濟セル」点を「国体の精華」とし，ここに「教育の淵源」があるとする。それから親への「孝」，夫婦の「和」などの儒教倫理と「博愛」や「智能」の啓発などの西洋倫理を挙げつつ，「常ニ國憲ヲ重シ國法ニ遵ヒ一旦緩急アレハ義勇公ニ奉シ以テ天壌無窮ノ皇運ヲ扶翼」することが「祖先ノ遺風」であると説き，これらが皇室の祖先，歴代天皇の「遺訓」であり，臣民とともに「遵守」すべきものとした。

　本文には抽象的な文言が多く，解釈の余地が残されていた。だが井上哲次郎（1856-1944）『勅語衍義』（1891）の刊行により，公式見解とも呼べる解釈が登場する。同書は個人著作として出版されたが，勅語起草の関係者や天皇の内覧を経ており，実質的に官許の解説書といえるからである。勅語の解釈が限定されることで生じたのは，異なる解釈や不都合な事象に対する「不敬」という非難だった。

　いわゆる「不敬」事件として問題となったのが，第一高等中学校の勅語奉読
式における内村鑑三（1861-1930）の行動である。1890年末に全国7つの高等中
学校に「睦仁」の署名入り教育勅語が下賜された。第一高等中学校では1891年
1月に奉読式が開催された。校長代理による勅語奉読の後，教員と生徒が5名
ずつ宸署の勅語に敬礼した。しかし内村は自らの信仰に基づいて敬礼をしな
かった。この行為が教員や生徒，さらには世論から批判を浴びる。敬礼はキリ
スト教の「礼拝」とは異なるので再度敬礼するようにという校長の説得を内村
はいったん承諾したものの体調不良のため，代理として同僚の木村駿吉が宸署
の勅語に敬礼した。けれども事態は収束せず，その後内村が辞表を提出し，さら
に木村には「非職」が発令された。なおこの年6月には文部省令第4号が発せ
られ，祝日・大祭日は天皇・皇后の御真影に対して最敬礼して万歳を奉唱する
こと，学校長は勅語を奉読しその旨意を訓話することなどが規定された。

　一方で西園寺公望は，第二次伊藤内閣の文部大臣を務めていた時期に第二の
教育勅語の発布が必要と考え，その旨を明治天皇に奏聞した。天皇からは，新
たな勅語の渙発に向けて勅語の要旨を起草するよう伝達があり，西園寺は奉答
案の起草に着手したものの，その完成前に内閣が総辞職したため公表される
ことはなかった。とはいえ西園寺と関係が深く，奉答案の起草にも関わった竹越
三叉の『人民読本』（1901）の内容は，西園寺が構想していた国民道徳の内容
に適うものだったという指摘がある。

③　「教育と宗教の衝突」論争

　内村の「不敬」事件以降，教育現場でキリスト者の行為が度々非難される事
態が発生した。1892年1月，熊本英学校の校長就任式で奥村禎次郎が教員総代
として挨拶し，学校の教育方針を「世界の人物を作る博愛世界主義なり故に我
らの眼中には国家なく外人なし況んや校長をや況んや今日の来賓をや予輩は只
だ人類の一部として之を見るのみ」と述べた。この内容が教育勅語に反すると
非難を受けて，県知事が「教員ニ不適当」を理由に奥村の解雇命令を発した。
その他にも山鹿高等小学校事件，八代高等小学校事件などが起こっている。こ
れらの出来事は新聞でも取り上げられており，詳しい事情を知らない読者が
「キリスト教は教育勅語を否定している」という印象を抱いた可能性がある。

　1892年11月，『教育時論』に「宗教と教育との関係につき井上哲次郎氏の談話」が掲載された。井上哲次郎は，無国家的，現世を軽視する傾向，無差別的の愛，忠孝の軽視がキリスト教の特質であり，教育勅語の精神と対立するとキリスト教を批判した。「談話」を受けて，柏木義円，本多庸一らを皮切りにキリスト者による反論が相次いで発表され，それらに対する井上の再反論や仏教・神道関係者によるキリスト教批判も加わり，「教育と宗教の衝突」論争が展開された。

　ここではキリスト者による反論として大西祝（1864-1900）の論説を取り上げる。彼は倫理学者であると同時にカントやマシュー・アーノルドの影響を受けて「批評主義」の立場で時事を論じる批評家でもあった。大西は教育勅語を否定せず，柔軟な解釈の必要性や列挙された徳目の「実行」が重要であると力説したのだが，勅語をめぐるこの立場は，当時のキリスト者の一つの立場を代表するものだった。

　それでは大西はなぜ勅語を否定しなかったのだろうか。それは「人類存在の目的」を実現するために人間は「倫理的機関」を組織するが，そこでは臣子が「君父の権」に従う必要があり，この観点から「忠孝」の意義を認めるからである。だが「忠孝」は社会道徳の全体を覆うものではなく，その基本でもない。あくまでも「人類存在の目的」を達成するうえで必要なのであり，「忠孝」自体は絶対的価値を有しない（「忠孝と道徳の基本」）。そもそも大西は，勅語は「国民の守るべき個々の徳行を列挙したる者」であって倫理を定めたものではないと理解する。したがって勅語に倫理的意味を付与することで，本来の意義が損なわれる恐れがあると懸念する。そこで勅語の解釈は「可成手近き註釈に止めて，倫理説上根本的の所に迄は論じ及ぼさゞる」こと，「専ら実例に照して，以て実行を励ましむる」ことが肝要であると説いたのだった（「私見一束　教育勅語と倫理説」）。

④　論争以後のキリスト者の動向

　教育勅語の発布以降，その精神に反するという理由でキリスト教に対する批判が相次いだ。だが勅語の策定に関わった人々が，当初からキリスト教を排除する意図を持っていたとは考えにくい。そもそも信教の自由は大日本帝国憲法

第28条で定められており，伊藤はこの規定を「内部に於ける信教の自由は完全にして一の制限を受けず。而して外部に於ける礼拝・布教の自由は法律規則に対し必要なる制限を受けざるべからず。及臣民一般の義務に服従せざるべからず。此れ憲法の裁定する所にして政教互相関係する所の界域なり」（『憲法義解』）と説明している。また井上は宗教上の文言を勅語で用いるべきではないと述べていた。そうであれば策定に関わった人々の意図はキリスト教の排除にあったのではなく，むしろキリスト者を包摂する形で国民道徳の規範を設けることにあった。勅語に西洋倫理を盛り込んだのもそうした意図であり，この試みは部分的に成功した。それは勅語に示された徳目を受け入れた（ただしそれらの「実行」を重視）大西のようなキリスト者の存在からも裏づけられる。

　「教育と宗教の衝突」論争により，キリスト者と反キリスト者の間に深い亀裂が生じたものの，1894年に開戦した日清戦争をキリスト者の大部分が「聖戦」として肯定したように，図らずも「挙国一致」が実現した。その後，例えば内村のように自らの立場を反省したキリスト者のなかから，日露戦争時に非戦論の担い手が登場したが少数にとどまり，一方で日露戦争を支持・協力するキリスト者が多数を占めた。さらに1912年に開催された神道・仏教・キリスト教の代表者による会合（三教会同）では，「吾等は各々其教義を発揮し皇運を扶翼し，益々国民道徳の振興を図らん事を期す」「吾等は当局者が宗教を尊重し政治宗教及び教育の間を融和し国運の伸張に資せられんことを望む」の二点が決議された。

　こうした動向と軌を一にして，キリスト者のなかに新たな立場が登場した。それが「日本的キリスト教」や「神道的キリスト教」と呼ばれるキリスト教と日本の伝統的な価値観の接合を試みる立場である。この立場の一人が海老名弾正（1856-1937）である。海老名が「日本的キリスト教」を採るに至った背景には，伝統思想との断絶がみられない，キリストを「人」と捉えるなど，彼の入信過程や独自の信仰内容が影響を及ぼしている。彼の信仰はキリスト教の「正統」派から「異端」との誹りを免れなかったものの，彼が長年にわたり牧師を務めていた弓町本郷教会には数多くの信者が集った。

第 **6** 章　二つの戦争と「戦後」／天皇制をめぐる「正統」と「異端」

　本章では，1894-95年の日清戦争，それに続く1904-05年の日露戦争に直面した思想家たちの動向を取り上げる。近代日本が初めて経験した大規模な対外戦争に対し，人々はどのように反応したのか。それぞれのスタンスについて，その是非を考えてみてほしい。

　この二つの戦争に勝利したことで，独立維持と条約改正という幕末以来の目標が達成され，「文明国（一等国）」の仲間入りを果たした日本では，逆に国民全体で共有しうるような国家的目標が次第に見失われていく。そのなかで，国家の機軸とされた天皇も，議論の対象となることを免れなかった。天皇暗殺を試みたとして実態以上にフレームアップされた大逆事件や，明治末期における天皇の位置づけをめぐる議論が，人々にいかなる影響を及ぼしたのかを考えてみよう。

① 日清戦争

　日本政府は明治初期から，列強の進出に対する防波堤とするため，華夷秩序の下で清に服属していた朝鮮の「独立」を計画していた。日本の軍事的威圧により，1876（明治9）年に締結された日本優位の不平等条約である日朝修好条規で，朝鮮は「自主の邦」とされたが，実際には清と朝鮮との関係は変わらず，むしろ甲申事変後には清の影響力が強まった。

　日本と清の対立は，1894年，朝鮮の内乱（甲午農民戦争／東学党の乱）を契機に重大な局面を迎える。朝鮮政府から支援を要請された清は，天津条約（1885年）の規定に基づき出兵を日本に通告すると，日本はこれに対抗して朝鮮への出兵を決定した。両国の衝突に巻き込まれることを恐れた朝鮮政府と反乱軍は和議を結ぶが，日本はこれを機に朝鮮王朝の改革を主張し，清がこれを拒絶したことを理由に開戦へと踏み切った。日清戦争の始まりである。

　当時の日本では，他国である朝鮮の独立のために大国の清と戦争するのは国力に見合わない，と考える民衆もいた。一方，知識人の大半は，勝海舟などわずかな例外を除き，「文明（＝日本）と野蛮（＝清）の戦い」という図式のもと

戦争を支持した。福沢諭吉が創刊した新聞『時事新報』は，清の兵隊を皆殺しにするのは憐れではあるが「世界の文明進歩のためにその妨害物を排除せんとするに多少の殺風景を演ずるは到底免れざる」（「日清の戦争は文野の戦争なり」）と唱え，平和主義を説いた徳富蘇峰も「野蛮なる国家を征するは国家の権なり」（「何の権か」）と断じた。日本主義の陸羯南も，朝鮮に対する日本の「好誼的保護」が文明的なことは明らかだとし（「我帝国の対韓政策を妨害する国は是れ文明国に非ず」），キリスト教徒の内村鑑三も日清戦争は「義戦（正義の戦争）」であり，「物質的に吾人を利するところなきは勿論」で，あくまで永久の平和を実現する戦いだと論じた（「日清戦争の義」）。

　これとは別に，政府や市町村，さらに小さな地域共同体が主催する出征兵士の壮行会，祝勝会，戦死者の葬儀などに人々が動員されることで，国民としての一体感が生み出され，また新聞も勇壮な戦争報道を展開して多くの読者を獲得し，部数を増やした。さらに戦局が日本に有利に進むなかで，当初は戦争に積極的でなかった人々も，「強国日本」の一員という意識のもとに戦争を支持するようになった。蘇峰は「吾人は清国に勝つと同時に，世界にも打ち勝てり。吾人は知られたり。ゆえに敬せられたり，ゆえに畏れられたり，ゆえに適当の待遇を享けんとしつつあり」（『大日本膨張論』）と述べたが，このような自意識の拡大は多くの国民にも多かれ少なかれみられたものであった。これは他方で，清や朝鮮を「劣った弱国」と認識することにも結びつく。

　1895年の日清講和条約（下関条約）では，朝鮮の独立の承認，日本への多額の賠償金と台湾・遼東半島などの領土割譲が取り決められた。しかし，日本の遼東半島領有が朝鮮の独立を脅かすとして，露・仏・独の三か国が清への還付を要求し（三国干渉），これを日本政府が受け入れたことは，戦勝に沸き立つ日本人に衝撃を与えた。蘇峰はこれ以降「予は精神的にほとんど別人となった」と述べ，「力が足らなければ，いかなる正義公道も，半文の価値もないと確信するに至った」（『蘇峰自伝』）と昭和初期に回想しているが，実際に日清戦争と三国干渉を経て，蘇峰は平民主義・平和主義という看板を取り下げ，「皇室中心主義」を掲げて政府要人に接近し，外遊から帰国後の1897年には第二次松方正義内閣の内務省勅任参事官に就任した。このような蘇峰の行動は，中江兆民の『三酔人経綸問答』の「紳士君」が現実に直面して転向した，とも受けとれ

よう。これとは逆に，「義戦」が領土や賠償金という利益に帰着したことに失望した内村鑑三は，日露戦争では非戦論に転向していった。

② 日露戦争

日清戦争後の朝鮮（華夷秩序からの独立に伴い，1897年からは「大韓帝国（韓国）」と称する）では日本主導の改革が進められたものの，かつての強制的な開国に対する反日感情も根強かった。日本軍兵士らが王宮に乱入して反日派の王妃を殺害した事件（1895年，閔妃殺害事件）もあり，次第に韓国は日本に対抗するためにロシアに接近する。この動きは，日本にとって日清戦争の意味を失わせかねないものであった。あわせて，清の弱体化に乗じてロシアが韓国と国境を接する満洲（中国東北部）に進出すると，日本はイギリスとの同盟（1902年）でロシアを抑止しようとするが，その効果も十分とはいえず，結果的に戦争の方向へと傾斜していったのである。

しかし当時のロシアは1900年時点のGNP（国民総生産）で日本の約7倍の国力を有する，文字通りの大国であった。ゆえに日本国民に戦争への理解を求めるには，朝鮮半島の確保を掲げるより，自衛戦争と位置づけるほうが効果的であった。天皇の名で出された開戦の詔勅では，満洲がロシアの領土になれば韓国を保全できず，そうなれば日本の存亡に関わるという趣旨の文言があるが，これを自衛とするのは現在の感覚では理解しにくい。ただし帝国主義という当時の状況を考えれば，国民がこの論理を受け入れたのも不思議ではない。

また，日清戦争と同じく，日露戦争でも「文明（＝日本）と野蛮（＝ロシア）」という正当化の論理が持ち出された。ロシアはヨーロッパの一国ではあっても皇帝による専制政治下で憲法も議会も存在しない，ゆえに憲法も議会もある日本に比べて野蛮だ，というわけである。日本政府にとって，ロシアに批判的なイギリス・アメリカの支持を取り付け，戦争に必要な外債を獲得するうえで，この論理は効果があると考えた。そして，民間の知識人もこの論理に立って戦争を支持した。のちに「大正デモクラシー」の理論家として知られることになる吉野作造（1878-1933）は，ロシアが勝利すれば同国内の抑圧が強化される恐れがあるが，敗北すれば民権の拡張が期待できる，「ゆえに吾人は，文明のためにまた露国人民の安福（＝安寧・幸福）のために，切に露国の敗北を祈る」（「露

国の敗北は世界平和の基也」）という論理を展開した。

　このほか，黄色人種（＝日本）と白人（＝ロシア）の対決というアジア主義に基づく開戦論も存在したが，戦費調達の関係上，英米両国の動向を顧慮する政府の立場にとって，この種の意見が広がることは好ましくなかった。政府に接近していた蘇峰は，「吾人は東亜を味方として，欧州に向かうものにあらず，黄人種を率いて，白人種に抗するものにあらず。さりとて欧州人の先駆となりて，亜細亜征伐を企つるにあらず」（「わが国民の抱負」）と，アジア主義は日本の国益にならないが，西洋にも屈従したくないという複雑な心理を示している。

　他方で前述した内村以外にも，戦争に反対する非戦論の主張は少数ながら存在した。社会主義者はその代表である。日清戦争後の資本主義の進展は，日本社会に大きな貧富の格差を生み出した。これを受け，救貧活動に取り組んだ石井十次（1865-1914），留岡幸助（1864-1934），山室軍平（1872-1940）らキリスト者を中心に社会福祉思想が現れ，西洋から伝わった社会主義思想も次第に受容されていった。中江兆民の弟子であった幸徳秋水（1871-1911）は，自由民権運動では軽視されていた経済的平等を掲げ，他の同志とともに日本初の社会主義政党の社会民主党を結成し（1901年，政府により結社禁止），『廿世紀之怪物帝国主義』（1901）や『社会主義神髄』（1903）で資本主義や愛国心の問題点を追及した。そして日露戦争時には『平民新聞』において非戦論を展開し，戦争が際限なく一般市民の犠牲を生み出すことを糾弾した。

　実際に日本は10万人近い戦死者を出し，増税その他の経済的負担も大きかった。それでも，国民の間に非戦論は広がらなかった。『平民新聞』の部数の少なさや政府による弾圧のほか（ただし政府は過度な言論弾圧が西洋諸国からの不興を買い，戦費調達に影響するのを恐れていた），政府の情報統制下にあった一般国民が，多額の賠償金が得られれば自分たちの犠牲も報われると期待していたことも大きいと考えられる。しかし，実際には日本の国力は限界を迎えており，戦局がわずかでも有利なうちに講和に踏み切るというのが政府の方針であった。05年の日露講和条約（ポーツマス条約）では，朝鮮における日本の優越権が認められ，戦争の目的は達成されたものの，賠償金は獲得できず，これに不満を持つ国民による大規模な暴動も起こった（日比谷焼き討ち事件）。国家の利益と国民の利益の矛盾という，冷厳な事実を白日の下にさらしたのである。

③　日露戦後の状況と大逆事件

　日清・日露戦争の勝利は，独立の維持と不平等条約の改正につながり，日本は「一等国」（文明国）の仲間入りを果たした。しかし日清戦争以後から存在した，白人諸国における黄色人種への警戒感（黄禍論）をおさえるため，日本は西洋諸国によるアジアの植民地支配を肯定し，また朝鮮半島の併合（1910年）の了解をとりつけた。このことは，白人国を打ち破った日本に期待をかけたアジアの人々の失望を生んだ。また，芸術の分野で東洋（アジア）の理想の実現を説いた岡倉天心（1862-1913）は，「文明」を掲げる西洋とそれに追随する日本に，痛烈な皮肉を投げかけた。「西洋人は，日本が平和な文芸にふけっていた間は，野蛮国と見なしていたものである。しかるに満洲の戦場に大々的殺戮（＝日清・日露戦争）を行ない始めてから文明国と呼んでいる」（『茶の本』）。

　もっとも，多くの日本人は自国が「一等国」になったことを素直に喜んだ。しかし日本国家，そして日本国民は今後どのような目標を設定するべきか，という問題は，特に青年層にとって決して小さなものではなかった。1903年，一高生の藤村操が人生を「不可解」として華厳の滝に投身自殺した事件を契機に，個人の生き方に悩むいわゆる「煩悶青年」という類型が注目される。他方で国家への貢献とは異なる，金銭的な「成功」を至上価値とする功利主義的な「成功青年」という類型も現れた。このような風潮に対し，石川啄木（1886-1912）は無味乾燥な現状を前に「何か面白いことはないか」を求める人々（「硝子窓」）や，日本が帝国主義で豊かになるのを手本に，「正義だの，人道だのという事にはお構いなしに一生懸命儲けなければならぬ，国の為なんて考える暇があるものか！」（「時代閉塞の現状」）とうそぶく人々を描き出している。

　このような状況を危惧した政府は，1908年に戊申詔書を発布し，国運の発展に「上下心を一にし忠実業に服し勤倹産を治め」ることを説き，この趣旨に合わせて地域社会の安定と道徳の再建を目指す地方改良運動を展開した。しかし，天皇の権威が強調されることへの反発も現れ，かつ政府もそれを抑止しようとする姿勢をあらわにする。日露戦後における社会主義の高まりと，それへの警戒感が生み出した大逆事件は，その象徴的な事件であった。

　日露戦争後，第1次西園寺公望内閣は1906年に日本社会党の結成を承認し，社会主義者は合法的な活動を認められた。しかし社会主義の実現方法をめぐっ

て，議会主義を唱える片山潜（1859-1933）や田添鉄二（1875-1908）らに対し，幸徳秋水らはその前年のアメリカでの経験をもとに，労働者のストライキなどの実力行使を通じて社会変革を図る直接行動主義を説き，党内でも後者が多数派を占めた。これを警戒した政府は結社禁止を通告，同党は解散を余儀なくされる。08年に成立した第2次桂太郎内閣は，社会主義を放置すれば大きな禍根になると考え，言論・集会の取り締まりの強化を志向し，社会主義者の行動を抑圧した。これに抵抗する動きも頻発するなかで，10年，ロシアのクロポトキンらによる無政府主義（アナーキズム）の影響を受けた数名の活動家が明治天皇の暗殺を計画していたことが発覚すると，政府はこれを社会主義者の大々的な陰謀として無関係な人々にも捜査の手を広げ，秋水も含めた多数の社会主義者やそれに親交を持つものを拘束・起訴し，皇族に危害を加える（未遂も含む）大逆罪を適用し，秋水を含む12名が死刑となった（ほか12名が死刑から無期懲役に減刑，2名が有期刑）。

　この事件に対しては，政府の情報統制もあって，大逆者とされた人々を批判する声が圧倒的であり，徳富蘇峰をはじめ多くの知識人もまた同様であった。しかし「テロ」の計画は批判しつつも，社会主義者や無政府主義者の思想や人間性を否定してはならないと考える者もいた。蘇峰の弟の徳冨蘆花は，秋水らの処刑直後の一高生に対する講演で「謀叛」の精神を称えてその重要性を説き（「謀叛論」），三宅雪嶺は秋水が獄中で執筆した『基督抹殺論』（1911）に序文を寄せてその学識の高さを評価し，啄木は「テロリスト」と呼ばれた人々のなかに，言論弾圧に対抗する心理，そして「真面目にして熱心なる人の常に有つかなしみ」を読み取る詩を書いている（「ココアのひと匙」）。ほかにも文学者の森鷗外（1862-1922）や佐藤春夫（1892-1964），与謝野鉄幹（1873-1935）が事件について皮肉をこめた文章を執筆したことも，当時の世論を考えれば特筆に値する。

4　天皇機関説論争と南北朝正閏問題

　大逆事件と同時期には，体制側でも天皇の位置づけをめぐる論争があった。一つは，国家を支えるエリート層を生み出す東京帝国大学の憲法学者による天皇機関説論争（1911-12）である。明治憲法第1条の「大日本帝国は万世一系の

天皇これを統治す」の解釈が，その核心部分であった。上杉慎吉（1878-1929）は師の穂積八束（1860-1912）の解釈を継承し，天皇に絶対的な統治権があるという天皇主権説をとった。一方，美濃部達吉（1873-1948）はドイツの法学者イェリネック（上杉もまた留学時に彼の指導を受けた）の議論を参考に，国家を一つの団体（法人）と位置づけ，その下に様々な機関が統治権にかかわる権限を分担して行使するとしたうえで，明治憲法で「統治権を総攬す」と定められた天皇は，機関のなかで最高の地位を占めると説いた（『憲法講話』）。いわゆる天皇機関説である。上杉は天皇を機関とするのは日本の国体に合致しないとこれを批判したが，美濃部は天皇が統治権を総攬することを否定しない以上，自分の学説は国体に反しない，かつ君主を国家の機関と位置づけるのは立憲国家における通説だとして，国体を掲げて攻撃する上杉の姿勢を批判した。

　この論争は，上杉は天皇が国家を超える存在であり，日本は他国と異なる特別な立憲国だと考えたのに対し，美濃部は天皇が日本国家における最高の機関で，かつ憲法でその権限が規定される以上，日本は他国と同じく普通の立憲国だと考えた，と整理できよう。伊藤博文が憲法による君権の制限という立憲主義の原則を意識したことを考えれば，天皇機関説は妥当な解釈であった。しかし明治憲法が天皇の権威の絶対化と，その下における国民の統合を意図したことも事実であり，それゆえに上杉の主張には根強い支持があった。このことが，昭和期における天皇機関説事件へと発展するのである。

　もう一つ，文部省による国定の歴史教科書における「南北朝時代」の記述に端を発した南北朝正閏問題（1910-11年）も挙げておこう。後醍醐天皇の血統につながる南朝に対し，これに反逆した足利尊氏が擁立した北朝が同等に扱われている，これは天皇への忠誠心を否定しかねないものだという批判がなされ，最終的に執筆者の喜田貞吉（1871-1939，当時文部省図書審査官）の休職処分，教科書の改訂，そして南朝を正統，北朝を閏＝正統でないとする明治天皇の裁可という形で決着した。北朝の系統である明治天皇自身も，天皇への忠誠心を強調する国体論の論理を否定できなかったのである。南北朝の並立という歴史的事実を無視したこの問題は，現在も天皇の代数を南朝に即して示している（南朝よりも北朝の天皇のほうが一人多い）ことにつながっている。

第 7 章　国際状況の変化と「デモクラシー」

本章では，後に「大正デモクラシー」と呼ばれる思想を中心に，大正初期の思想状況を紹介する。明治末期から大正初期にかけ，「一等国」日本を取り巻く国際状況は大きく変化した。中国の辛亥革命，ヨーロッパにおける第一次世界大戦の勃発とその終結は，日本に多大な影響をもたらした。また国内における大正政変や米騒動は，国民の世論が政治に大きな変動を与えることを明らかにした。このような国内外の変化に応じて，日本国内の「改造」を呼びかける動きが現れる。「デモクラシー」の実現を求める声も，その一つであった。「デモクラシー」を唱えた人々は，日本国家をどのように「改造」しようと考えたのか。また，国際状況の変化をどう感じ取っていたのか。これとあわせて，「日本」という枠組みに対する様々な角度からの問い直しの思想についても取り上げる。

1　辛亥革命と日本

　1895（明治28）年の日清戦争に敗北した中国（清）では，日本の近代化の成功に刺激を受け，自国の強国化を目指す動きが現れた。康有為（1858-1927）・梁啓超（1873-1929）らを中心とする立憲派（変法派）は，立憲君主制の導入を軸とした改革を図るが，保守派の弾圧により挫折した。その後，列強の中国進出の激化や1901年の北清事変の敗北を受け，清は留学生を日本に派遣し，その近代化の成果を積極的に受容する方向へと転換し，日本政府も協力する姿勢を示した。一方，漢族による中国の復興を唱え，満洲族王朝である清の打倒を説く革命派は日本に拠点を置き，中国人留学生にも影響力を及ぼしていく。立憲派も革命派も，明治期の日本で訳されたモンテスキュー，ルソー，J.S.ミルらの著作（☞西洋編Ⅱ-5・7）を参照し，あるべき中国像を思い描いた。

　このような中国の変革の動きに対して，多くの日本人もこれに協力する。とりわけ民間のアジア主義者は積極的に中国人の革命家と交友を結んだ。私財をなげうって孫文（1866-1925）を支援した宮崎滔天（1870-1922）や梅屋庄吉（1869-1934），革命派の武力蜂起に加わって戦死した山田良政（1868-1900），政党政治

家として活躍した犬養毅（1855-1932），日本の国権拡張を想定しつつ，孫文への援助を惜しまなかった玄洋社の頭山満，玄洋社とともに日本の右翼運動をリードした黒龍会の内田良平（1874-1937），宋教仁や黄興など，孫文とは一線を画した革命家に共感し，辛亥革命に参加した北一輝（1883-1937）などはその例である。滔天の『三十三年の夢』（1900）や北の『支那革命外史』（1915-16執筆，1921公刊）などの著述も，日本における中国革命への関心を高める効果があった。

　1911年10月，辛亥革命が勃発すると，日本政府は中国利権の維持のため，列強と協調して清を支援しようと考えた。しかしイギリスは清の軍閥・袁世凱と革命派の妥協を促し，結果的に革命派は清の皇帝の退位と引き換えに，新国家・中華民国の実権を袁に譲ることで合意し，清王朝は滅亡した。辛亥革命に対しては，君主制の崩壊が日本の国体にも影響を及ぼすとして軍事的干渉を説く徳富蘇峰らの意見があった一方で，雑誌『太陽』の主筆浮田和民（1860-1946），『東京朝日新聞』記者の中野正剛（1886-1943）などのように，中国革命の精神は日本の明治維新にも通じる，あるいは日本政界の革新を刺激するとして支持する声もあった。その後の中国は，袁が武力を背景に革命派を弾圧し，16（大正5）年の第三革命で袁が失脚，その後に病死した後は，軍閥抗争や南北分立などの混乱状態が続いた。このため，中国が日本や西洋のような国民国家となることは難しいとする「中国非国論」も強まっていくが，他方で中国の文明化に期待する論調も消えることはなかった。

② 「デモクラシー」への関心

　1905年の日比谷焼き討ち事件以降，民衆の政治への関心が高まり，政府も世論の動向を無視できなくなった。陸軍の師団増設要求を拒否した第2次西園寺公望内閣が陸相の辞任によって総辞職に追い込まれ，第3次桂太郎内閣が誕生したことに世論が反発して倒閣につながった大正政変（1913年）や，16年に成立した第2次大隈重信内閣の大衆的な人気を受け，その与党が衆議院総選挙で圧勝したこと，またシベリア出兵にともなう米価上昇が契機となって全国に暴動が発生した米騒動（1918年）は，象徴的な出来事だった。

　この時期，ヘーゲルの国家哲学（☞西洋編Ⅱ-8）やイエリネックの憲法学説

などをもとに，道義的な国家の実現を唱えていた政治学者の吉野作造は，雑誌『中央公論』に「憲政の本義を説いて其の有終の美を済すの途を論ず」(1916)を発表し，明治憲法の下で理想的な「立憲政治」をいかに実現するかを論じた。吉野はその手段として「デモクラシー」の導入を説き，複数ある訳語から「民本主義」を用いて，天皇主権下でもその精神を実現できると論じた。

　吉野が重視したのは，第一に「政権運用の終局の目的は，『一般民衆のため』ということにあるべき」という点である。政治の目的は人民の利益幸福の実現であり，その具体的な内容は人民自身が一番よく知っていると考えた。そして第二に「政権運用の終局の決定を一般民衆の意向に置くべき」として，民意の尊重と人民の政治参加の必要性を論じ，その実現には政党内閣制（議院内閣制）の確立と普通選挙の導入が不可欠だとした。普通選挙が衆愚政治に陥るという批判には，自分たちの代表者にふさわしい人物を選ぶ能力は，「相当の教育」，つまり義務教育（当時は小学校まで）を受けていれば問題ないと反駁した。

　吉野に対しては，社会主義の立場から「デモクラシー」の解釈のあいまいさを指摘するもの（山川均など），あるいは天皇親政論に立って批判したもの（上杉慎吉など），さらに「政治の目的」と，民意の反映を絶対的な真理とする「政治の方法」との関係についての疑義（北昤吉など）が寄せられ，吉野もこれらを受けて現実に根ざした民本主義の再構成を行う。そこでは人民の政治参加の側面により重きを置き，それによって人民の責任感が生まれ，国家が安定するという観点が強調された。また，プラトンの哲人政治（☞西洋編Ⅰ-**2**）のように，選ばれた指導者が人民を教化するというエリート主義的な発想も吉野のなかにあったことも否定できない。しかし，その一方で，人民から遊離した藩閥や軍人，官僚などへの批判的な視点は一貫していた。

　民本主義をめぐる論争は，国家・社会と個人の関係性に目配りした広範な「デモクラシー」論を生む土壌となる。ラスキの多元的国家観（☞西洋編Ⅱ-**9**）などをもとに，国家を社会の形態の一つとして相対化し，社会に根ざした民衆の生活を重視した長谷川如是閑（1875-1969），生存権の視点からデモクラシーの必要性を説いた福田徳三（1874-1930），階級差別や他国の道徳的価値を否定する既存の国家哲学を批判した杉森孝次郎（1881-1968）らは，その代表的な例である。

③ 「デモクラシー」の立場からの対外論

　「デモクラシー」論の視野は，日本の対外論にも及んだ。第一次世界大戦は
デモクラシーを採用する英・米・仏の勝利に終わり，さらに東欧における民族
自決や国際連盟の成立などを受け，日本もこの「新外交」の流れに身を置くべ
きだという意見が高まった。吉野は大戦後の「世界の大勢」を，「内政にあっ
ては民本主義の徹底である。外政に在っては国際的平等主義の確立である。も
し前者を社会的正義の徹底というべくんば，後者は即ち国際的正義の確立にほ
かならない」(「世界の大主潮とその順応策及び対応策」) と整理した。彼にとって
日本が「国際的正義」を実現すべき場は，植民地である朝鮮半島，そして軍事
力を背景とした「21か条の要求」(1915年) で日本が広範な利権を強引に認めさ
せた中国であった。吉野は当初21か条の要求に肯定的であったものの，大戦後
の民族自決の流れに呼応して起こった中国の排日運動 (5・4運動，1919年) に
対し，中国ナショナリズムの覚醒を見出してこれを支持し，日中両国の相互理
解を深めるため，中国の排日運動を主導する中国の学生を招待し，日本の学生
との交流を支援した。また，朝鮮における3・1独立運動 (1919年) に際して
も，その独立には否定的であったが，日本の強圧的な支配を批判し，朝鮮の独
自性の尊重と地方議会の設置による民意の反映を訴えた。

　また，雑誌『東洋経済新報』の記者 (後に主筆) で，当時の世論の大勢に抗
して21か条の要求を批判した石橋湛山 (1884-1973) も，同誌の方針であった「小
日本主義」をさらに徹底し，経済的・道徳的な視点から植民地の放棄を説いた。
これはデューイが大成したプラグマティズム (☞西洋編Ⅲ-3) に基づく経済的
なデータを重視する姿勢，ホブソンの『帝国主義論』(1902) の影響，さらに
自由主義経済に対する信頼感などを示すと同時に，植民地放棄により「支那の
全土をわが友とし，進んで東洋の全体，否，世界の小弱国全体をわが道徳的支
持者とする」(「大日本主義の幻想」) ことが日本の大きな利益になるという，ア
ジア主義的な論理もあった。石橋の植民地放棄論はあくまで1920年代初頭の時
期に限定して唱えられたものであったが，昭和期の対外戦争に懐疑的で，また
戦後直後に蔵相に就任した際にはGHQにも迎合しない姿勢を貫き，政界に転
身して1956 (昭和31) 年には首相になった異色の言論人であった。

4　「日本」の問い直し

　日露戦争以降，従来の中央集権的な国家建設の動きとは異なり，地方を重視する傾向が現れる。政府による地方改良運動はその一例だが，民間でも様々な地方の伝承や文化をもとに，国家ないし民族の文化的な発展を検証する民俗学が盛んになった。岩手県の一地域における伝習を収録した『遠野物語』（1910）で知られる柳田國男（1875-1962）は，各地の伝統的な文化を維持する「常民」の生態に着目し，それぞれの固有の信仰（氏神信仰）を日本文化の基層を成すものと位置づけ，それが世界共通の神話的な基礎に立つことを明らかにした。これはいわゆる「文明」を基準として文化の優劣を判断することへの批判であり，文明化によって失われつつある地域社会の伝承を維持するという目的を持つものであった。また折口信夫（1887-1953）は『古代研究』（全3巻，1929-30）などで外部からの訪問者を「神」として迎える社会のあり方を論じた「まれびと」論と呼ばれる独自の民俗学を構築した。

　「沖縄学の祖」と呼ばれる伊波普猷（1876-1947）は，『古琉球』（1911）などに代表される沖縄の伝統文化や歴史に関する研究を通じて，日本と沖縄における言語・文化的な同質性を根拠に「日琉同祖論」を説き，明治政府による琉球処分（琉球王国の廃止，沖縄県の設置による日本への併合）をそれまでの奴隷的な境遇からの解放と位置づけつつ，一方で沖縄の独自性を保持することで日本本土との対等な関係を構築していくことを訴えた。彼の沖縄論は，「周辺」の立場から日本に対する異議申し立てという性格を有するものであった。

　このほか，『古寺巡礼』（1919）や『日本文化研究』（1920）を皮切りに日本文化史の研究を進め，昭和期にはハイデガー（☞西洋編Ⅲ-1）の影響を受けて『風土』（全3巻，1935）や『倫理学』（1937-49）を執筆した和辻哲郎（1889-1960）や，思想と生活の関係性に着目した著書『文学に現はれたる我が国民思想の研究』（全4巻，1916-21）を著した津田左右吉（1873-1961）らも，大正デモクラシーの思潮を背景に，様々な角度から「日本」の問い直しを行った。

第 **8** 章　女性の地位向上と社会主義運動の高揚

本章では，前章で示した「デモクラシー」の動きと同時期に起こった女性の権利向上の動き，そして社会主義運動の高揚に焦点を合わせる。当時の女性の置かれた社会的な位置づけはいかなるものであったのか。また，雑誌『青鞜』などに象徴される女性の知識人たちの取り組みについて，現代のジェンダー平等の流れも意識しつつ，その意義について考えてみよう。

あわせて，1917年のロシア革命のインパクトは，大逆事件以降逼塞していた社会主義運動にも大きな展開をもたらした。ロシア革命後の社会主義運動の高まり，内部における路線対立，そして政府による弾圧の動きをおさえたうえで，社会主義の理想はどのようにすれば実現可能だったのかを想像してほしい。

①　女性の地位向上を目指して

　明治時代の日本では，女性も男性と同様に義務教育を受ける対象であった。しばらくは男性に比べて就学率は低かったが，明治末期には男性とほぼ同じく9割以上が就学するようになった。しかし，中等・高等教育が女性に不要だという風潮は根強く残っていた。また家庭では戸主（そのほとんどが男性）およびその長男が実権を握る家父長制の下で，女性は従属的な地位に置かれていた。当時の民法は，結婚した女性は原則として財産権を持たないと規定し，また刑法でも，男性の不倫は罪に問わないが，女性の不倫は夫が訴えれば姦通罪が適用されると規定しており，男女間の明らかな不平等が存在した。そして政治的には，1900（明治33）年に制定された治安警察法における，女性と未成年者の政治結社への加入禁止（第5条1項），政談集会への参加やその発起人になることの禁止（第5条2項）という条項に示されるように，女性は男性の未成年者と同様の扱いを受けていた。すなわち女性は成年男性に比べて「二流」の国民という位置づけであり，男女間には厳然たる格差が存在していた。

　しかし，小学校で男性と同様に国民としての教育を受けたにもかかわらず，

なぜ女性の地位が低いのか，という疑問が生まれるのも自然な話である。女性への良妻賢母主義的な教育に反発し，一個の人格を持った個人としての権利を求めた平塚らいてう（1886-1971）は，1911年9月に文芸雑誌の『青鞜』を創刊，発刊の辞「元始女性は太陽であつた」を発表する。平塚は現在の女性が男性に従属する月のような存在であるとして，単に女性としての独立にとどまらず，個人としての解放を実現することで女性の真の姿を取り戻すべきだと唱え，大きな反響を呼んだ。『青鞜』は男尊女卑の風潮に不満を持つ女性からは共感を得たが，多くの男性や旧来の道徳を受容する女性は彼女らを「新しい女」と呼んで軽蔑した。これに抗するように，『青鞜』の同人たちは，貞操や中絶（堕胎）など，従来タブーとされた性と生殖に関する女性の自己決定をめぐる問題を論じた。平塚は現状の結婚制度を「一生涯にわたる権力服従の関係」と批判し（「世の婦人達に」），恋愛に基づく夫婦間の対等な関係を基盤とする「共同生活」＝事実婚を実践するなど，新しい夫婦関係のあり方を提唱した。

　『青鞜』は1916（大正5）年に廃刊となるが，その後も女性たちの権利向上を求める動きは続いた。なかでも注目を集めたのが「母性保護論争」（1918-19年）である。その発端は，以下の与謝野晶子（1878-1942）の問題提起であった。経済的自立を果たすことが女性自身の人格と自由の維持につながるが，西洋の女性運動家が求める妊娠・出産時における国家の経済的保護はそれを阻害する。あくまで夫婦は互いに育児の責任を果たすべきであり，片方が死亡した場合にももう一方が全責任を負う覚悟が必要だと与謝野は論じたのである（「女子の徹底した独立」）。これに対し，愛情を基礎とする結婚に加えて女性特有の「母性」の重要性を説いたスウェーデンの女権運動家のエレン・ケイに傾倒していた平塚は，女性は母となることで社会的，国家的，また人類的な存在になりうる，ゆえに母性を国家が保護することは必要であり，さもなければ経済力のない女性は出産が不可能になると反論した（「母性主義の主張は依頼主義か」）。青鞜社同人の山田わか（1879-1957）も，国家が女性の尊厳を保護することは妥当だと平塚に同調した（「母性保護問題——与謝野氏と平塚氏の所論に就て」）。また社会主義者の山川菊栄（1890-1980）は，現在の女性問題の原因は経済的な構造にあり，そのなかで不当に扱われる男性も含めた「万人の為めに平等な生活権を提唱」することが問題の解決につながると論じた（「母性保護と経済的独立」）。

　与謝野に対しては，経済的な自立が難しい当時の女性の実態と乖離している，また母性を強調する平塚らに対しては，健全な子を産む女性を保護するべきとする優生思想につながる側面がある，という批判もある。しかし，育児・家事の負担と就労をめぐる問題，母性を持つ女性の役割をめぐる意見，また女性問題は男性の抱える問題とも直結する，という母性保護論争における多様な論点は，現在においても意味を失ってはいない。

　政治面での男女平等への動きは，1919年に平塚と市川房枝（1893-1981）らが結成した新婦人協会による治安警察法第5条改正運動が展開され，22年の同条2項の改正で女性の政治集会への参加が認められた。その後も1924年に結成された婦人参政権獲得期成同盟会による参政権獲得の動きが展開され，昭和期には女性の地方政治への参政権を認めた婦人公民権案が衆議院を通過したが，貴族院の反対にあい挫折する。そして30年代の女性運動家は，戦争協力を通じて権利の獲得につなげる方向をとらざるをえなくなる。敗戦直後における女性参政権の実現は，日本政府がGHQの指令を受ける前に自主的に決定したものであり，明治末期から続いた女性たちの運動に一定の影響力があったことを示している。ただし，戦後の日本で女性の社会的地位が真に向上したといえるか否かは，また別の話である（なお，日本にも影響を与えた西洋諸国におけるフェミニズムの展開については，☞西洋編III-7）。

② 社会主義運動の展開

　1917年のロシア革命の成功は，大逆事件以降の「冬の時代」を過ごしてきた社会主義者にとって大きな転機となった。遠大な理想とみなされてきた社会主義が実現したことで，ロシア革命の思想的な根拠となったマルクス主義（☞西洋編II-8）への関心が高まり，特に中等・高等教育機関の学生は熱心にこれを受容した。吉野作造の影響を受けた学生らが結成した東京帝国大学の新人会も，社会主義運動の指導者を輩出するようになった。丸山眞男（☞日本編II-1）は，マルクス主義は「社会的な現実を，政治とか法律とか哲学とか経済とか個別的にとらえるだけでなく，それを相互に関連づけて総合的に考察する方法」を指示したがゆえに多くの知識人を惹きつけたと論じている（『日本の思想』）。いわゆる「左翼」だけでなく「右翼」の学生にも，マルクス主義を実践を説く

思想だと評価するものもあった（1932年の血盟団事件に関与した東京帝国大学出身の四元義隆の回想，『血盟団公判速記録　中巻』）。

　さらに，資本家や地主が富を独占するなかで苦しい生活を強いられていた労働者や小作人も，ロシア革命の成功に大きな希望を見出した。革命の一報を聞いたある労働者の感想を以下に記しておく。「私は躍り上がった。そして家に駆けこんで小供等（ママ）を抱きしめてこう叫んだ。『オイ小僧共，心配するな，お前達でも天下は取れるんだ！　総理大臣にもなれるのだ！』謂わば露西亜の革命は吾々に生きる希望を与えてくれたのだ」（友愛会の雑誌『労働及産業』に掲載された原田忠一（平沢計七）の文章）。

　では，日本の社会主義者はどのように自らの理想を実現しようとしたのか。まず一つは，幸徳秋水も関心を寄せていたアナーキズム（無政府主義）である。その代表的な思想家であった大杉栄（1885-1923）は，幸徳から紹介されたクロポトキンの著述に影響を受けるとともに，ベルクソンの生命哲学を受容したことで「生の拡充」を説く独自の理論を作り上げ，労働組合によるゼネラル・ストライキなどの直接行動による社会革命を志向するアナルコ＝サンディカリズム（アナ派）の指導者として大きな影響力を持った。

　これに対し，ロシア革命におけるレーニン率いるボルシェビキ（後のソ連共産党）の革命指導を参考にしたボルシェビズム（ボル派）が，もう一つの流れとして存在した。ロシア革命直後の段階では，アナ派とボル派は大同団結の気運もみられたが，ソビエト政権における無政府主義者の弾圧，また革命における前衛政党（人民を指導する役割を果たす革命政党）の必要性をめぐって論争が激化した（アナ・ボル論争）。しかし1923年の関東大震災直後に大杉と女性運動家の伊藤野枝（1895-1923）が憲兵隊に拘束・殺害されると，アナ派は次第に衰退していった。他方，ボル派は世界的な社会主義革命を推進するコミンテルン（第3インターナショナル）の関与の下，堺利彦・山川均（1880-1958）らを中心に，結社届け出の手続きを行わない非合法の形で日本共産党を結成した（1922年）が，ほどなく政府によって解散に追い込まれる。しかし，その後も弾圧に抵抗して党を再結成し革命運動を続けていくが，党内では革命路線をめぐる内部対立や論争が頻繁にしばしば起こった。党と大衆との距離を縮めることで，無産階級全体の連帯を図る方向に戦術を転換すべきだと説いた山川（「無産階級運動

の方向転換」）に対し，福本和夫（1894-1983）は覚醒した知識人による前衛政党の純粋性を説いて山川を批判した論争はその一例である。また，コミンテルンの指示によって党の活動方針が二転三転したことは，共産党と一般国民との距離が遠ざかることにもつながった。さらに「国体を変革しまたは私有財産制度を否認」する結社，およびその関係者や協力者を取り締まる治安維持法（1925）の制定を受け，政府の度重なる弾圧によって活動が逼塞し，30年代半ばの幹部の大量「転向」を受け，共産党は事実上壊滅状態となった。

　この両派とは別に，無産者を代表する議会政党を結成する動きもみられ，堺や安部磯雄（1865-1949）など明治期から活躍した社会主義者や，吉野作造の影響を受けて結成された東京帝国大学の新人会出身の赤松克麿（1894-1955），麻生久（1891-1940）らに加え，吉野もこの動きに協力した。男子普通選挙が初めて行われた1928年の衆議院総選挙では無産政党全体で 8 名が当選し，その後も一定の議席を占めたものの，無産政党間の思想的な相違点が大きく，二大政党（政友会・民政党）の牙城を崩すには至らなかった。ドイツの社会民主主義（☞西洋編Ⅱ - 8 ）的な方向性は，戦前日本で十分に広がることはなかったといえる。このほか，マルクスの『資本論』を日本で初めて全訳したことで知られる高畠基之（1886-1928）は，資本主義の崩壊・階級対立の消滅後も国家による秩序の維持が必要だとする国家社会主義を主張した。

　さらに，マルクス主義に関心を持つ学者の間では，将来の日本の社会主義革命の方向性を考える前提として，明治維新後の日本の現状を天皇制絶対主義の状態にあるとする講座派（野呂栄太郎，平野義太郎ら）と，明治維新をフランス革命のようなブルジョア革命と認識する労農派（猪俣津南雄，向坂逸郎ら）との「日本資本主義論争」がみられた。もっとも，日本の現状に対する分析に関する妥当性についてはともかくとして，この種の議論がどこまで大衆に影響を与えたかは評価が難しい。

　政府による社会主義思想への弾圧は，昭和の戦争の時期に入るとさらに苛烈になった。共産党とは一線を画していた，さらにはまったく無関係な人々も，共産党の再興をもくろむ陰謀を企んだとして検挙した不当な事件（1937-38年の人民戦線事件，1944年の横浜事件など）が起こったことも忘れてはならない。

第9章 「不安」と「不満」の時代／「自由主義」論争

本章の前半は第一次世界大戦前後，「右翼」と呼ばれた人々を中心に展開された国家改造運動について取り扱う。これも「デモクラシー」や社会主義と同様に，第一次世界大戦前後の社会不安の増大のなかで，日本の「改造」を図る動きであった。その論理はいかなるものであったのか，また他の「改造」の思想とはどのような点で異なり，また近似性があったのか。

後半は自由主義をめぐる論争をもとに，昭和初期の思想状況を取り上げる。日本で自由主義は長く批判にさらされたが，明治末期から大正期中頃には民主主義と共に時代思潮の一翼を担い，自由主義の原理を修正する「新自由主義」（＝ New Liberalism）も唱えられた。しかし1933年頃より自由主義批判が再び高まる。なぜこの時期に自由主義が批判されたのか，また自由主義のどの点が問題視されたのか。

1 国家改造運動の展開——北一輝を中心に

第一次世界大戦後の「改造」の動きは，「デモクラシー」や社会主義ばかりではなく，国家主義者，すなわち一般に「右翼」と呼ばれる人々からも現れた。近代日本の右翼の源流はアジア主義者の頭山満や内田良平だといわれるが，彼らは自由民権運動の流れを汲むものの，国権拡張のために政府を支えるべきだとして，国内の変革には消極的であった。しかし，藩閥など一部の権力者の専横，そして貧富の格差に伴う社会不安の増大は，国家主義的な考えを持つ人々の間にも，日本の改造が必要ではないかという認識を広げた。これがいわゆる国家改造運動につながっていった。

この運動に大きな影響を与えた思想家が，2・26事件（1936年）の理論的指導者として知られる北一輝である。北は当初社会主義に共鳴していたが，日露戦争ではアジア主義的な論理のもとに開戦論を唱えた。『国体論及び純正社会主義』（1906）では普通選挙による社会主義の実現を訴え，天皇と国民がともに国家の意思を体現する国家体制の建設を説いたが，その実現を阻害するもの

として国体論を厳しく批判したことで発禁処分を受けた。その後に日本を拠点としていた中国革命運動に関与し，中国に渡って辛亥革命にも参加した。しかし1919（大正8）年の5・4運動に衝撃を受けた北は，日中の提携のためにはまず日本の変革が必要だと考え，『日本改造法案大綱』（原題『国家改造案原理大綱』1919）を執筆した。その冒頭で北は「天皇は全日本国民と共に国家改造の根基を定めんが為めに天皇大権の発動により三年間憲法を停止し両院を解散し全国に戒厳令を布く」と天皇を擁した軍事クーデターを唱え，国内では私有財産や大土地所有の制限，国民の権利の保障の実現を説き，この改造を経たのち，対外的にはアジア諸国の救済とともに，領土の公平な分配を求める「国際的無産者」論に基づき，西洋列強に対する日本の「開戦の積極的権利」を規定し，日本の領土拡大を鼓吹したのである。

　デモクラシーや社会主義とは異なり，改造の過程において天皇の権威が不可欠だとする北の国家改造論は，日本独自のやり方での改造を模索していた人々に歓迎された。大川周明（1886-1957）・満川亀太郎（1888-1936）を中心として結成し，中国から帰国した北も加わった猶存社は，国家改造運動の拠点となった。国家改造を志向する右翼運動家は後に「革新右翼」と呼ばれ，天皇中心の国体を称揚し，その尊厳を侵害しかねないと考える思想を徹底的に攻撃しつつ過度な現状変革を拒絶する「観念右翼」とは区分される。猶存社は数年で解散したものの，北，大川，満川らは引き続き国家改造運動にそれぞれの立場で関わっていった。

　とりわけ，『日本改造法案大綱』は，それに感化された一青年（朝日平吾）が財閥の安田善次郎を暗殺したこと（1921年）に象徴されるように，その影響力は大きく，またその改造プランと対外論についても，様々な革新右翼の団体の指針として広く参照された。また，軍の教育機関（陸軍士官学校・海軍兵学校）において天皇への絶対的な忠誠心を教育された青年将校（実戦部隊を率いる隊付将校を指し，陸海軍の大学校を卒業し作戦・用兵に携わる幕僚将校とは区別される）も，軍をクーデターの主力とし，特に若い軍人に期待をかけた北に惹かれていった。この両者の結びつきが，のちの2・26事件につながっていくのである。もっとも，北は天皇を絶対化する多くの青年将校の考えとは一線を画しており，あくまで天皇は国家改造を正当化するためのシンボルと想定していた。つ

まり北が軍事クーデターの戦力として期待した青年将校との間に，天皇をめぐる思想的な違いがあったことには注意が必要である。

　また，対外的なアジア主義の傾向も革新右翼の思想家の間で共有されていた。インドの独立運動を支援した大川（『復興亜細亜の諸問題』1922），中東やアフリカの民族運動にも関心を持っていた満川（『奪はれたる亜細亜』1921）はその典型である。しかし北も含め，あくまで日本がアジアの盟主であることを疑う者はなく，かつアジアの解放と日本の領土拡大との間の矛盾が考慮されることもほとんどなかった。

　このほか，近代日本の西洋化の流れに対抗し，古代中国の思想に淵源を持つ「社稷」（しゃしょく）という土地に根ざした共同体の理想を追求した権藤成卿（1868-1937），また「西洋の没落」を説いたシュペングラー（☞西洋編Ⅲ-1）の影響を受け，資本主義による日本の農村の疲弊を西洋文明の暗部と捉えて日本社会の変革を志した橘孝三郎（1893-1974）らの農本主義の思想も，大きな影響を及ぼした。彼らの思想に共鳴した青年将校や学生のなかには，1930年代初頭の血盟団事件，5・15事件など，財閥や政治家を狙ったテロ事件に関与する者も現れた。

　なお，革新右翼と「デモクラシー」や社会主義は完全に対立するものと捉えられがちだが，人的な交流がなかったわけではない。辛亥革命以前，北は大杉栄や中国人革命家らと世界共通語（エスペラント）の勉強会に参加していた。また満川が第一次大戦前後の時期に組織した老壮会には，社会主義者の堺利彦や高畠素之も，女性運動家（権藤成卿の妹の誠子など）も顔を出していた。さらに，吉野作造は北の『支那革命外史』を読み，これに感銘を受けて北と中国革命について直接議論を交わしたほか，イギリスの植民政策をテーマとした大川周明の博士論文の審査にあたり，その後も一定の親交を持っていた。

② 「新自由主義」の提唱

　経済学者の上田貞次郎（1879-1940）は，19世紀イギリスのマンチェスター派を念頭に置きつつ，「原則として自由競争の自然的調整力に依頼せんとする」立場を表明し，政府による産業保護政策の縮小や中央集権の制限などを説いた。だが「自由放任主義」（「旧自由主義」）を擁護したのではない。今後の自由主義（「新自由主義」）は，他者や政治権力の干渉から免れるという意味の自由

にとどまらず，「我国民の一人一人をして其天分を充分に発育し得しむるの自由でなければならぬ」（「新自由主義の必要」）と考えるからである。「天分」の成長を目指し，社会政策の必要も説く彼の立場には，「人格主義」を原理とするT・H・グリーンの「新自由主義」（☞西洋編II-**8**）の影響をみてとれる。

　上田の「新自由主義」は，資本主義を「自主的」なものに改めることを目的としていたので，新しい生産組織を要求する社会主義者やマルクス主義者と対立した。『改造』1926年11月号は「『新自由主義』批判」と題する特集を組んだ。大森義太郎は「新自由主義」の階級制を指摘して，無産党と保守党のどちらにも入れない「あぶれ連中」の思想であり，小ブルジョアのイデオロギーにすぎないと断じた（「たちの悪いカリカチュアだ」）。一方で上田の「新自由主義」を擁護する論者もおり，鶴見祐輔はその一人だった。

③　自由主義の没落・顛落

　上田の「新自由主義」をめぐる論争を第一の自由主義論争と呼べば，第二の自由主義論争は1933年頃から盛り上がり，1935年に最高潮に達した。論争の背景として，まず世界恐慌の影響が挙げられる。「持てる国」（英米仏など）が植民地貿易を強化するブロック経済を採用したことで「持たざる国」（日独伊など）の経済が大打撃を受けた。そのため国内では自由主義経済の「転換」が唱えられ，統制経済の必要性が説かれ始めた。次に1932年の5・15事件を契機に，「反資本主義」（「反自由主義」も含意）を掲げる勢力が勢いを増し始める。1933年には，滝川事件，共産党委員長佐野学・同幹部鍋山貞親による「転向」声明，民間右翼によるクーデター未遂事件（神兵隊事件）などが相次いで起こった。これらの状況を背景に国家社会主義やマルクス主義などが自由主義批判を繰り広げた。

　マルクス主義者の戸坂潤（1900-45）は，自由主義を経済的，政治的，文化的に区分して，経済的自由主義は統制経済と結び付き，政治的自由主義は「立憲的ファシズム」となり，文化的自由主義は自由主義として貫徹していないと批判した。そもそも戸坂は自由主義が思想体系として存在しているのかを疑い，それは「気分」として現われているにすぎないと評した（『日本イデオロギー論』）。評論家の室伏高信は，現今の自由主義を「老ひたる自由主義」と呼び，進歩的

なものから「自己的なもの，自由防衛的なもの，不動的なものへと転化」したと述べて，自由主義は「没落期」に到達したと断じた（「自由主義の没落」）。

　相次ぐ自由主義批判に対して，自由主義を擁護する立場から反論が出された。中心となったのが，馬場恒吾（1875-1956），清沢洌（1890-1945），河合栄治郎（1891-1944）である。いずれも自由主義批判が展開され始めた1933年頃から自由主義擁護の論陣を張っていた。馬場と清沢に特徴的なのは，自由主義を生き方や態度と捉える点である。馬場は「自分の自由を圧へられるのが嫌だと思ふと同時に他人の自由をも圧へ度くないと云ふ心の態度である。さうしたリベラルな心持ちを有ってゐるものを自由主義者と云ふのである」（「自由主義者に対する嘲笑」）と述べ，清沢は自由主義を「心的態度」（フレーム・オヴ・マインド）と呼んだ。一方の河合は，自由主義を心情ではなく社会思想と規定し，マルクス主義をその対抗思想と位置づけたうえで，それに組織と体系を与えた「理論体系としての自由主義」の必要性を説いた（「自由主義の再検討」）。また社会主義を志向し，グリーン流の理想主義を哲学的基礎に据える「第三形態としての自由主義」（「自由主義の再検討」）に可能性を見出した。

　第二の自由主義論争は，1936年までに論点をほぼ出し尽くした。1937年以降も自由主義や自由を冠する論説は発表されるが，人民戦線事件（1937年），河合栄治郎事件（1938年），津田左右吉事件（1940年）に象徴されるように，権力による弾圧がマルクス主義から自由主義，一般社会から大学に移行したことで，論争が成立しない状況が作り出された。

　自由主義を乗り越える，あるいは否定することで，新たな国家や社会の創出を目指した思想は，果たしてどれだけその目的を達成できたのか。歴史を振り返れば，安定した秩序を形成・維持する政治原理として自由主義を欠くことができないのは明らかである。だが西洋における freedom や liberty が，この本来の意味ではなく，漢語の「自由」（「勝手気ままな」の意味）として定着した点に日本の自由主義の一つの不幸があった。

第**10**章　国内改造論の諸相／「大東亜戦争」の時代

　本章では，1930年代から40年代にかけての，昭和の戦争の時期における思想を取り上げる。1920年代に普通選挙と政党内閣制が実現したものの，政党は国民の期待に十分に応えたとはいえず，不景気の進行とあいまって，1930年代には軍人や右翼の運動家によるテロ事件が頻発するようになった。そして1931（昭和6）年の満洲事変を皮切りに，37年の日中全面戦争（支那事変），41年の太平洋戦争（大東亜戦争）という対外戦争に突入する。自由な言論活動が難しくなったこの時期，知識人は国際情勢を中心とした時局にどのように反応したのか。そして彼らがどのように日本の軍事行動を捉えたのか，またそれをどのように「正しく」導こうとしたのか。最後に，これらの思想についてどのような印象を持ったかを考えてほしい。

① 日本社会の右傾化

　1920年代半ばの日本では，普通選挙の実現や政党内閣制（二大政党の「立憲政友会」と「憲政会（のち立憲民政党）」）が定着するが，その実態はどうであったか。少なくとも政党内閣制に関しては法的な裏づけはなく，あくまで「最後の元老」と呼ばれた西園寺公望（1849-1940）の意向に依拠したものであった。1924（大正15）年の加藤高明内閣の成立以降，西園寺は政策の失敗による総辞職の場合は相手党の党首を，首相が死去ないし執務不可能となった場合は政権与党の新党首を後任の首相として天皇に推薦した。このように，衆議院選挙が政権交代と直接的に結びつかない仕組みの下，野党は与党の失敗をひたすら追及することで政権獲得をもくろみ，国益よりも党益を重視する傾向が顕著になった。また，二大政党と財閥の癒着による政治腐敗，政権与党による知事など地方の要職の任命権の乱用による政争の激化は，政党に対する国民の不信感を高めた。このような背景もあって，1932（昭和7）年に犬養毅首相（政友会）が暗殺されると（5・15事件），西園寺は政党と無縁な海軍出身の斎藤実を首相に推薦し，戦前の政党内閣は終焉を迎えることとなった。

　さらに，関東大震災（1923年）以後の経済状況の悪化も政治不信に拍車をか

けた。20年代後半は，農村恐慌に加えて世界恐慌（1929年）のあおりを受け，特に地方で貧窮に苦しむ人々が続出し，地方出身の兵士と接していた陸海軍の青年将校が国家改造運動に共鳴する一因ともなった。他方で陸軍内では永田鉄山ら幕僚将校を中心に，第一次世界大戦における総力戦の実態を受け，それに対応しうる高度国防国家の建設を目指す動きも現れる。軍の統制を重視する幕僚将校にとって，青年将校が国家改造に関して独自の行動をとることは好ましいものではなかった。両者の対立は，35年の永田の暗殺を経て，翌年の2・26事件まで続く。

このような状況の下，1930年の浜口雄幸首相狙撃事件，31年の幕僚将校を中心としたクーデター計画（三月事件・十月事件）の発覚，32年の血盟団事件，5・15事件，36年の2・26事件など，テロやクーデター事件が続発した。これに加えて満洲事変（1931年）・国際連盟脱退（1933年）などによる国際関係の緊迫もあり，軍が大きな影響力を持つに至った。さらに日本主義を唱えて天皇の絶対性を鼓吹する三井甲之（1883-1953）や蓑田胸喜（1894-1946）らの原理日本社をはじめとする観念右翼による天皇機関説への糾弾（1935年），デモクラシーや自由主義に対する批判に象徴されるように，右傾化の空気が蔓延し始めた。特に原理日本社は，国体の至高性に改変を加える（と彼らが判断した）思想を，革新右翼も含めてことごとく弾劾の対象とするという，狂信的な姿勢が顕著にみられた。

② 満洲事変と日中戦争──「東亜新秩序」をめぐって

満洲に駐留していた日本軍（関東軍）が引き起こした満洲事変には，国際法学者の横田喜三郎（1896-1993）や吉野作造らが自衛の範囲を超えた違法な武力行使ではないかと論じ，石橋湛山も同様の見解を示したが，このような批判的な意見は圧倒的に少数派であった。大半の日本人は自国の正義を信じ，事変に懐疑的だった吉野もその死の前年には東アジアに対する西洋諸国の干渉を排すべきだと論じた（「東洋モンロー主義の確立」）。

一方，満洲事変を支持した思想家のなかで，独特の論理を展開したのが，日露戦争後から満洲や華北地方を中心にジャーナリストとして活動していた橘樸（1881-1945）である。橘はラッセルやデューイ（☞西洋編Ⅲ-3）らのギルド

社会主義の論理をもとに，同業者組合や地域社会を基盤とした中国の国民国家建設に期待をかけ，中国におけるナショナリズムの高まりについてもそれを直視すべきだと論じていた。しかし内戦が続く中国の状況に失望し，満洲事変を主導した関東軍の石原莞爾（1889-1949）らに協力して，「満洲国」を理想的な国家として育成することで中国に刺激を与えてその変革を促し，アジア解放に結び付けるという希望を抱いた（「私の方向転換」）。また，石原は法華経の影響もあって，日米間の「世界最終戦」を意識し，自給自足圏の確保を理由に満洲の占領を実行したが，「満洲国」建国後は民族差別のない「五族協和」の実現を意識するようになり，ソ連の脅威に備えるためにも「満洲国」の基盤を固めることを最優先の課題として，中国とのさらなる衝突を回避すべきだと考えた。しかし石原はその道半ばで中央に転属となり，橘の努力もむなしく，その後の「満洲国」は日本の傀儡国家という性格をより強めていくこととなった。

　満洲事変後の日中間の対立は，度重なる小規模な武力衝突を経て，1937年7月の盧溝橋事件を契機に全面的な戦争（支那事変＝日中戦争）に至る。日本軍は「一撃」を与えれば中国は屈服すると予想し，排日を続ける中国の「膺懲」を掲げて首都の南京ほか主要都市を占拠したが，蔣介石（1887-1975）率いる国民政府は奥地の重慶に拠点を移し抵抗を続けた。予期せぬ長期戦に直面した近衛文麿（1891-1945）首相は，38年11月，東アジアにおける帝国主義的な国際秩序の変革と日中の提携を説く「東亜新秩序」声明を発表した。そこには，南京虐殺事件や重慶の無差別空襲などによって米英両国が対日態度を硬化させ，国民政府を支援していることを意識し，中国を米英から切り離すという意図がこめられていた。実際に，国民政府内の実力者である汪兆銘（1883-1944）はこれに呼応し，戦線を離脱し日本に亡命した。

　近衛の声明を受け，日本の論壇では具体的な「新秩序」像をめぐる議論が展開される。近衛のブレーン集団の昭和研究会では「東亜協同体」論が提起され，マルクス主義に共鳴していた哲学者の舩山信一（1907-94）や三木清（1897-1945），政治学者の蠟山政道（1895-1980），ジャーナリストの尾崎秀実（1901-44）らが議論を戦わせた。彼らは，日中戦争によって政治，経済，文化など日本のあらゆる側面に大きな変動が生じたと考え，これに対応するには日本の変革と同時に満洲国や中国を含めた「東亜」の一体性を築くことが必要だという共通

認識を持っていた。舳山は日本や中国におけるナショナリズムを止揚した「新なる東亜思想」の必要性を論じ（「東亜思想とナショナリズム」），日中戦争以前から国民国家の限界を指摘していた蠟山も，それを超えるものとして東亜協同体の正当性を強調し，日本の大陸進出を「防衛又は開発の為めの地域主義」と位置づけ，これに抵抗する中国のナショナリズムを批判した（「東亜協同体の理論」）。三木は「日本が欧米諸国に代って支那に帝国主義的支配を行うというのであれば，東亜協同体の真の意義は実現されない」と述べ，帝国主義と資本主義が直結するという前提の下，「東洋の統一という空間的な問題と資本主義の解決という時間的な問題とは必然的に一つに結びつ」くと論じ，日本も中国もそれぞれの独自性を保持しつつも「東亜」という全体のために行動すべきであると唱えた（「東亜思想の根拠」）。これに対し，尾崎は中国ナショナリズムの高揚を軽視してはならないと説き「日本の完全なる勝利の場合においても，なおわれわれはこの民族の問題とからみあった深刻な問題と対せざるをえない」と述べ（「東亜協同体」の理念とその成立の客観的基礎」），東亜協同体の創設には，まず日本自身の変革が不可欠だと論じた。

　また，日中戦争の拡大に反対して陸軍の要職を追われた石原莞爾は，「国防の共同・経済の一体化・政治の独立」を唱える東亜連盟運動を展開し，東亜の連帯と同時に中国の主権に一定の配慮を示した。1940年に親日政権を設立した汪兆銘もこの運動を支持し，日本のみならず中国でも一定の広がりをみせた。しかし，「政治の独立」が日本の指導性を否定しかねないとして日本国内での運動が弾圧されると，次第に広がりを失った。

　このように様々な「新秩序」の構想が打ち出されたものの，結果的にこの理念は日中戦争の解決に結びつかなかった。そもそも武力衝突の当初から唱えられた理念ではなかったため，中国の「膺懲」を叫ぶ一般の国民だけでなく，指導者層にもその意義は徹底しなかった。また中国側からみても，基本的に日本の指導性・盟主性が前提であり，各国間の対等な関係が想定されておらず，西洋の帝国主義を否定しつつも，日本自身の帝国主義の成果である植民地の解放や，中国における権益の放棄に踏み込まないこの構想に同意することは難しかった。日本に協力した汪兆銘ですら，中国人の日本に対する不信感は根強く，「『東亜協同体』や『東亜新秩序の建設』に対しては直ちにこれを中国滅亡

の代名詞であると見る」と述べていた（「日本に寄す――中国と東亜」）。にもかかわらず日本は汪兆銘政権樹立後も領事裁判権を維持し，軍隊の駐留権その他，広大な日本の利権を認めさせる日華基本条約を結んだことで，かえって中国の不信感を高めてしまった（これを是正した日華同盟条約の締結は，対英米戦争の戦局悪化が顕著になった1943年10月である）。汪兆銘が「政治の独立」を掲げた東亜連盟運動に期待を寄せた背景には，このような事情があった。

　日中戦争を打開する糸口として日本が期待したのは，1939年にヨーロッパで勃発した第二次世界大戦であった。オランダやフランスを占領し，イギリスを圧倒したドイツの進撃を受け，日本はドイツ・イタリアと同盟を結び，中国を支援するアメリカを牽制しようとした。しかし，これはアメリカの経済制裁につながり，日本は資源を求めて南方への進出を図る。その結果，1941年12月，日本は米英両国などを相手に，さらなる戦争を開始することとなった。これがいわゆる「大東亜戦争」であり，現在では太平洋戦争，あるいはそれ以前の中国との戦争とあわせてアジア・太平洋戦争などとも称される。

③　「大東亜共栄圏」の思想

　対米英戦争の原因は，明らかに日中戦争の行き詰まりによるものであったが，日本軍および政府は経済制裁に対する自衛を強調するとともに，「大東亜共栄圏」の創設を戦争目的として掲げ，その正当化を図った。「大東亜戦争」という呼称もこれに基づくものである。この構想の原型は1940年に松岡洋右外相が主張したものであり，当初はフランスやオランダを屈服させたドイツの東南アジア進出を警戒し，この地域を日本の勢力圏だと表明する意図があったが，次第に東亜新秩序の拡大版としての意味を持つようになった。少なくとも，東南アジアを西洋諸国の支配から解放するという「正義」については，日中戦争に批判的だった中国文学研究者の竹内好に「東亜に新しい秩序を布くといい，民族を解放するということの真意義は，骨身に徹していまやわれらの決意」（「大東亜戦争と吾等の決意（宣言）」）だと感じさせるような，一定の説得力を持っていた。

　この時期には戦争に反対する意見は徹底的に弾圧され，社会主義者やその関係者とみなされた知識人のなかには，尾崎秀実のようにゾルゲ事件（1941年）

で処刑された者，また三木清や戸坂潤のように，終戦の直前または直後に獄死
した者もいた。他方で，徳富蘇峰を筆頭に戦争に迎合した知識人は多かった
が，それとは一線を画し，現状の戦争をどのように「望ましいもの」へと導く
か，という目的の下に戦争に関わった知識人もいた。その例として，ベルクソ
ンなどの西洋哲学を受容しつつ，日本で独自の哲学体系を編み出した西田幾多
郎（1870-1945）の弟子にあたる京都学派の学者たち――高坂正顕（1900-69），
西谷啓治（1900-90），高山岩男（1905-93，以上，哲学），鈴木成高（1907-88，歴史
学）らによる「世界史の哲学」が挙げられる。これはランケやディルタイなど
の歴史主義的哲学の影響の下，従来の西洋の優位に対し，東洋の「モラリッ
シュ・エネルギー（道義的生命力）」に基づく日本の戦争を世界史上における重
要な出来事と位置づけつつ，戦争を通じて新しい歴史的な理念を実践すること
によって，その正義が体現されると説くものであった（『世界史的立場と日本』）。
この理論には，一方で「大東亜戦争」を賛美しつつ，他方でそれを利己的な帝
国主義からの脱却という，より良い方向へと導くという意図があった。彼らの
主張は海軍の一部軍人から支持を受けていたが，陸軍からはむしろ現実の戦争
に対する否定的な姿勢を暗に示すものとして警戒されていた。

　これとは別に，雑誌『日本浪曼派』を創刊し，戦時中は雑誌『コギト』で文
筆活動を行っていた保田與重郎（1910-81）ら「日本浪曼派」のグループは，日
本の伝統や古典に依拠して日本人の精神性の高さを強調し，西洋近代の合理主
義やリアリズムに基づく発想を否定した。このような西洋近代の否定・超克と
いう側面は，京都学派の西谷や鈴木，文学評論家の河上徹太郎（1902-80）や「日
本浪曼派」の一人である亀井勝一郎（1907-66）ら計13名の知識人による座談会
「近代の超克」（1942年）で高唱されたが，具体的に超克すべき「西洋近代」と
は何か，という点で参加者が一致した見解に達することはなかった。しかし，
このような空虚さを伴っていたとしても，「世界史の哲学」や「近代の超克」
という理念は，学問を中途で放棄させられ，戦場に駆り出された学徒兵らに
とって，わずかながらも戦争の意義を感じることができたものであったと想像
できる。

　とはいえ，「大東亜共栄圏」「近代の超克」「アジアの解放」などという理念
を掲げる一方で，当時の日本の知識人が西洋近代の「文明と野蛮」の図式を当

然のものとして受け入れ，日本がアジアで唯一文明化に成功したことをもとに，他の「劣った」アジア諸国は日本の指導を仰ぐべきだと考えていたことは否定できない。また，彼らがアジアの実情を真に理解しようとしていたかも，実は怪しいものがある。亀井は自身が参加した「近代の超克」座談会のことを，戦後10年以上経ったのちに，以下のように振り返っている。「そこでの主題は……（当時の日本が直面していた）『危機』の実態の究明であったと云ってもよかろう。……唯ひとつ，今ふりかえって自分でも驚くことは，『中国』がいかなる意味でも問題にされていないことである」（『現代史の課題』）。座談会の時点ですでに5年にわたって戦っている相手である「中国」を問題としなかったこの議論に，はたしてどこまで意味があっただろうか。これは知識人に限らない。日本人の大多数にも，中国を含めたアジアを下にみる，自国中心主義的な意識が濃厚にあったことは否めないだろう。

　「大東亜戦争」期において，親米英的とみなされた自由主義者は，有力な経済人の支持があった『東洋経済新報』の石橋湛山などごくわずかな例外を除き，文章を公に発表する機会は著しく制約された。外交評論家の清沢洌もその一人である。清沢は1945年元旦の日記で，以下のように記している。

　　日本国民は，今初めて「戦争」を経験している。戦争は文化の母だとか，「百年戦争」とかいって戦争を讃美してきたのは長いことだった。……戦争は，そんなに遊山（＝遠足）にいくようなものなのか。それを今，彼らは味わっているのだ。だが，それでも彼らが，本当に戦争に懲りるかどうかは疑問だ。結果がむしろ反対なのではないかと思う。彼らは第一，戦争は不可避なものだと考えている。第二に彼らは戦争の英雄的であることに酔う。第三に彼らに国際的知識がない（『暗黒日記』）。

　ここに記された文章は，単に当時の日本人に対する諦観にとどまるものではない。現代のわれわれ——それは日本人に限らない——にとっても，決して無視できない「忠告」だと受け止めるべきものであろう。

日本編

第 II 部

現代の政治思想

　第 II 部では，1945年の敗戦から1990年代までの思想状況を取り上げる（全 6 章）。

　第 1 章では，敗戦から1948年に至るまでの時期に展開された憲法改正（天皇制の問題も含む）や「主体性」をめぐる議論に注目する。第 2 章は，1950年代初頭に最大の論点となった日本の講和問題および再軍備問題に関する議論に焦点を合わせる。第 3 章では，前半に大衆社会化，天皇制，後半に安保改定をめぐる議論および安保闘争の総括を取り上げる。第 4 章は，安保闘争後に生じた論壇状況の変化を踏まえて1960年代前半の「現実主義」や保守派知識人と「進歩的文化人」の論争（主に「戦後民主主義」に関する論争）に注目する。第 5 章では，1970年代・80年代，さらに冷戦終結を経て「昭和」が終わって間もない時期に至るまでの歴史認識をめぐる知識人の論争に焦点を合わせる。第 6 章は，1970年代初頭に起こったウーマン・リブを中心に，主に70・80年代のフェミニズムを取り上げる。

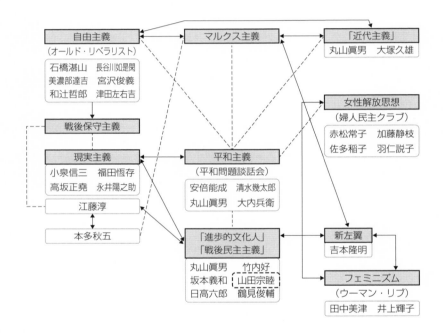

自由主義
（オールド・リベラリスト）

石橋湛山　長谷川如是閑
美濃部達吉　宮沢俊義
和辻哲郎　津田左右吉

マルクス主義

「近代主義」
丸山眞男　大塚久雄

女性解放思想
（婦人民主クラブ）

赤松常子　加藤静枝
佐多稲子　羽仁説子

戦後保守主義

現実主義
小泉信三　福田恆存
高坂正堯　永井陽之助

平和主義
（平和問題談話会）

安倍能成　清水幾太郎
丸山眞男　大内兵衛

江藤淳

本多秋五

「進歩的文化人」
「戦後民主主義」

丸山眞男　竹内好
坂本義和　山田宗睦
日高六郎　鶴見俊輔

新左翼
吉本隆明

フェミニズム
（ウーマン・リブ）

田中美津　井上輝子

第 1 章 「戦後」の始まり

　本章では敗戦から1948年頃までを取り上げる。この時期の日本は連合国軍の占領下にあり，GHQ の主導によって民主化政策が次々と実行された。人権指令（治安維持法・国防保安法廃止，政治犯即時釈放，特高警察廃止，天皇制批判の自由）や五大改革指令（婦人参政権と婦人解放，労働者の団結権・団体行動権の保障，圧制的諸制度の廃止，教育の自由化，経済機構の民主化）は代表的な政策である。しかしGHQ は言論の制限に関する法令の全廃を指示する一方で，プレス・コードやラジオ・コードを発令し，事前検閲を実行していた。例えば CCD（民間検閲支隊）の検閲では，新聞，ラジオ，雑誌，私信を対象に30の検閲項目を設定している。このように GHQ は言論の自由を最大限に尊重すると標榜しつつ，自らへの批判は一切許さなかった。

　それではこうした制約を伴いつつも，この時期に「戦後」をめぐり，どのような議論が展開されたのだろうか。

1　日本の「使命」

　1945年 8 月15日正午，ラジオ放送による天皇の肉声を通じて国民に敗戦が伝えられた。国民の多くは悲しみと失意のなかにあったが，東洋経済新報社社長の石橋湛山（☞日本編 I‐**7・10**）は，同日午後に疎開先の秋田県横手で開催された講演会で「日本の前途は洋々である」と発言した。戦時中より日本の敗戦を予見していた彼にとって，この事態は決して想定外の出来事ではなかったからである。1944年10月頃，石渡荘太郎蔵相の下に戦時経済特別調査室が設置された際，石橋は調査員の一人として参加した。石橋は日本の敗北とそれに伴う植民地の放棄を予想したが，植民地経営の負担がなくなることで日本は外国貿易や国内開発に集中できるため，敗戦後の日本は「世界の経済国」として十分にやっていけるという見通しを示した。

　敗戦当日の講演をもとにして，石橋は同月18日に「更正日本の門出」を執筆した。この日の日記には「考へて見るに，予は或意味に於て，日本の真の発展

の為めに，米英等と共に日本の内部の逆悪と戦ってゐたのであった。今回の敗戦が何等予に悲しみをもたらさゞる所以である」と書き残している。意気揚々とした心境は論説の内容にも反映しており，「今後の日本は世界平和の戦士としてその全力を尽くさねばならぬ」ことを「更正日本の使命」と強調している。そしてこの使命を果たすためにも，戦後日本の再建方針が非常に重要であると説いた。強い使命意識を抱く石橋は翌年，衆議院総選挙に立候補した。落選したものの，第一次吉田内閣に蔵相として入閣した。日本の再建に向けて手腕を発揮しようとしたが，石橋とGHQの間に軋轢が生じた結果，G項（その他の軍国主義者，極端な国家主義者）該当を理由に公職追放に処せられた。石橋はこの処置に対して猛然と抗議したが，結果が覆ることはなかった。追放期間は約4年に及んだ。

　敗戦から間もない時期に戦後日本の「使命」に言及し，しかもそれを世界の平和と関連づけた人物は決して少なくない。そのなかでも石橋を含む戦前期の自由主義者は敗戦の現実に意気消沈せず，いち早く戦後日本の針路を明快に打ち出した。その一人が評論家の長谷川如是閑（☞日本編Ⅰ-**7**）である。彼は日本を「世界を平和の天地とする使命を真剣にもつ国家」として再建しなければならないと説き，そのために必要なことは，第一に長所（総合性，文化能力，直観的）と短所（叡知性，科学性の欠如）の自覚，第二に「敗けに乗じる」雰囲気（自由の名の下で勝手放題が許される雰囲気）の一掃であるとした。

　けれども意気揚々と日本の「使命」を論じる彼らの姿が，自己の戦争責任に無自覚であると若い世代に映ったのも事実である。またその自由主義が戦争を止められなかった事実を踏まえて，これからの時代に必要な自由主義は，古い自由主義ではなく，新しい自由主義でなければならないとこの世代に確信させるに至った。そして石橋や長谷川ら戦前自由主義者を批判的な意味合いで「オールド・リベラリスト」と呼び，「ニュー・リベラリスト」である自己に対置させたのだった。

② 憲法改正と「象徴」天皇をめぐって

　「ニュー・リベラリスト」と「オールド・リベラリスト」の戦後構想の違いは早々に浮き彫りになった。「オールド・リベラリスト」は帝国憲法の抜本的

改正に消極的であり，特に天皇の地位変更を想定していなかったからである。例えば石橋は次のように論じる。「我が国の現行憲法に於ける天皇が，若し忠実に憲法の条規が守られる場合，実際に於て何れほど大きな権力を有する者であるかは疑問」である。統帥権独立の本来の意図は幕府の発生を防止する目的にあったが「軍閥藩閥及び官僚等は憲法の此の趣旨を歪曲して，統帥権の条規を悪用し，自己の特権の擁護と伸張との具に供した」のであり，その結果，「一層悪質の非民主的勢力の成立を助け遂に最近の戦争に立至った」。「オールド・リベラリスト」の多くも，こうした帝国憲法悪用論の立場だったので，悪用を防ぐ手段を講じれば十分であり，抜本的な見直しの必要性を認めていなかった。

　憲法改正の具体的な動きは1945年10月に始まる。GHQ 最高司令官のマッカーサーは，近衛文麿との会見で「憲法ハ改正ヲ要スル，改正シテ自由主義的要素ヲ十分取入レナケレハナラナイ」と伝え，また数日後に幣原首相と面会した際には「憲法ノ自由主義化」の必要性に言及した。政府は松本烝治を委員長とする憲法問題調査委員会を発足させ，各委員から提出された改正私案をもとに憲法改正の作業を進めた。各委員の私案はおおむね帝国憲法の内容を踏襲していた。美濃部達吉（☞日本編 I - **6** ・ **7**）の私案は帝国憲法第 1 条から第 7 条までまったく手を加えていない。宮沢俊義の私案は甲案と乙案があり，前者は第 1 条で「日本国ハ君主国トス」，第 2 条で「天皇ハ君主ニシテ此ノ憲法ノ条規ニ依リ統治権ヲ行フ」と規定する。後者は第 1 条から第 7 条まで現状維持の形である。

　各政党も改正案の作成に着手した。日本共産党は「一，主権は人民に在り」と明記した「骨子」を他党に先駆けて発表した。ただ天皇制をめぐる理解は必ずしも日本共産党出獄同志による「人民に訴う」(1945) に示された「天皇制打倒」で一致していたのではない。野坂参三が起草した共産党「第五回大会宣言」では「封建的専制的軍事警察政治制度」としての天皇制は廃止，皇室の存否は「民主主義人民共和政府成立の後，一般人民投票によってこれを決定する」と明記しており，国会でも同様の趣旨の発言をしている。そもそも野坂は，岡野進の変名で行った演説（「民主的日本の建設」1945）で「封建的専制的政治機構」としての天皇制と「現身神」として「半宗教的役割」を演じる天皇の役割を区別しなければならないと指摘し，前者は絶対廃止，後者は「用心深い態度」が

必要と述べており，帰国後もしばらくはこの認識を維持していた。

　一方，民間でも改正私案が作成されている。高野岩三郎の私案（「日本共和国憲法私案要綱」）では，「根本原則」として天皇制の廃止，「大統領ヲ元首トスル共和制採用」を規定し，「日本国ノ主権ハ日本国民ニ属スル」，「日本国ノ元首ハ国民ノ選挙スル大統領トスル」と明記した。また憲法研究会（高野，馬場恒吾，杉森孝次郎，森戸辰男，岩淵辰雄，室伏高信，鈴木安蔵）の「憲法草案要綱」は，「根本原則（統治権）」として「一，日本国ノ統治権ハ日本国民ヨリ発ス」「一，天皇ハ国政ヲ親ラセス国政ノ一切ノ最高責任者ハ内閣トス」「一，天皇ハ国民ノ委任ニヨリ専ラ国家的儀礼ヲ司ル」などを定め，国民主権や政治的権能を有しない天皇の地位を明示した。

　ところで憲法改正案を審議していた1946年2月，『毎日新聞』が憲法問題調査委員会の草案の一つをスクープした。その内容が帝国憲法とほぼ変わらなかったことから，GHQは草案の受け取り拒否を決定するとともに，GS（民政局）に憲法草案の作成を指示した。このとき，憲法研究会の「要綱」が参考にされたといわれる。こうして象徴天皇制や非武装などを盛り込んだGHQ草案を作成のうえ，日本側に提示した。米国政府は戦時中より天皇制の存置の可否について検討を開始しており，最終的に占領統治に利用する方針を決めていた。日本側は草案の内容に戸惑いながらも拒絶できず，3月に同草案をもとに日本政府が「憲法改正草案要綱」を発表した。その後，枢密院委員会及び帝国議会での審議と修正を経て，1947年に日本国憲法が施行された。

　政府の憲法改正草案要綱では，天皇の地位を「象徴」と明記した。「統治権の総攬者」から「象徴」への地位の変化に戸惑った人もいる一方で，好意的に受け止めた人も少なくない。「オールド・リベラリスト」は後者である。津田左右吉（☞日本編Ⅰ-7・9）は，本来天皇は象徴的存在であり，またその存在と民主主義の徹底は決して矛盾しないと主張した。和辻哲郎（☞日本編Ⅰ-7）は，人民主権が意味するのは「人民の一致せる意志が，即ち国民の総意が，国の最高権力を持つということ」であり，国民の総意を形成・表現する存在が不可欠と指摘したうえで，日本では天皇がそれを担うという。天皇は「国民の全体性を表現」する存在であり，「国民の総意の表現」だからである。石橋は，帝国憲法下の天皇も実際には「象徴的存在」にすぎず，根本的に「旧憲法に於

ても改正憲法草案と異ならない」と評した。また「公正無私の無党派的権威として観念される天皇の存在は，民主主義下に於ても十分の意義を持つことが考へられる」と述べて，天皇と民主主義の共存は可能であると結論づけた。「オールド・リベラリスト」の天皇観に，君主を国制の「尊厳的部分」とみなすウォルター・バジョットの国制論（☞西洋編Ⅱ-**7**）の影響や類似を指摘する見方もある。

③ 戦前期自由主義と戦後保守主義

　憲法改正や天皇制をめぐる見解を通して浮かび上がるのは，抜本的な改革に消極的な「オールド・リベラリスト」の態度である。こうした態度は戦前との断絶なしに戦後は始まらないと考える人々にとって極めて保守的もしくは反動的に映ったのも不思議ではない。ただ現状に対する強い不満を抱き，それを否定して過去のある時期への回帰を志向する思想を反動思想と定義すれば，「オールド・リベラリスト」の思想はこれに該当しない。一方で「秩序ある自由」を擁護する思想を保守主義と定義すると，「オールド・リベラリスト」の思想にそれを見出すことは可能である（エドマンド・バークに始まる西洋の保守主義には自由主義的側面が見出される☞西洋編Ⅱ-**6**）。保守主義をこのように理解するならば「オールド・リベラリスト」の一部が集った同人誌『心』（1948年創刊）が「日本の保守主義を思想的に代表するグループ」（久野収），「現代保守思想の中核を形成する最高級の知識人たちの一群」（橋川文三）と評価されるのもあながち的外れとはいえない。『心』同人は保守主義を掲げていたのではないが，創刊号の「巻頭言」（下記参照）にみられるように，「自由」を愛し，特定のイデオロギーによる思想の統一に否定的であるなどの共通点を挙げられる。

　我等は誰でにも好かれようとは思はない。自由を愛し，自己の本来の生命を完き姿で生かしたいと本気で思ってゐる人に，愛されゝばそれでいゝのだと思ってゐる。自己の信念をまげてまで他人に好かれようとは思はない。我等は同一の考を持つものではない。趣味もまたちがってゐると思ふ。しかしお互に自己に忠実になれる人々を尊敬し，他人を歪にしたがるものに反対する。（中略）お互の個性はちがう，生きてゐる世界の範囲もちがう，ちがうから教はる点もあるわけだ。すべての人が同じ型なったり，同色になったりすることを自分達は喜ばない。

こうした感覚は『心』同人ではない「オールド・リベラリスト」にも共有されていたのではないだろうか。

④　主体性の確立に向けて

占領下における GHQ 主導の民主化政策と並行して，民主主義をどれだけ実質化できるのか，具体的には民主主義の担い手をどのようにして作り出せるのかが課題となった。特に重視されたのが「主体性」である（西洋ではルネサンス期に現世における人間の自由と主体性という発想が見出された☞西洋編Ⅱ-1）。民主主義の精神を体得した近代的な人間の主体性・自律性の確立なしに真の民主主義は成り立たないと理解されていたからである。そこで主体性などの確立の必要性やその方法をめぐる議論が展開された。ここでは政治学者・丸山眞男（1914 -96）の議論を取り上げる。

丸山はヘーゲル（☞西洋編Ⅱ-6），マルクス（☞西洋編Ⅱ-6），ウェーバー（☞西洋編Ⅲ-8）ら主にドイツ的教養の影響を受けて育った。彼の問題関心は一貫して近代的な個人を支える主体性を日本でどのように確立するのかという点にある。しかし丸山の論じる主体像は単一ではなく複数であると指摘されることもある。

戦時中，上記の問題関心に基づいて，徳川時代の儒学思想を分析し，前近代の日本における主体意識形成の萌芽を掘り起こそうと試みた。つまり日本の知的伝統のなかから近代的な精神がどのように成長していくのか，成長を阻むものが何であるのかを問い続けた。敗戦から間もない時期に，「日本に於ける近代的思惟の成熟過程の究明」を自らの課題とし，「近代性の泉源」を探り，「思想的近代化」を目指すとの決意を丸山が表明したのは，すでにこれらに対して強い関心を持っていたからである。

丸山は「超国家主義の論理と心理」（1946）で日本の近代化が健全な発展を遂げられなかった原因を探る。西欧近代国家と日本近代国家を対比して，日本では「国家主権が精神的見地と政治的権力を一元的に占有」したため，私的自由と内面性の領域が確立しなかった。そして究極的実体＝価値としての天皇への近接度が「全国家機構を運転せしめている精神的機動力」となる。その結果，天皇との距離がただちに価値の優越性とされるような権力構造と精神構造が構

築された。だが天皇も価値を創造する主体ではなく，「伝統の権威」を背負う存在だった。「8月15日」は，丸山にとって軍国主義に終止符が打たれた日であると同時に「超国家主義の全体系の基盤たる国体がその絶対性を喪失し今や始めて自由なる主体となった日本国民にその運命を委ねた日」だが，天皇制の権力構造，精神構造から国民が解放されたことで満足しない。主体性の確立を最重要課題としたからである。それでは丸山は具体的に何をイメージしていたのか。この点を「福沢諭吉の哲学」(1947) を手がかりに確認したい。

　丸山は福沢の思惟方法と価値意識に焦点を当てる。福沢にとって価値は「事物の置かれた具体的環境に応じ，それがもたらす実践的な効果との関連においてはじめて確定されねばならぬ」ものであり，「時代と場所という situation を離れて価値決定はしない」とみる。したがって特定の価値を絶対視することを危険視するが価値相対主義や機会主義でもない。価値判断は時々の目的との関連で定まるのであり，目的が状況に応じて変化すれば同じ事物であっても価値判断は変化するからである。こうして「「真理原則」は前もって静止し固定した存在として我々に与えられているのではなく，むしろ個別的な状況のなかに絶えず具体化され行く過程にほかならぬ」と福沢は理解していたと指摘した。

　丸山は福沢が特定の価値を絶対視せず，価値判断の相対性を強調する点を高く評価するが，ここに主体性の問題が関わる。価値を相対化することは「強靭な主体的精神」が存在して成り立つものであり，時々の状況に対して，「一歩高所に立って新らしき状況の形成にいつでも対応しうる精神的余裕を保留していなければならない」からである。この時期の丸山にとって主体性の確立とは，絶えず変化する状況のなかで目的を設定し，それとの関連で価値判断できる人間を意味した。

　主体性・自律性を重視する議論は，他の学問分野でも展開された。例えば経済学では大塚久雄 (1907-96) がウェーバー『プロテスタンティズムの倫理と資本主義の精神』(☞西洋編Ⅲ-1) に依拠しつつ，「近代的人間類型の創出」＝「人間的主体の近代化・民主化」の必要性を説いた（「近代的人間類型の創出——政治主体の民主的基盤の問題」）。彼がこの人間類型として具体的にイメージしていたのは，カルヴァン派（☞西洋編Ⅱ-2）（大塚は「カルヴァン型＝小カルヴァン型人間類型」と呼ぶ）であり，内面に真の「自由」を持ち，それに動かされて「自己

の思想と言論と行動を律しようとする人々」とみていた。

　しかし当時のマルクス主義（☞西洋編Ⅱ-8）はすべての問題を階級関係に還元して捉える発想を採っていたことから，近代的な人間の主体性・自律性という発想は「没階級的」として批判的に受け止められた。そして1948年頃にこれらの議論は下火となった。共産党が政治路線の転換に伴い，歴史的実態としての西欧的近代（あるいは西洋近代社会）を理想化し，また普遍性を強調する議論を「近代主義」として批判を始めたからである。丸山らは「近代主義者」のレッテルを貼られたが，近代市民社会を理念型として捉えたのであり，歴史的実態としての西欧的近代を無批判的に讃美したのではない。

　ところで共産党による近代主義批判が展開され始めたのと同じ頃に文部省が『民主主義』（上下巻）を刊行した（1948-49）。この時期に同書が刊行されたのは「まだまだ日本人の心の中には，民主主義というと，何かしら「外から与えられたもの」という感じが抜けきれない」と認識されていたからである。

　この「外から与えられたもの」という感覚は，戦後日本の民主主義のありようを考えるうえで重要である。敗戦後の日本では，「なぜ民主主義が大事なのか」「そもそも民主主義とは何か」などの民主主義をめぐる議論に先行してGHQによる民主化政策が実施され，またその一環として日本国憲法も制定されたことで「民主主義は良いもの」という価値観が確立した。その結果，民主主義をめぐる議論の出発点は，「民主主義はどうすれば正常に機能するのか（あるいは民主主義を阻害するものは何か）」に置かれることになった。しかし民主主義は決して万能ではない。トクヴィル（☞西洋編Ⅱ-7）やミル（☞西洋編Ⅱ-7）が危惧したように「多数者の専制」（☞西洋編Ⅱ-7，Ⅲ-5）を招来する可能性もあるからである。けれども戦後日本においてこの点に対する人々の関心はさほど高くない。その意味では「民主主義は良いもの」という価値観の確立により，民主主義について思考をめぐらせる機会を失ったともいえる。

第 **2** 章　独立日本の針路

本章では，1940年代末から50年代前半にかけての時期を取り上げる。この時期は日本の講和問題がテーマとなった。きっかけは米ソ間の対立の激化である。1948年1月，マッカーサーが年頭声明で日本経済の復興・自立を説き，民主化が一段落したという認識を表明した。またロイヤル米陸軍長官が「日本を反共の防壁にする」と演説し，非軍事化，民主化を柱とする占領政策の修正が図られる。代わって日本経済の安定と復興の方針が立てられる。この年，米国務省は「対日講和条約を検討中」と表明し，吉田首相は「単独講和にも応ずる」と表明した。一方，社会党は全面講和，中立堅持，軍事基地反対，再軍備反対の平和四原則を決議した。共産党は武装闘争方針を提起し，暴力革命を定めた新綱領を採択した。1950年6月，朝鮮戦争の勃発により，極東における日本の戦略的価値が高まり，日本の独立に向けた動きが加速した。

それではこの時期に講和をめぐりどのような議論が展開されていたのだろうか。

1　戦争への危惧

1948年以降，国際情勢は緊迫し始めた。ソ連によるベルリンへの陸上交通の遮断，ソ連と東欧5ヵ国による経済相互援助会議（COMECON）の設置，米国と西ヨーロッパ諸国による北大西洋条約機構（NATO）の設置，ソ連による原爆保有の発表など，米ソの対立が徐々に深刻化したからである。

敗戦直後に漂っていた「世界平和が訪れる」という期待感は萎み，代わって「再び戦争が起こるのではないか」という危機感や不安感を募らせた人々も少なくない。英文学者の中野好夫は，戦争の絶無は期待できないのではないか，「すでに平和は私たちが死をもって守らなければならない時にきているのである」と発言している（「一つの告白」）。哲学者の久野収は平和の実現と維持には「戦争の論理」（組織的暴力の行使，暴力性，超論理性，ヒステリー性）に対抗する「平和の論理」（平和性（目的・手段），論理性，健康性）の構築が必要であると説いた（「平和の論理と戦争の論理」）。

　戦争への懸念は，翌年の朝鮮戦争勃発により現実のものとなった。中国文学者の竹内好（☞日本編Ⅰ-10）は敗戦後の平和論や平和運動について，実際には無力だったにもかかわらず，それに関わった人々が有力と過信したことに問題点を見出した。確固たる基盤を持たない平和論や平和運動は，「力の讃美」に移行し，戦争に動員される可能性があるからである。それを防ぐには，署名の数よりも「平和が一義的な要請であるといふ信念の哲学的基礎づけ」が重要であると説いた（「玉砕主義を清算せよ」）。丸山眞男の場合，朝鮮戦争はもちろん，その前後の左翼に対する弾圧や警察予備隊の設立などの情勢を背景に，時局に対して発言しないわけにはいかないと焦燥感を露にして，この事態に対する態度決定が急務であると力説した（「或る自由主義者への手紙」）。

② 講和問題

　日本の講和問題が現実味を帯びるのは朝鮮戦争の開戦以降である。まず問題となったのが，講和の締結方法である。一つはすべての交戦国と講和条約を締結することを求める全面講和方式であり，もう一つは自由主義陣営諸国との締結を優先する単独講和方式（片面講和）である。

　前者を支持する代表的存在が「平和問題談話会」である。1948年秋，G・W・オルポートらがユネスコを通じて平和擁護を目的として世界の科学者の提携を呼びかけ，日本の科学者55名が『世界』1949年3月号に「戦争と平和に関する日本の科学者の声明」を発表したことがきっかけとなり，この声明の参加者によって組織された。そして1960年頃まで，岩波書店発行の『世界』と提携して，平和の呼び掛けを行う知識人の平和研究団体として影響力を持った。

　平和問題談話会は3つの声明を発表した。第一の声明（1949）は「戦争と平和に関する日本の科学者の声明」であり，戦争は最大の害悪，平和は最高の価値と主張した。第二の声明（1950）は「講和問題についての声明」である。全面講和，軍事基地反対，中立不可侵，国際連合加盟を掲げて，「進んで二つの世界の調和を図るという積極的態度」の必要性を訴えた。第三の声明（1950）が「三たび平和について」である。「問題提出の仕方」の重要性が説かれた後，全面講和，非武装中立，国際連合加入，再軍備反対の目標を設定した。

　一方，全面講和を批判して単独講和を支持する論者も存在した。その一人が

経済学者の小泉信三（1888-1966）である。小泉が単独講和を支持したのは，全面講和でなければ講和に応じないという判断が占領の継続につながりかねないことを危惧したからである。この観点から小泉は講和問題の本質が「占領の継続を認めるか否か」にあり，問われるべきは「不完全なるそれか，あるいは占領継続の下における隷属か，のいずれかである」（『平和論』）とした。そして占領（＝隷属）よりも自主と独立が望ましいと判断して単独講和を支持し，また現時点の日本の安全保障は米国の実力に依存するほかないとした。小泉は防備で平和を守るのは理想的状態ではないと考えていた。ただし平和，人命が大切ならば現実に必要な処置を取ることを躊躇すべきではなく，永久平和の実現よりも今生きている人類が5年，10年でも「非業の死」を遂げない方法を考えよと述べ，「平和の名」ではなく「平和の実」を願う立場から，「忍びぬ恥しい次第」ではあるが米国の防衛力に頼るのが望ましいと結論づけた。

　小泉は「現実」を強調して単独講和を支持したが，これに対して丸山はその「現実」理解を批判した（「「現実」主義者の陥穽」）。第一に「現実の所与性」であり，現実は本来一面に「与えられたもの」であると同時に「日々造られて行くもの」だが，前者が強調されて「現実のプラクティスな面」は無視されるので，現実＝既成事実と等置されることである。「現実的たれ」とは「既成事実に屈服せよ」にほかならないので，それは諦観に容易に転化する。第二に「現実的たれ」という場合，既に論者は「現実のうちのある面を望ましいと考え，他の面を望ましくないと考える価値判断に立って「現実」の一面を選択しているのです」と述べて，「現実」の構造を正確に捉えることを強調し，「現実」を強調する論者の一面的理解を批判したのだった。

　講和問題と同時期に再軍備問題も盛んに論じられた。再軍備反対派は，憲法9条は非武装を明記しているので再軍備は憲法違反であり，またいかなる理由であれ軍備の存在が紛争や対立を惹き起こす可能性があるので非武装が望ましいと主張した。これに対して再軍備賛成派は，非武装の非現実性や安全保障上の必要性を強調した。石橋湛山も再軍備を支持したが，それは再軍備に伴う需要の創出（＝産業の活性化）や新技術開発のインセンティブを期待していたからである。経済力が低い現状では米国に対して頭が上がらないのもやむをえない。しかしいつまでもこの状態が続くのも望ましくない。そこで米国との対等

関係を構築するためにも，まずは日本の経済力の向上が急務であると考えた。そしてその方法の一つとして再軍備に伴う経済効果を期待したのである（「安保条約下の日本経済」）。石橋の再軍備論はケインズ理論（☞西洋編Ⅲ-**4**）を背景とする点でユニークな主張だった。

③　ナショナリズムと民主主義をめぐって

　講和問題が議論されるのと同じ時期に，ナショナリズムについても活発な議論が繰り広げられていた。ナショナリズムが独立の問題と強く結びついていたのはもちろんのこと，民主主義が正常に機能するには正しいナショナリズムが不可欠と考えられたことも影響している。現在では，左派（進歩派）はナショナリズムに否定的という印象が強いが，敗戦から1950年代まではナショナリズムに肯定的だった。それはナショナリズムには「正しいナショナリズム」や「真のナショナリズム」が存在し，なおかつそれは民主主義と一体的（調和的）なものと認識されていたからである。

　丸山は民主主義とナショナリズムの結合の必要性を強く意識していた一人である。例えば陸羯南の日本主義を論じた際に，次のように評価する。

　（羯南は─引用者）ナショナリズムとデモクラシーの綜合を意図した。それがいかに不徹底なものであったとはいえ，これは日本の近代化の方向に対する本質的に正しい見透しである。国際的な立遅れのために植民地ないし半植民地化の危機に曝されている民族の活路はいつもこの方向以外にない。（中略）長きにわたるウルトラ・ナショナリズムの支配を脱した現在こそ，正しい意味でのナショナリズム，正しい国民主義運動が民主主義革命と結合しなければならない。それは羯南らの課題を継承しつつ，その中道にして止まった不徹底を排除することにほかならぬ。（「陸羯南─人と思想」）

　1950年代中頃までの丸山は「正しいナショナリズム（国民主義）」が存在すると考えていた。それは西洋の古典的ナショナリズムは人民主権もしくはブルジョア・デモクラシー原則との「幸福な結婚の歴史」を持ったと理解していたからである。一方，日本の場合，そうした歴史を持たず，「早期から「国民的解放の原理と訣別」」し，国民主義を国家主義さらに超国家主義に昇華させた」。もちろん彼は近代日本に「正しいナショナリズム」が皆無だったとは認識して

いないが，頓挫したナショナリズムの復活や再生を望んだのでもない。丸山は「ナショナリズムの合理化」と「デモクラシーの非合理化」を図ることで，日本で民主主義とナショナリズムの「内面的結合」を達成できると考えたからである（「日本におけるナショナリズム」）。

　政治学者の蠟山政道(1895-1980)はアジアの動向に注目しつつ，日本のナショナリズムの成功と失敗を論じる。そして日本のナショナリズムの歴史的経験は，日本のみならずアジア各国のナショナリズムに対して「デモクラシーとインダストリアリズムとの調和的な結合を伴わぬナショナリズムは危険である」という教訓を与えるものであると論じた（「二つの世界とアジアの課題」）。日本のナショナリズムに成功の側面があったとみなす点では丸山の見解と異なるが，ナショナリズムが「社会的凶悪」に陥らないためにデモクラシーとの結びつきを重視する点で両者の見解は一致しているといえる。

　丸山は1950年代中頃以降，ナショナリズムをほとんど論じなくなり，「非政治的領域から発する政治的発言」や「自主的結社」への期待を表明し始める。一方で1950年代中頃以降もナショナリズムと民主主義の結合を志向した人物がいる。その一人が評論家の加藤周一（1919-2008）である。加藤によれば，第二次大戦の一番の結果は，アジア，アフリカにおける旧植民地の国民の「国民主義的な自覚」とそれに伴う独立運動を引き起こしたことである。そしてそこでは国民主義が「民主主義的・人間的自覚」と密接に関連する。一方，日本では「大衆の人間的自覚が，国民主義的エネルギーの爆発とむすびついていないために，めだたない形でしたあらわれていない」と指摘した（「雑種的日本文化の課題」）。その状況に変化の兆しがみられたのが，1958年の岸政権による警職法改正である。反対運動が盛り上がり最終的に政府与党は改正を断念した。加藤は「一九五八年秋にはじめて日本の民主主義は自己の存在を証明したということができるだろう」（「民族主義と国家主義」）と評価したが，それは日本の民主主義が「後進性」という性質を持つがゆえに理想主義が生きており，民主主義の理想のためには特定の条件の下に犠牲的精神が発揮される可能性があることをこの反対運動が示したからである。またそこにナショナリズムと民主主義の結合の光明を見出したからでもある。

4　平和論・「文化人」批判

　1952年4月に日本は独立を果たした。しかし日米安保条約に基づいて引き続き米軍が日本国内に駐留していたことから，各地で基地反対運動が展開された。反対運動の盛り上がりに拍車をかけたのが，1954年3月にマグロ漁船第五福竜丸がビキニで行われた米国の水爆実験により被曝したことである。これを契機に原水爆禁止署名運動が全国規模で展開される。

　原水禁運動や基地反対運動を軸に平和運動が盛り上がりをみせるなか，『中央公論』1954年12月号に劇作家の福田恆存（1912-94）による「平和論の進め方についての疑問──どう覚悟をきめたらよいか」が掲載された。福田は，まず論壇を牛耳る「進歩的文化人」を念頭に置きつつ，「世間のあらゆる現象相互の間に関係を指摘してみせるのがうまい人種」と表現して「文化人」批判を繰り広げた。続いて「文化人」による「平和」の語られ方に違和感を示す。多くの平和論は平和が自己目的化していると認識していたからである。平和実現に利用できる出来事があれば，あたかも問題解決を図る素振りをみせて接近してくるが，実際には問題を解決する意図はなく，単に平和実現の手段として利用するにすぎない。そこに平和論の欺瞞性がある。また平和論には「絶対主義」の影が見え隠れする。「「平和」にならなければ問題が解決しない」という考えは，「あまりにおもひつめた考えへかた」であり，そこに「絶対主義」の匂いを感じとったからである。さらに問題の性質によっては平和実現と無関係に問題の解決を目指せるにもかかわらず，強引に平和と結びつけるためにかえって問題解決が遠のいている。こうして「文化人」によって無責任に語られる平和論を福田は痛烈に批判した。彼の論説が発表されると批判が相次いだが，福田はすかさず反論し，再度「文化人」批判を展開した。

　「文化人」批判について補足すると，この年，全貌社より『学者先生戦前戦後言質集』が出版された。論壇で活躍する人々（例：清水幾太郎，蝋川新，平野義太郎ら）の戦中，戦後の文章を紹介し，いかに変節したのかを暴露する内容である。1957年には改訂増補版として『進歩的文化人』が出版されている。

第**3**章　「戦後」の変容

本章は1950年代中頃から60年の安保闘争にかけての時期を取り上げる。この時期の日本は高度経済成長期に入るが，それと同時に大衆社会化が進行した。敗戦直後は「市民」及び「市民社会」の形成が目指されたが，現実に発生しているのは「大衆」および「大衆社会」だった。この現実を知識人はどのように受け止めたのか。

1957年に発足した岸政権は，翌年に警職法改正案を国会に提出したが，野党及び世論の猛反対にあい最終的に廃案となった。この成功体験は安保闘争を下支えした。また政府の政治判断に「ノー」を突きつける安保闘争は，戦後日本において民主主義が根づき始めたことの現われであるという理解も存在した。しかし最終的に新安保条約は成立した。またそれを見届けて岸内閣は退陣した。

以上の結果を踏まえて安保闘争はどのように評価できるのだろうか。また安保闘争は何を残したのだろうか。

①　大衆社会化の進行

敗戦後の日本が経済復興期から高度経済成長に入るのが，おおむね1950年代中頃である。1956年度の『経済白書』が「もはや戦後ではない」という表現を用いたことはよく知られているが，経済成長は社会の変容を生じさせた。それは自由・平等・独立の理性主体である「市民」によって形成される市民社会から，画一性や同質性を特徴に持つ「大衆」が中心の大衆社会（☞西洋編Ⅲ-**1**）への変容を意味した。

政治学者の松下圭一（1929-2015）は，大衆化の結果，従来の市民社会では非存在だった労働者階級が社会内部の存在になることで，大衆社会の「大衆」として定位するに至り，体制内在的な大衆に転化したと指摘する。そして労働者階級は「祖国なき者」ではなく，「国民」として登場することになった。一方，「市民」は専門人化，集団人化し，孤立化，情緒化を深める。松下はこの現状に危機感を抱き，「〈大衆〉はデモクラシーにおける矛盾である」と説いた。なぜなら「体制の論理によって創出された〈大衆〉は，体制の主体として定位さ

233

れつつ，政治的自由は大衆操作によって内面から空洞化する危険性をはらんでくる」からである（「大衆国家の成立とその問題性」）。これに対して，芝田進午は大衆社会理論の提唱者について「一言でいえば，それはマルクスの階級闘争の理論を否定し，現代社会をば無力で無定形な「大衆」の社会，あるいは同じことだが全能の権力をもつ「エリート」の社会とみなす。大衆にたいする不信とペシミズム，エリートの物神化という点で軌を一にしている」（「「大衆社会」理論への疑問」）と批判し，「本質から現象，原因から結果を説明するのでなく，同語反復をくりかえし，現象をなでまわしているにすぎない」と断じた。一方の松下は，大衆社会論とマルクス主義は次元を異にし，マルクス主義の政治的立場からのマルクス主義的大衆社会論もありうるのであって，両者の対立という問題設定こそ，日本のマルクス主義者の大衆社会状況の認識不足，理論化の立ち遅れを示していると反論した（「日本における大衆社会論の意義」）。

　大衆社会における民主主義のありように危惧を抱く松下は，1960年代以降，「市民」や「自治」を主題とする著作を相次いで発表するが，それらに特徴的なのは高度経済成長期の工業化（工業の成熟）を肯定的に捉え，それに適合的な民主主義を構想したことである。民主主義は既成品ではないという考えの下，「市民」による地方自治への参加（地域民主主義）を提唱した。

２　戦後の天皇制をめぐって

　敗戦直後より天皇制をめぐる議論は非常に活発だったが，GHQが天皇制を占領統治に利用する方針を採り，憲法にも「象徴」として天皇の地位が明記されたため，おのずと議論は制約された。それに対して，この時期の天皇制をめぐる議論は，単に国家制度・機構として論じるのではなく，大衆社会論の文脈や戦前から連続する人々の意識と関連づけて論じられた点に特徴がある。

　竹内好は「日本の天皇制やファシズムについて，社会科学者の分析があるが，私たちの内部に骨がらみになっている天皇制の重みを，苦痛の実感で取り出すことに，私たちはまだまだマジメでない」と述べて，制度・機構に注目するだけでは天皇制を論じつくせないとした（「屈辱の事件」）。そして天皇制の把握の困難さの原因を「権力が権力として現象しない」点に見出す。天皇制において責任主体は天皇を含めて全支配機構のどこにも存在しないからである。実

際には「気体」であり「自他を包む場」のような存在であるため，「やんわり空気のように充満しているものに抵抗できない。権力として意識化されぬことが天皇制権力の特色」である今日，天皇制は真に解体されたのではなく，トカゲのように頭を切っても尻尾は動いている状態である。したがって天皇制が基礎とする部落共同体が解体されないかぎり，ミニチュア版の天皇制が無数に組み立てられる。他方で天皇制には暴力と同時に仁慈も存在するため，この点もみなければその本質を掴めない。そして竹内は天皇制を「「トルソに全ギリシアがある」ように，一木一草に天皇制がある。われわれの皮膚感覚に天皇制がある」と表現した（「権力と芸術」）。権力としての天皇制に関する竹内の議論は，「規律権力」や「主体なき権力」を論じたフーコーの権力論を想起させる（☞西洋編Ⅲ-2）。

　松下は大衆社会における天皇制の特徴を論じる。「大衆天皇制論」（1959）では，「ミッチーブーム」を手がかりに天皇制を論じ，このブームを大衆社会状況における天皇制＝「大衆天皇制」の現象とみなす。しかし戦前天皇制の復活ではない。皇室は「スター化」し，天皇の正統性の基礎は「皇祖皇宗」から「大衆同意」（大衆賛美）へと変化したからである。その点で「天皇神権思想」（旧天皇制思想）にとって大打撃となった。また皇太子は「平民」と「恋愛」のイメージにより新憲法のシンボルとなりうる。しかも戦争の記憶と直接結びつかない存在である。以上を踏まえて，「天皇制の選手は事実上交替している。皇太子こそが新しい天皇制感情をそだてあげていくであろう」と結論づけた。平成時代を経た今振り返ると，松下は今日の「天皇制感情」を正確に見通していたといえる。

③　安保闘争と知識人

　1958年秋，日米間で安保新条約の交渉が開始された。1960年に入り，政府は新安保条約，日米地位協定などの調印を経て，条約批准のために条約案などを国会に上程した。野党の反対で審議が進まないなか，衆議院安保特別委員会で自民党が採決を強行し，続けて警官隊の導入により社会党の坐り込みを排除のうえ，本会議を開会して，野党・自民反主流派欠席のなかで会期50日延長を議決した。そして自民党は衆議院本会議で新安保条約および関連協定を強行採

決した。一連の出来事を通じて、「反安保」の運動は「反岸」の運動へと様相を変えた。反対運動は盛り上がりをみせ、「6・15 統一行動」には全国で580万人が参加した。だが6月19日、新安保条約および関連協定が参議院未議決のまま自然承認となった。新安保条約の発効とともに岸は閣議で辞意を表明し、翌月に総辞職した。

　敗戦後の論壇を牽引してきた知識人の多くは、安保闘争に何らかの形で関与していた。丸山眞男もその一人である。後に丸山は「表面に現われた言動だけをとっても、直接時事的な問題について短期間にこれほど集中的にしゃべったり書いたりしたことはなかった」（『増補版　現代政治の思想と行動』）と回想している。衆議院での強行採決前に行われた講演（「現代における態度決定」）では、物事はよく研究しなければ何ともいえないという名目の下に決断を回避することが学者らしい態度という考え方を批判し、「静観」（＝不作為）も選び取られた行動の一つと強調して、認識と決断の矛盾に生きるのが人間の「宿命」と論じた。そして「私たちが人間らしく生きることは、この宿命を積極的に引き受け、その結果の責任をとることだと思います」と述べて、日々の小さな関心と行動が大きな制度の原動力となると訴えて行動を促した。また強行採決の直後には、「すべての事態は、あの真夜中の出来事を境として一変したということから、私たちの考え方と行動とを出発させるべきではないか。（中略）あの強行採決の事実を既成事実として認めることは、権力はなんでもできる、万能であることを認めることだ。権力が万能であることをみとめながら、同時に民主主義をみとめることはできない」と興奮気味に発言している。この時期の丸山が精神的に高揚していたことを窺い知れる。

　自民党による強行採決に抗議して東京都立大学を辞任した竹内は、争点は「民主か独裁か」になったと断じた。そして「5・19」の意味転換を既成の政治勢力は正確に理解できておらず、また指導者が分裂を恐れて強く戦うことができない点を強く批判し、「天才的指導者」の登場を期待した。さらに形式的な民主主義の手続きを経て独裁者が生まれた事実を踏まえて、成文憲法の存在に満足せず、憲法と民主主義の「民族化」・「主体化」・「内面化」が必要であり、「自分の中から生み出したもの」の感覚が不可欠であると力説した。

　竹内と同じく強行採決に抗議して職を辞したのが哲学者の鶴見俊輔（1922-

2015）である。鶴見は安保改定を阻止するために，他の知識人と自民党の反主流派（石橋湛山，松村謙三ら）に接触して自民党の分裂に事態打開の糸口を求めた。また共産主義者，社会主義者などを含める形で「すじのとおった保守主義政権」の樹立をも構想していた（「いくつもの太鼓のあいだにもっと見事な調和を」）。こうした行動や構想は紋切り型の思考や教条主義と距離を置く彼の性格を如実に示すとともに，思想的にはプラグマティズム（☞西洋編Ⅲ-**3**）の影響を見出せる。竹内が「自分の中から生み出したもの」の感覚を憲法や民主主義に対して抱くことを求めたように，鶴見も「私」に根ざさない思想は簡単にへし折られると説き，実際に戦後の民主化が「上からの民主化」という性格を持ち，自主性を欠いてきたことを問題視した（「根もとからの民主主義」）。このように竹内や鶴見は，岸の強引な政治手法を強く批判すると同時に，それを許した戦後日本の民主主義のありようにも強く警鐘を鳴らした。

④ 安保闘争の評価

　安保闘争は安保改定（新安保条約締結）反対と民主主義の擁護（強行採決を批判）の性格を併せ持ち，目標を安保改定阻止と岸政権打倒に定めた。そして「平和」「民主主義」がこれらを包括するスローガンとなった。それでは新安保条約成立と岸政権退陣の結果を踏まえて安保闘争はどのように評価されたのか。

　一つは成功や成果を挙げたとの評価である。竹内は「一九六〇年は戦争におとらぬ民族的な体験の宝庫だと私は思う」と評価する。社会学者の日高六郎は安保闘争を「安保改定反対・民主主義擁護闘争」と規定し，闘争の特徴を「多様性」（参加者の階層，職業など）に見出した。そしてこれらの「統一」を可能にした目標として「平和と民主主義」，「生活と権利」の二つを挙げた。さらに抵抗権の思想が国民のなかに根を下ろしたことを運動の最大の成果と評価した。

　もう一つは失敗や敗北との評価である。宮沢俊義は衆議院で議決を許した点で政府・与党の完全勝利，反政府派の完敗と評価する。清水幾太郎は強行採決を契機に反対運動の目標が「安保条約改定反対」から「民主主義擁護」や「打倒岸政権」に置き換えられた結果，運動が失敗したと評価した。また大衆のエネルギーの昂揚を押さえつけるのに懸命だった既成指導部の責任，特に共産党の責任も厳しく批判した。谷川雁も既成の反体制派を批判して，「重大な時点

で新安保条約の推進者であり，権力の別動隊となる客観的役割をさえ果した」
と断じて，「安保闘争は最初からおそるべき思想的荒廃の上に立っていた。それ
は敵との闘いという名目をかかげた反対派絶滅運動であった」と評した。吉
本隆明（1924-2012）は共産党が反対闘争に芽生えた自発性を妨害したと批判す
る。また闘争に参加した「無名の大衆」を評価するが，この点に関連して丸山
を批判する。丸山は大衆が私的利害を優先する意識を否定的に評価したが，吉
本はこの意識こそ，「戦後「民主」（ブルジョア民主）の基底をなしている」と
して，「「私」的利害の優先原理の滲透を，わたしは真性の「民主」（ブルジョア
民主）とし，丸山真男のいう「民主」を擬制「民主」であるとかんがえざるを
えない」と断じた（「擬制の終焉」）。

　安保闘争を総括するなかで戦後の進歩派・革新勢力に対する批判が高まって
きた。作家の江藤淳（1932-99）は，当初，安保改定に疑問を抱き，「安保問題
研究会」の会合に参加したが，同会が次第に社会党の安保反対運動に同調し始
めたことで違和感を抱き始めた。特定の政党とつながりをもつ運動では「統合」
を実現できないからである。安保闘争の最中，江藤は反対運動を牽引する革新
政党の指導者や進歩派知識人に対する批判を徐々に強めた。例えば政治的季節
だからこそ政治にすべての領域が覆われてはならない，文学の領域は政治から
守らなければならないと主張し，「私は文学者として，自分の精神を圧殺する
ような政治行動には加わりたくない。私は眼を見開いたまま行動したいのだ」
（「政治と常識――六・一五デモがあたえたもの」）と宣言する。また条約案が自然承
認を迎えた 6 月以降，江藤は「空虚」な感覚に襲われたといい，その原因を「知
的破産」に伴うもの，つまり知識人が信奉してきた「規範」「思考の型」，さら
に知識人の「仮構」の破産に見出す。もはやそれらに依拠できない以上，今後
は「「戦後」という仮構」を取り外して事実をありのまま直視しなければならな
い。また「絶対的価値」の存在を認める文学や芸術などと異なり，政治的判
断において「絶対」はありえず，「相対的に考えるほかに賢明に生きる方策は
ない」とも述べた。こうして彼は革新勢力・進歩派知識人との決別を明確にし
た。江藤はその後の論壇において保守派知識人として大いに存在感を発揮して
いく。

第4章 「戦後民主主義」の問い直し

　本章は1960年代の「戦後民主主義」をめぐる議論を取り上げる。1950年代後半より日本は高度経済成長期に突入したが，この経済成長は物質的な豊かさをもたらしただけではなく，人々のなかに経済的価値を重視する傾向を芽生えさせてもいた。それを裏づけるように，安保闘争時に大規模な反政府，反自民党の動きがみられたにもかかわらず，同年に実施された衆議院総選挙では自民党が圧勝した。

　ところで1950年代までの論壇は，いわゆる「進歩的文化人」が席捲していた。しかし革新勢力の内部で安保闘争の評価をめぐり対立が生じ，今後の方向性に関しても見解の相違が浮き彫りとなった。このことは論壇状況に変化を生じさせる。具体的には論壇における「現実主義」や保守派知識人の存在感が増し，それと軌を一にして「進歩的文化人」や「戦後民主主義」を批判する言説が登場する。それではなぜこの時期にこれらの言説が登場したのだろうか。また何を批判したのだろうか。

1 「現実主義」の登場

　安保闘争以降の論壇状況の変化に拍車をかけたのが，中央公論社の路線転換である。『中央公論』1960年12月号に深沢七郎の小説「風流無譚」が掲載された。天皇や皇族が皇居前広場で群衆に殺される夢を見たという描写があり，発売直後から大きな反響を呼んだ。1961年2月，元大日本愛国党員の少年が同社社長嶋中鵬二邸を襲い，家人を殺傷した。「風流無譚」事件により天皇制を取り扱うことに極度なまでに慎重になった中央公論社は，もう一つの事件を引き起こす。それが『思想の科学』事件（「天皇制特集号」廃棄事件）である。1946年創刊の『思想の科学』は，当時中央公論社に印刷・発行を委託しており，1959年1月からは同社より刊行されていた。『思想の科学』新年号（1962）は「天皇制特集号」を企画したが，校了後，右翼を刺激することを危惧した同社の幹部会が「業務上の都合」を理由に発売中止を決定し，新年号は二部を残して断裁された。だが実際には特集号の一部が嶋中から右翼の三浦義一に渡され，また公安調査庁係官に特集号を閲覧させていたことが判明した。一連の事件を経て，

『中央公論』から天皇制に対する批判的論調が消えるとともに，1963年に入ると「現実主義」路線への転換が明確となる。その象徴的存在が高坂正堯（1934-96）の「現実主義者の平和論」だった。

　高坂は1960年から2年間の米国留学を終えて帰国した直後に同論説を発表した。「現実主義」を一つの「思考方法」としたうえで，その特徴を「権力として定義された利益の概念を指標とすること，社会・歴史・政治について，それに内在する不可知なものを承認し，簡単な図式でもって置き換えないこと，そして，目的と手段との間の相互連関性を認め，この両者の間の生き生きとした会話を重視することを説く」点にあると説明する。また現実追随主義やシニシズムに陥らないために価値の追求を肯定した。この立場に立ち，防衛努力全体を否定する「理想主義」を批判するとともに，権力政治と勢力均衡の歴史的発展を基礎とした平和構想（中国との国交正常化，日本の非核武装宣言など）を提示した。高坂は『国際政治——恐怖と希望』（1966）でも「現実主義」の立場に立って，平和の実現に向けた「たしかな道」は存在しないこと，「具体的な平和」を追求すること（⇔「抽象的な平和」），国家に存在する独自の行動様式（規準）と価値体系（「常識」・「正義」）を尊重することを説いた。「具体的な平和」を追求するという高坂の立場は，同じく「現実主義者」と目される永井陽之助の国際政治論にも確認できる。

　高坂は「現実主義者の平和論」で「理想主義」の平和論を批判したが，そこで引き合いに出されたのが，国際政治学者の坂本義和（1927-2014）による「中立日本の防衛構想」（1959）だった。だが坂本の中立論は非武装ではなく，在日米軍に代わり中立諸国による国連警察軍の日本駐留を提案したのであり，防衛力の必要性を認めていた点は注意しなければならない。また坂本の平和論の独自性は「革新ナショナリズム」論という形でナショナリズムに根差した平和論の構築を求めた点にも見出せる（「革新ナショナリズム試論」）。彼によれば，戦後日本の革新政党は未来像を持ち，その実現に向けて活動するのではなく，「抵抗団体」の役割を演じているにすぎず，常に権力の作用に対する反作用に止まり，事後的・受動的・反射的という性格を持っていたのに対して，戦後日本で文字通り革新的性格を持ったのが平和運動だった。それは広島・長崎における原爆体験を起点として，他の国民よりも十年以上前に，未来の平和の絶対

条件を先取りしたからである。坂本はこれらの体験を戦後日本の平和運動の精神的支柱と位置づけ、「われわれ独自の民族的使命感の源泉」と評した。坂本にとって「平和」は新たなナショナリズム（＝革新的ナショナリズム）の第一の支柱となりうるものとされた。そもそも中立主義は独立と自主性の確立への要求と結びつくのでナショナリズムなしに成り立たない。そうであれば中立主義は第一次的に国民的連帯意識に立脚しなければならず、そのために革新勢力はナショナリズムのシンボルを先取りし、また創造することが必要になる。以上の坂本の平和論をみれば、それが高坂に代表される「現実主義」に対置される「理想主義」という単純なものではないことが明らかである。

② 「戦後民主主義」をめぐって

「戦後民主主義」は多義的な概念だが、民主主義と平和主義の結合という点に特徴を見出すことができる。その意味では「戦後の民主主義」とは概念上区別されなければならない。この「戦後民主主義」概念は、1950年代後半より用いられ始めるが、人口に膾炙するのは1960年代以降である。「戦後民主主義」をめぐる議論が最も盛んだったのは1965年前後である。大熊信行と丸山眞男の論争、「戦後20年」の節目、山田宗睦『危険な思想家——戦後民主主義を否定する人びと』（1965）の刊行などが影響している。

安保闘争を契機に論壇では「戦後」や「戦後民主主義」を問い直す動きが増え始めた。ここでは経済学者の大熊信行（1893-1977）の議論を取り上げたい。大熊は「日本民族について」（1964）で核時代において日本民族が生き抜くために何が必要なのかを問う。彼によると「独立の民族としての自負と自信の回復」と「民族意識の統一」が必要であり、そのためには歴史観の統一が不可欠である。だが「大東亜戦争」を倫理的に否定する姿勢がこの統一を妨げており、このままでは民族の歴史の否定につながりかねない。特に問題視するのが「戦争終結」の理解である。一般的には「昭和20年8月15日」が定着しているが、この理解が占領に対する日本人の「事実の誤認」を招き、占領を「屈辱」と受け止められない原因となっているからである。「事実の誤認」とは占領下に「政治上」・「政治原理」としての民主主義が成立、存在したという認識を指す。一方、大熊は「戦争終結」を「昭和27年4月28日」とみており、そもそも占領期

に「政治上の民主主義」は存在しないと理解していた。彼にとって「8月15日」は「被征服の経験」の開始（＝戦争の継続）であって，勝利者に「絶対的な服従の誓い」をした日である。それにもかかわらず，この日を戦争の終結をみなす人々が圧倒的に多い現状に疑問を呈した。無論，大熊も「制度上の民主主義（民主化）」は認めるが，「政治上の民主主義」と区別されなければならず，「軍事占領下に政治上の民主主義が存在したという考えかた。これは一言にして虚妄である。にもかかわらず，民主主義が樹立され，そしてそれが育ったかのように見えるとすれば，育ったもの自体が，そのなかに虚妄を宿しているものである」と断じた。

　大熊の主張に反応したのが丸山眞男である。「戦後についての，十分な吟味を欠いたイメージが沈澱し，新たな「戦後神話」が生まれていること」への危惧を表明したうえで，「政界・財界・官界から論壇に至るまで，のどもと過ぎて熱さを忘れた人々，もしくは忘れることに利益をもつ人々によって放送されるこうした神話（例えば戦後民主主義を「占領民主主義」の名において一括して「虚妄」とする言説）は，戦争と戦争直後の精神的空気を直接に経験しない世代の増加とともに，存外無批判的に受容される可能性がある」と説いた。そして「私自身の選択についていうならば，大日本帝国の「実在」よりも戦後民主主義の「虚妄」の方に賭ける」と述べた（『増補版　現代政治の思想と行動』）。

　大熊は敗戦に伴う個人の解放感と民族としての屈辱感という矛盾をいかに統一するのかが「未決の精神的・実践的課題」であって，どちらかに「賭ける」という発想は「人間的実践の課題となりうるものとは思われない」（「社会主義と国民主義」）と反論した。とはいえ後に丸山からの示唆を受けて，「戦後民主主義」の「真実」にも目を向ける必要性を認め，また現行憲法の擁護も明言している。ところが丸山の「戦後民主主義の「虚妄」の方に賭ける」が，彼の予期しない形で利用されることになる。

③　「戦後二十年か，維新百年か」

　1965年3月，山田宗睦（1925-）の『危険な思想家』が出版された。同書における山田の主張は次の言葉に集約される。「維新百年が勝つか，戦後二十年が勝つか。（中略）わたしは戦後二十年のがわに賭ける」（「賭ける」の由来が丸山の

「戦後民主主義の「虚妄」の方に賭ける」であることは容易に想像できる）。このように宣言したうえで，「明治以来の専制と戦争の歴史を否定した」戦後を擁護する立場から，「戦後をもう一度否定して，現在の日本を，明治以来百年の歴史にもどそうとする反動」勢力を〈告発〉した。その勢力こそ，「危険な思想家」と呼ぶ，「公衆を内がわから言いくるめて，外の体制的な動きにはめこんでしまう」役割を果たす人々であり，高坂，大熊，林房雄，竹山道雄，「心」グループ，三島由紀夫，石原慎太郎，江藤らを名指しした。これらの人物が「危険」なのは，「危険な思想」（反動思想）を主張すること，そしてその思想を個人が受け入れる素地を作るおそれのあることだとした。

　同書は出版直後から大きな反響を呼んだ。橋川文三は同書を「スキャンダルーな一書」と形容する。「題名のセンセーショナリズムを咎めるていど」から進んで，「山田の執筆動機になんらかの不純なもの，いかがわしいものを摘発しようとするスキャンダリズムの傾向をおびはじめ」たからである（「山田宗睦『危険な思想家』」）。論壇では否定的評価が圧倒的に多かった。特に〈告発〉された人々は「実にでたらめな本」「信仰査問」（竹山道雄），「一部の人のためにする議論」（林房雄）などと酷評した。また高坂は今必要なのは異なる思想・価値観との「対話」であり，その点で「対話」の余地を与えない『危険な思想家』の出版は「不幸」と評した。さらに「戦争を思わせるような激烈な言葉は避けていただくたく思います。たとえば「告発」とか，「斬る」という言葉は，まじめに使うときには覚悟を要する言葉なのです」と，山田の挑発的な言辞に苦言を呈した。

④　進歩的文化人の「知的頽廃」

　山田への批判は左派からも加えられた。吉本隆明は「戦後思想の荒廃──二十年目の思想情況」（1965）で『危険な思想家』を「戦後思想を最低の鞍部で擁護」したものと評す。そして山田が擁護する民主主義や平和は，言葉が単に「物神」として存在するのみで彼自身に関わるものとして存在しない。つまり体験を思想化，生活化していれば，簡単に「擁護」，「殺す」などといえない。結局のところ，彼のいう民主主義，平和は「ある党派が旗じるしとして用いてきた象徴」であって，これらの擁護を唱えるというのはその党派を擁護するこ

243

とにほかならない。また吉本は丸山を引き合いに出して，丸山を「戦後民主主義の復古的な「増補版」」とするなら，山田はその「復古的な「決定版」」と評した。それは山田が文化の世界を閉じた（完結した）ものとしており，要するに「知識人の知的交通の世界・知的表現の世界を閉鎖的に完結した世界としてみる度合におうじて，大衆の原像を無限の遠方に疎隔するという日本の知識人の伝統が復活している」からである。

　山田の問題提起が自分の思想と関係あると思われることに困惑していたのが丸山である。それは彼が「戦後民主主義をめぐる擁護と否定の両方から距離をとって，民主主義を守るのでなく，まさに「民主主義の原理を貫く」ことを考えていた」からであり，山田の問題意識と明らかにずれが生じていたからである。そのため山田を「丸山真男さん一派」の「先陣」とみなした大熊や前述の吉本のように，山田への批判のなかで突如として自らの名前が引き合いに出されたことに丸山は戸惑いを感じたのである。

　一方，肯定的評価も皆無ではないが，留保を付けたり，問題点を指摘したりする傾向がみられた。竹内好は「「明治ブーム」に思う」（1965）で「山田というサムライは相当なものだ，と隠退中の私はひそかに舌をまく」と評し，「維新百年が勝つか，戦後二十年が勝つか」という命題は山田の作戦であり，また「明治百年」を敵に見立てたことは「新しい酒袋を用意したという次第だ。機敏な才というべきである」と評価する。だがそれは竹内自らがかつて「明治百年」を問題提起した意図と無関係であるとも強調する。さらに「私は人を問題にせず，思想を問題にしようとした。また共通課題の設定が目標だった。しかし山田は，もっぱら人を問題にし，かつ自分を戦闘者の地位においた。むろん「戦後」なり「明治」なりの内容もかなりちがう。／山田のえがく戦力配置図は，私から見て，いささか強引すぎ，疑念がないではない」とも述べ，山田の問題意識との違いを強調したのだった。

　『危険な思想家』は「スキャンダラスな反響」を招いた。興味深いのは，山田に批判的な論者が山田個人への批判にとどまらず，「進歩的文化人」全体にも批判の矛先を向け，同書にみられる独断と偏見は「進歩的文化人」の「知的頽廃」を象徴するものとみなしていた点である。このような「進歩的文化人」批判の高まりと軌を一にして，「戦後民主主義」も批判に晒されることになった。

第5章　歴史認識をめぐって

　本章では，「大東亜戦争」や「明治百年」の評価をめぐる論争を引き継ぐかのように起こった，1970年代・80年代，さらに冷戦終結を経て，「昭和」が終わって間もない時期に至るまでの，歴史認識をめぐる知識人の論争を取り上げる。この時期には，日本の敗戦が「無条件降伏」か否かをめぐる論争，靖国神社へのＡ級戦犯合祀から派生した首相の靖国神社参拝や歴史教科書をめぐる対外問題，そして戦前の日本を肯定的に捉える立場から，戦後日本の歴史観を「自虐的」だとみなす動きの現れ，さらに保守派とは一線を画しつつも，それまでの戦争に対する知識人の姿勢に疑義を呈する動きなど，「歴史」をめぐる多様な論争が展開された。これらの論争から，まもなく戦後80年になる時期を迎えるわれわれは，どのような教訓を得ることができるだろうか。

1　1970年代——「無条件降伏」論争

　1960年代を通じて高揚した学生運動は，1968年の全共闘（全学共闘会議）の結成，翌年の東京大学安田講堂占拠事件などを経て，70年には新安保条約の自動延長阻止を掲げて闘争を続けたが，次第に運動の過激化や内部抗争（内ゲバ）と呼ばれる動きも頻発するようになった。その象徴的な事件が72年のあさま山荘事件と，それに伴って発覚した凄惨なリンチ殺人事件である。これ以降，学生運動は一般民衆の支持を失っていった。また，70年には三島由紀夫率いる国粋団体の楯の会が自衛隊市ヶ谷官舎に乱入，自衛隊員にクーデターを呼びかけたが，応じるものがなく，結果的に自殺するという事件も起こった。

　しかし，これらの事件は世間に強い衝撃を与えたものの，高度経済成長の常態化に伴う生活保守主義，それと連動する政治的無関心の広がりもあって，いわゆる「政治の季節」は終焉した。戦争を直接経験しない人々が次第に社会の主流を占めていくなかで，いわゆる知識人と呼ばれる人々の言説も，60年代までに比べて強い影響力を持たなくなっていく。

　とはいえ，過去の日本をめぐる問いは，常に知識人にとって大きな論争を呼

ぶテーマであった。日本の敗戦が「無条件降伏」であったか否かをめぐる論争（1978年）も，その一つであった。周知のように，第二次世界大戦に際し，アメリカをはじめとする連合国は枢軸国の無条件降伏を目指すと公言していたが，日本に対してはポツダム宣言を発し，日本側は国体の変更を強要するものではないと解釈してこれを受諾した。この事実をもとに，江藤淳は，日本はポツダム宣言という一定の条件を受け入れるという形で降伏したにもかかわらず，アメリカが喧伝した無条件降伏という言説が占領下の言論統制によって浸透したことで，戦後日本の社会のあり方が歪められてしまったと論じた。このような江藤の主張は「『ごっこ』の世界が終ったとき」（1970年）で示した，日本はアメリカから真の独立を果たすべきだという論理と一貫するものである。これに対し，江藤より一世代上にあたる文芸評論家の本多秋五（1908-2001）は，形式的には有条件降伏であったとしても実質的にはそれを受諾せざるをえないという状況が明らかであった以上，日本が無条件降伏したことは紛れもないと述べ（「『無条件降伏』の意味」），かつ江藤がアメリカによる日本の占領を一方的に全否定し，その時期の日本に言論や思想の自由が一切なかったと断じるのは妥当ではないと批判した。江藤は日本国家の自立のカギをアメリカによる占領への批判に求め，本多は戦後文学の出発点を戦時中の言論弾圧からの解放に求める，という両者の違いは鮮明である。江藤はのちに占領下の検閲が日本人を洗脳したと強調し（『一九四六年憲法──その拘束』），後述する「自虐史観」批判にも影響を与えた。

　なお70年代には，ほかに元号法（1979年）の制定をめぐり，天皇制との関係性からその是非を問う議論が現れた。これに関し，いわゆる「保守」系の運動団体が，市民運動の手法を取り入れ，地方議会に対する訴えかけを行って元号法制定を求める議決を積み重ね，結果的にそれが実現したことは，「保守」系の運動の拡大に多大な影響を与えた。

② 1980年代──歴史認識論争の国際問題化

　戦後日本の歴史教科書をめぐっては，戦前の日本への評価などをはじめとする様々な論点をめぐって，政治勢力も含めて盛んに議論が展開された。1955年，日本民主党（同年に保守合同により自由民主党となる）は，当時の教科書が急

進的な労働運動を扇動し，また社会主義国を賛美する偏向的な内容になっていると批判したが，それに抗議した歴史学者の日高六郎（1917-2018）らが教科書執筆を辞退するという問題が起こった。また60年代には，同じく歴史学者の家永三郎（1913-2002）が，文部省による教科書検定の違憲性を問う裁判を起こし，90年代後半まで続くことになる。

　1982年，教科書検定によって日本による中国大陸への「侵略」という表現が「進出」と書き換えさせられたという報道が出たことを機に，中国や韓国から歴史の歪曲だという批判が沸き起こった。実際には，報道とは異なり書き換えは強制ではなかったものの，検定を受けて修正した教科書もあった。結果的に，今後の教科書の記述に関しては近隣諸国への配慮を求めるという基準を設定することで問題の収拾が図られ，それまでの教科書ではあまり言及されなかった戦前における日本の加害の側面も扱われるようになった。

　このような歴史認識をめぐる問題の国際化は，靖国神社への首相参拝問題でより顕著になる。1978年，東京裁判を否定的に捉えていた当時の宮司によって極秘のうちにA級戦犯が合祀され，翌年にそのことが明るみになると，天皇や政治指導者の参拝が，過去の日本の戦争を肯定する行動と受け止められかねないものとなった。実際に，1985年の中曾根康弘首相の公式参拝に際しては，中国や韓国から厳しい批判が寄せられ，その後はしばらく首相の参拝は見送られた。保守派は中国などの批判を内政干渉と主張したが，一方でA級戦犯の合祀をめぐり，保守派の間で激しい論争（中心は小田村四郎，俵孝太郎）が展開された。21世紀に入ると，日本遺族会の要望に応える形で首相在任中に参拝（2001-06年）した小泉純一郎，また自らの思想信条に基づき参拝（2013年）した安倍晋三の例があるが，安倍に対しては中国や韓国だけでなく，近隣諸国との関係悪化が東アジアの国際状況の不安定化をもたらすことを懸念したアメリカからの「失望」の表明もあり，その後は2023年に至るまで首相の参拝は行われていない。またA級戦犯の合祀以降，昭和・平成・令和の三代にわたって天皇の参拝はない。

　靖国問題は主に近隣諸国からの抗議，すなわち国際的な問題として注目されることが多いが，その本質は日本人が過去の戦争及びその指導者をどのように評価するか，ということにある。また原則として軍人・軍属の戦死者のみを祀

り，それを「顕彰」する，という靖国神社のあり方が，総力戦の下に多くの民間人の死者を生み出した昭和の戦争の死者を真に「追悼」し，平和を誓う場としてふさわしいものかどうかもあわせて考えるべき問題である。

③　1990年代──冷戦の終結と歴史認識論争の展開

　1989年の冷戦の終結，そして東欧諸国の民主化を経たのちの91年のソビエト連邦の崩壊は，中国における天安門事件（1989年）の衝撃とあいまって，社会主義への失望をもたらした。すでにこの時期には学生運動は完全に低調となり，知識人の影響力も著しく減退していた。一方で，55年体制の終焉とともに，細川護熙首相が過去の日本の戦争を「侵略戦争」だと明言したこと（1993年），また村山富市首相が，戦後50年の節目にあたり，過去の「国策の誤り」によって国内外に大きな被害をもたらしたことへの反省を語った談話を発表したこと（1995年）に代表されるように，過去の日本に対する真摯な反省を示す姿勢が国のトップから示されたことも，それ以前とは異なるものであった。この背景には，80年代後半の韓国や台湾（中華民国）の民主化，中国の改革開放政策の進展を受け，それまで冷戦構造の枠組みのなかで制約されていた一般国民による戦争被害の告発が相次ぐようになったことが大きい。とりわけ91年に韓国人の元慰安婦によって告発された，いわゆる「（従軍）慰安婦」問題については，それまでの戦後補償問題で一切取り上げられてこなかったこともあり，日本の国内外に大きな衝撃を与えることになった。村山政権によって進められた，官民の協力によるアジア女性基金の取り組みは，韓国や台湾などのアジア諸国には必ずしも十分に受け入れられなかったが，オランダなどでは高く評価され，対日感情の好転につながった。

　もっとも，このような過去の戦争や植民地支配に対する反省や謝罪といった流れに対し，それを「自虐」的であるとして批判する動きも現れる。教育学者の藤岡信勝（1943-）やドイツ文学者の西尾幹二（1935-）らによる「新しい歴史教科書をつくる会」が結成され，「自虐史観」からの脱却を説いて一定の支持を集めたことはその典型的な例である。また経済学者の西部邁（1939-2018）は保守思想の立場を掲げて『発言者』を創刊し，「戦後」批判や「アメリカニズム」批判を展開した。もっとも，いわゆる「保守」的な知識人の間にも，アメリカ

に対する自立を説く人々と，安全保障の観点からアメリカとの同盟関係を堅持すべきと説く人々との間での路線対立が起こるなど，そのナショナリズムの方向性は決して一枚岩ではない。

とはいえ，中国の軍事的な台頭や韓国の成長，北朝鮮の核開発などを「脅威」と捉え，それに対抗するためにナショナリズムを強調し，その延長線上に戦前の日本を全面的に肯定するような言説が，書籍やインターネットなどを通じて盛んに唱えられていることは周知のことである。そのなかには，他民族に対する誹謗中傷，いわゆる「ヘイト」と呼びうるものもかなりの程度含まれていることは憂慮される。これはもちろん日本だけの問題ではないが，少なくとも謙虚な姿勢で自国の歴史を見つめ直す姿勢が求められることは確かである。

④ 「敗戦後論」をめぐる論争

最後に，戦後50年を迎えた1995年に起こった，日本の戦争責任をめぐる知識人の論争に触れておこう。発端は，文芸評論家の加藤典洋（1948-2019）の「敗戦後論」における，以下の主張にある。戦後日本がアメリカの強大な圧力によって現憲法を押し付けられたにもかかわらず，それをあたかも自分たちの手で勝ち取ったかのように論じる「護憲派」と，自分たちも現憲法の恩恵を受けていることを直視せず，過去の日本の価値に依拠して自主憲法制定を唱える「改憲派」は，いずれも「敗者」という自己認識がないままに現実から遊離している。加藤はこのような戦後日本を「人格分裂」の状態にあるとして，一方に過去の侵略について他者に謝罪する外的自己，他方でそれと対応するかのように侵略を否定する内的自己が共存していると述べる。そして，この分裂状態から脱却するためには，昭和の戦争における約300万人の日本人の戦死者について，護憲派が「清い」死者とみなす民間人の死者も，改憲派が「清い」死者とみなす兵士たちも一律に（戦争に罪があるという意味合いで）「汚れた」存在，無意味な存在として認識しつつ，それを深く追悼するという態度を示すことが重要で，そうして初めて日本人は約2000万人のアジアの死者に向き合うことができるのではないか，と論じた。

この加藤の主張に対しては，哲学者の高橋哲哉（1956-）から，なぜアジアへの謝罪のために，日本の，特に兵士の死者への追悼を「先に置く」ことが必要

なのか，少なくともそれは侵略戦争による死者たちへの哀悼と同等に扱われる
べきものではなく，侵略者でもある自国の死者に対する責任は，彼らに代わっ
て被害者に謝罪や補償を実行することである，という批判が寄せられた（「汚
辱の記憶をめぐって」）。「汚辱の記憶を保持し，それに恥じ入り続ける」べきだ
とする高橋の主張に対し，加藤が強い忌避感を示したこと（「語り口の問題」），
また高橋が加藤の議論を自己中心主義と自国中心主義を無反省に一体化させて
いると断じた点など（『〈歴史認識〉論争』）も含め，様々な反響を呼んだ論争であっ
たものの，両者の議論は平行線をたどったままに終わった。

　この論争は，1980年代の西ドイツにおける「歴史家論争」――ホロコースト
の評価をめぐる知識人の論争――の日本版ともいえようが，加藤はノルテらの
ように，自国の悪を相対化するために他国の悪を持ち出すというスタンスを
とったわけではなく，むしろ日本における戦争をめぐる議論をいかに現実的な
ものにするかを考慮していた。「世界史，自国史のいずれとも自分を関係さ
せ，その双方との関係の中で，その双方をいわば串刺しする形で，これまでと
違う歴史との関係を作りだすこと」で，他者との関係を持つことができるので
はないか，という加藤の提言（『敗戦後論』あとがき）は，そのことを物語って
いる。

　国際情勢が不透明な状況のなか，日本もまた「平和」が当たり前ではない時
代になりつつある。過去の戦争が実感として遠くなるなかで，日本の経験した
戦争の実相について深く学ぶことは，これまで以上に重要な意味を持つことに
なるだろう。

第**6**章　日本のフェミニズム

　　本章は1970年代から80年代にかけてのフェミニズムを取り上げる。日本国憲法の施行により憲法上は男女平等が保障された。だが男性優位の社会構造は揺るがなかった。振り返ると日本では戦前より婦人解放運動が展開されてきたが，そこでは男性と同等の権利，特に政治上の権利が要求された。戦後，女性の参政権が認められたことで，より広範な権利を要求したり男女間の差別の解消を求めたりした。また「母」の立場で平和運動に積極的に参加する女性も少なくない。一方，1970年代初頭に盛り上がりをみせるウーマン・リブは，婦人解放運動の要求内容や運動のあり方そのものに批判的だった。例えば解放運動は制度の変革を重視したが，リブは「女意識」の変革を重んじた。

　　それでは日本でウーマン・リブやフェミニズムが広がりをみせたのは，いつ頃であり，何がきっかけだったのか。またこれらは具体的に何を要求したのだろうか。

① 敗戦から1960年代まで

　　フェミニズムの歴史は，19世紀末から20世紀初めの女性参政権運動を中心とする女性の権利運動（第一波フェミニズム）と1960年代後半から70年代の女性解放運動（第二波フェミニズム）に区分される（☞西洋編Ⅲ-**7**）。日本の場合，前者は戦前に起源を持つ婦人解放運動，後者は1970年頃に登場する「ウーマン・リブ」が該当する。

　　まず前者について，帝国憲法下でも女性の権利は一部認められていたが，参政権をはじめ権利の大部分は敗戦後の占領期に認められた。例えばGHQは1945年10月に婦人解放令を発して女性の政治活動の自由を認め，続いて12月に衆議院選挙法改正案が国会で成立し，男女の20歳以上に選挙権，25歳以上に被選挙権を与えた。戦後最初の衆議院総選挙は翌年4月に実施された。当時の女性有権者は約2750万人であり，そのうち67％（1376万人）が投票した（男性の投票率は78％）。女性の立候補者は83名であり39名が当選した。

　　占領期には女性を主体とする各種団体が発足した。その一つが「婦人民主ク

ラブ」である。GHQ の民間情報教育局（CIE）の支持の下に，赤松常子，加藤静枝，佐多稲子，羽仁説子，松岡洋子，宮本百合子，山室民子，山本彩の呼びかけで1946年3月に創立大会となる民主婦人大会を開催した。創立時の綱領では「婦人に向けられたる封建的な思想制度及び慣習に対し，その解放のために闘う」，「職場及び家庭における新しき自主的生活展開のために協力する」，「婦人の抑えられたる全能力の発揮を期し，日本の輝かしき民主化の達成のために進む」が定められた。婦人民主クラブの活動は，女性の意識改革およびそれを通じた生活・社会の改革に重点を置いて開始した。その特徴は，平和を最大の価値として，その実現の手段として民主主義を位置づけたうえで，両者を一体のものとして擁護し続けた点にある。

　この時期の女性を主体とする各種団体の活動を特徴付けるのは平和運動との関わりである。平和運動は，朝鮮戦争の勃発，講和問題などを経て盛り上がりをみせるが，全国規模にまで広がるきっかけとなったのは，1954年3月にビキニ環礁における第五福竜丸の被曝事故である。事故を受けて5月に結成された原水爆禁止署名運動杉並協議会が展開した署名活動には，既婚者や子供を持つ人々が数多く参加した。その後，8月に全国協議会を設立して，1955年3月時点で署名は2200万票を突破した。この年6月には日本母親大会が開催された。子供を守る・婦人の生活と権利・平和の3テーマが討議された。これを機に婦人運動は平和の目標の下に広汎な大衆運動に発展した。しかし平和運動の多くが男性主導であり，また女性自身が「母親」や「主婦」という女性の性別役割を疑わない点でフェミニズムに当てはまらないという評価もある。

　署名運動が展開されていたのと同じ時期に，論壇では「主婦」をめぐる論争が起こっていた。きっかけは石垣綾子「主婦という第二職業論」(1955)である。石垣は，女性は主婦という第二の職業が頭のなかにあるから，第一の職業である職場から逃げ腰になっていると主張して「職場進出論」を掲げた。石垣に対する反論としては，女性こそ平和と幸福を守るための推進力となるという「主婦活動論」や主婦の役割をもっと評価すべきであるという「主婦役割重視論」などがあった。論争で支持を得たのは，「主婦活動論」だった。主婦論争は，主婦層の社会的活動の活発化，既婚婦人の職場進出，家庭生活様式の変化などから提起された問題であり，男性（大熊信行，都留重人，梅棹忠夫ら）も発言し

た。論争は，梅棹忠夫「母という名の切り札」(1959)でいったん終わったが，翌年の磯野富士子「婦人解放論の混迷」をきっかけに主に家事労働の経済的評価をめぐって第二次主婦論争が展開された。

② ウーマン・リブ

　第二波フェミニズムは，1963年にベティ・フリーダン（☞西洋編Ⅲ-8）による *The Feminine Mystique*（邦訳『新しい女性の創造』）の出版を契機に到来した。フリーダンは，女性が参政権や財産権などを与えられているにもかかわらず社会のなかで男性よりも多くの制約を課され，不当に扱われることもあると指摘し，「女らしさ」の神話に女性の呪縛の原因を見出した。同書が火付け役となり，Women's Liberation Movement（ウーマン・リブ）が米国で展開された。当時のスローガンの一つが「個人的なことは政治的である」だった。ウーマン・リブの動きは，1960年代後半の日本にも波及して，女性の主体性の回復を目指し，「内なる女意識」を問い返す契機となった。またこの運動は「女らしさ」の神話を次々と破壊した。このようにウーマン・リブは「男に媚びない女」，「女らしさにとらわれない女」，「自立した女」を模索する，つまり意識革命を目指す点で制度変革を重視する従来の婦人解放運動と一線を画した。

　日本のウーマン・リブにとって重要な年が1970年である。この年，田中美津(1943-)らがウーマン・リブを初めて名乗ってデモを実施したが，彼女は「便所からの解放」と題した手書きの文章をガリ版のビラに印刷して，東京の街頭や集会で配布した。田中は男性の女性に対する二つのイメージ（「母性のやさしさ＝母」と「性欲処理機＝便所」）を指摘したうえで，「我々は，女の解放を，性の解放として提起する。性否定の意識構造からの自己解放として提起する。自からの，内なるインポ（＝性否定の意識構造に規定された精神的な様々な障害）解体へ向けて，男と権力に対する闘いへの決起を呼びかける」と説いた。その背景には，田中が1960年代後半の新左翼運動やベトナム反戦運動に参加するなかで，人間の解放を目指し革命を唱える男性（男子学生）の旧態依然たる性意識を垣間見た経験が強く影響している。日本でリブの担い手となったのは，田中と同じく若い独身女性だった。従来の婦人運動の担い手は，年配者や既婚女性を中心としていたので，その点でもリブは画期的な運動だった。

リブが一気に政治化したのが1972年である。この年，優生保護法の改正運動が起こった。1948年に施行された同法は戦後の大幅な人口増加の対策として立法され，優生手術，人工妊娠中絶などの規定を定めたが，特別の事情がある場合に中絶を認め，中絶の条件を緩和した。翌年に早くも改正されて，中絶を認める要件として経済的理由が追加された。その結果，1950年代の日本の出生率は急激に低下した。1955年には人工妊娠中絶件数が過去最大となった。しかし人口が減少したことで，将来の労働力不足を懸念する声が次第に大きくなり，今度は中絶を規制する動きが強まった。そこで政府は国会に優生保護法改正案を提出した。その内容は，経済条項の削除，胎児条項（胎児に重度の精神・身体障害の可能性がある場合の中絶を認める）などの新設である。これに対して，女性団体や障害者団体が反対し，最終的に改正は阻止された。注意すべきは，リブが献身と自己犠牲の「母性」幻想を否定したものの，子どもを産む「母性」を否定していない点である。「産める社会を・産みたい社会を」の標語に示されるように，彼女らが告発したのは女性に中絶を強いる社会だった。

また同じ年に起きた沖縄密約事件でもリブが存在感を示した。これは沖縄軍用地をめぐる日米間の密約を示す外務省極秘電報の「漏洩」に関わったとして蓮見喜久子外務省事務官と西山太吉毎日新聞記者が国家公務員法違反の疑いで逮捕，起訴された事件である。当初，新聞各紙は「新聞記者の逮捕は言論の自由への挑戦だ」，「国民の「知る権利」の侵害だ」などと政府を鋭く批判したが，検察が起訴状で両者が男女の関係にあることを明かしたことで，密約事件は一転して男女スキャンダルに「すりかえ」られた。起訴からまもなく，「政府が隠していた事実を国民に暴露するきっかけを作った蓮見さんが，なぜ，あのような残酷な制裁を受けなければならないのか」という疑問を持つ女性によって「蓮見さんのことを考える会」が発足した。「守る」や「支援する」ではなく「考える」と名付けたのは「蓮見さんの痛みをわが痛みと感じる」ためである。発足当初は毎月一回の会合を開催した。また第一回全国リブ大会でも蓮見氏をめぐる一連の問題をテーマとした分科会が設置され，女性差別の観点から議論が交わされた。さらに初公判前には「蓮見さんのことを考える女性の会」主催で「政治・女・知る権利」と題する講演・討論集会も開催された。

1970年代前半のウーマン・リブは，女性の主体性の回復を目指して活動する

とともに「私」領域の男女関係のなかにも「支配—被支配関係」が存在することを明らかにした。こうした動向は学問領域にも波及した。米国で誕生した学問の男性中心主義を告発し，女性の経験と関心事を学問対象とすることを目的とする women's studies が井上輝子によって紹介された。井上は「女性学」と翻訳し，「女性の，女性による，女性のための学問」と定義した。1979年には女性学を冠した学会（日本女性学会）が創設された。設立趣意書では，女性学を「人間としての女性尊重の立場から，学際的に女性およびその関連の諸問題を研究する学問であり，女性の視点（立場）でもって既成の諸学問を洗い直すものである」と規定した。1970年代には，ほかにも国際女性学会（1977年），日本女性学研究会（1977年），女性学研究会（1978年）などが相次いで設立されている。女性学の進展により，ラディカル・フェミニズム，マルクス主義フェミニズム，レズビアン・フェミニズムなど多様なフェミニズム理論が登場した。またフェミニズムを基盤とする学問領域としてジェンダー・スタディーズも新たに成立した。

③　アグネス論争

　1980年代には女性をめぐり幅広く社会的関心を喚起した問題があった。それが「アグネス論争」である（第四次主婦論争として位置づけられる）。論争は1987年2月にタレントのアグネス・チャンが，前年に生れた自分の子どもをテレビの収録現場に連れてきたことに端を発する。当初の論点は子連れ出勤の是非だったが，次第に男女の役割分業や企業社会批判，結婚とフェミニズム，母性主義の是非などに拡大した。論争に関わる資料を収録した『「アグネス論争」を読む』（1988）が発売から約1ヵ月で10万部以上を売り上げており，社会的関心の高さを窺い知れる。

　論争の起点は中野翠のエッセイである。喫茶店に子どもを連れてくる母親への嫌悪感の表明から始まり，今回の出来事を通じて悟ったこととして，「「子ども」は，今や聖域のなかのイキモノなのだ。今や「子ども」は「平和」「健康」と並んで，現代日本の三大神様——けっして相対化されることのない絶対的正義になっていたのだ」と記した（「電気じかけのペーパームーン」）。続いて林真理子が，アグネスの主張を「非常にラクチンで責任のない正論です」と評したう

えで，これに反論すれば，子供を大切にしない，国際交流に無頓着などのレッテルを貼られる可能性もあるので，なす術がないという（「今夜も思い出し笑い」）。また子供を生まないと損であるとして，「結婚して子どもを生むのが一つのパフォーマンスで，芸にしているんだもの。（中略）職場に子ども連れていって，ベビーベッド置いてたらラクだし，そりゃ理想として素晴らしいですよ。／でも，女の権利とワガママをはきちがえていない？／子供さえしょってれば，誰も逆らえない最近の傾向って，ちょっと頭にきますね」（「最近ちょっとおかしくない？」）とも発言した。

　一方，上野千鶴子はアグネスを擁護する声が小さいのが気にかかるとして，擁護役を買って出た（「働く母が失ってきたもの」）。林の「正論」が男たちと肩と並べてきた女の側の「正論」であり，それが抑圧的な働きをしてきた。ルールを守れと叫ぶのは，ルールに従うことで利益を得る人たちである。こう述べたうえで，アグネスの「子連れ出勤」が可視化した問題を「「働く母親」の背後には子どもがいること，子どもはほうっておいては育たないこと，その子どもをみる人がだれもいなければ，連れ歩いてでも面倒をみるほかない，さし迫った必要に「ふつうの女たち」がせまられていることである」と整理した。

　1984年時点で既婚女性に占める共働きの女性数が家事専業者数を上回っていた。また1985年に日本は女性差別撤廃条約を批准したが，それに向けて国内法の整備が求められたため，男女雇用機会均等法が同年に制定された（翌年施行）。これを契機に女性のさらなる社会進出が進むなかで，アグネスと同様の境遇に置かれた女性（上野のいう「ふつうの女たち」）も少なくなかった。だからこそこの問題は論壇にとどまらず，社会の幅広い関心を呼び起こしたのである。

　論争から約四半世紀が経過した現在，フェミニズムによる性やジェンダーに関わる問題発信が盛んである。ツール（例えばSNS）の発達が発信を容易にしていると同時にジェンダーギャップが大きい現状も影響している。世界経済フォーラム（WEF）「ジェンダーギャップ報告書」（2023年度版）によれば，日本の総合順位は全146カ国中125位である（過去最低）。特に政治分野は138位と低迷している。

参考文献

【西洋編】

◆　西洋編全章に共通する参考文献

有賀弘・内山秀夫・鷲見誠一・田中治夫・藤原保信編『政治思想史の基礎知識——西欧政治思想の源流を探る』有斐閣，1977年。

今村仁司・三島憲一・川崎修編『岩波社会思想事典』岩波書店，2008年。

ウォーリン，シェルドン S.『西欧政治思想史——政治とヴィジョン』福村出版，1994年。

宇野重規『西洋政治思想史』有斐閣，2013年。

岡崎晴輝・木村俊道編『はじめて学ぶ政治学——古典・名著への誘い』ミネルヴァ書房，2008年。

小笠原弘親・藤原保信・小野紀明『政治思想史』有斐閣，1987年。

小野紀明『政治理論の現在——思想史と理論のあいだ』世界思想社，2005年。

小野紀明『精神史としての政治思想史——近代的政治思想成立の認識論的基礎』行人社，1988年。

小野紀明『西洋政治思想史講義——精神史的考察』岩波書店，2015年。

小野紀明『二十世紀の政治思想』岩波書店，1996年。

川崎修・杉田敦編『現代政治理論　新版補訂版』有斐閣，2023年。

川出良枝・山岡龍一『西洋政治思想史——視座と論点』岩波書店，2012年。

金澤周作監修『論点・西洋史学』ミネルヴァ書房，2020年。

古賀敬太編『政治概念の歴史的展開　第1-6・8巻』晃洋書房，2004-15年。

古賀敬太『西洋政治思想と宗教——思想家列伝』風行社，2018年。

坂本達哉『社会思想の歴史——マキアヴェリからロールズまで』名古屋大学出版会，2014年。

佐々木毅『近代政治思想の誕生——16世紀における「政治」』岩波書店，1981年。

佐々木毅・杉田敦・鷲見誠一『西洋政治思想史』北樹出版，1995年。

杉田敦・川崎修『西洋政治思想資料集』法政大学出版局，2014年。

杉本竜也『自由を考える——西洋政治思想史』日本経済評論社，2022年。

芹澤功編『現代に語りかける政治思想史』昭和堂，1987年。

田村哲樹・松元雅和・乙部延剛・山崎望『ここから始める政治理論』有斐閣，2017年。

堤林剣『政治思想史入門』慶應義塾大学出版会，2016年。

寺島俊穂『政治哲学概説』法律文化社，2019年。

寺島俊穂『政治哲学の復権——アレントからロールズまで』ミネルヴァ書房，1998年。

中谷猛・足立幸男編『概説　西洋政治思想史』ミネルヴァ書房，1994年。

仲正昌樹編『政治思想の知恵——マキャベリからサンデルまで』法律文化社，2013年。

日本イギリス哲学会編『イギリス哲学・思想事典』研究社，2007年。

納富信留『ギリシア哲学史』筑摩書房，2021年。

納富信留・檜垣立哉・柏端達也編『よくわかる哲学・思想』ミネルヴァ書房，2019年。

野口雅弘・山本圭・高山裕二編『よくわかる政治思想』ミネルヴァ書房，2021年。

廣松渉・子安宣邦・三島憲一・宮本久雄・佐々木力・野家啓一・末木文美士編『岩波　哲学・思想事典』岩波書店，1998年。

深田三徳・濱真一郎編『よくわかる法哲学・法思想』ミネルヴァ書房，2007年。

藤原保信『西洋政治理論史』早稲田大学出版部，1985年。

藤原保信・飯島昇藏編『西洋政治思想史Ⅰ・Ⅱ』新評論，1995年。

福田歓一『近代の政治思想──その現実的・理論的諸前提』岩波書店，1970年。

福田歓一『政治学史』東京大学出版会，1985年。

山岡龍一『西洋政治理論の伝統』放送大学教育振興会，2009年。

第Ⅰ部　政治思想の源流

第1章　ソクラテスの政治思想

納富信留『哲学の誕生──ソクラテスとは何者か』筑摩書房，2017年。

橋場弦『民主主義の源流──古代アテネの実験』講談社，2016年。

プラトン『ソクラテスの弁明・クリトン』三嶋輝夫・田中享英訳，講談社，1998年。

プラトン『ゴルギアス』加来彰俊訳，岩波書店，1967年。

第2章　プラトンの政治思想

佐々木毅『プラトンの呪縛──二十世紀の哲学と政治』講談社，2000年。

中畑正志『はじめてのプラトン──批判と変革の哲学』講談社，2021年。

プラトン『国家　上・下』藤沢令夫訳，岩波書店，1979年。

プラトン『法律　上・下』森進一・池田美恵・加来彰俊訳，岩波書店，1993年。

第3章　アリストテレスの政治思想

荒木勝『アリストテレス政治哲学の重層性』創文社，2011年。

アリストテレス『政治学　上・下』三浦洋訳，光文社，2023年。

アリストテレス『ニコマコス倫理学　上・下』渡辺邦夫・立花幸司訳，光文社，2015年。

岩田靖夫『アリストテレスの政治思想』岩波書店，2010年。

第4章　ヘレニズムの政治思想

古賀敬太『政治思想の源流──ヘレニズムとヘブライズム』風行社，2010年。

佐々木毅『よみがえる古代思想──「哲学と政治」講義Ⅰ』講談社，2012年。

松原國師『西洋古典学事典』京都大学学術出版会，2010年。

山川偉也『哲学者ディオゲネス──世界市民の原像』講談社，2008年。

キケロー『キケロー選集12 哲学Ⅴ　トゥスクルム荘対談集』木村健治・岩谷智訳，岩波書店，2002年。

ディオゲネス・ラエルティオス『ギリシア哲学者列伝　上・中・下』加来彰俊訳，岩波書店，1984・1989・1994年。

第5章　古代ローマの政治と思想
青柳正規『ローマ帝国』岩波書店，2004年。
キケロー『キケロー選集8　国家について／法律について』岡道男訳，岩波書店，1999年。
セネカ『人生の短さについて　他2篇』中澤務訳，光文社，2017年。
ポリュビオス『歴史1-4』城江良和訳，京都大学学術出版会，2004-13年。
リウィウス『ローマ建国以来の歴史1-14』毛利晶他訳，京都大学学術出版会，2008年より刊
　　行中。

第6章　ユダヤ・キリスト教の成立
古賀敬太『政治思想の源流——ヘレニズムとヘブライズム』風行社，2010年。
佐藤研『聖書時代史——新約篇』岩波書店，2003年。
田上雅徳『入門講義——キリスト教と政治』慶應義塾大学出版会，2015年。
山我哲雄『聖書時代史——旧約篇』岩波書店，2003年。

第7章　宗教と政治の相克
アウグスティヌス『神の国　上・下』金子晴勇他訳，教文館，2014年。
アウグスティヌス『告白1-3』山田晶訳，中央公論新社，2014年。
エウセビオス『教会史　上・下』秦剛平訳，講談社，2010年。
エウセビオス『コンスタンティヌスの生涯』秦剛平訳，京都大学学術出版会，2004年。
佐々木毅『宗教と権力の政治——「哲学と政治」講義Ⅱ』講談社，2012年。
出村和彦『アウグスティヌス——「心」の哲学者』岩波書店，2017年。

第8章　中世ヨーロッパの政治と思想
アクィナス，トマス『精選　神学大全1-4』稲垣良典訳，稲垣良典・山本芳久編，岩波書店，
　　2023年より刊行中。
将基面貴巳『ヨーロッパ政治思想の誕生』名古屋大学出版会，2013年。
パドヴァのマルシリウス「平和の擁護者」稲垣良典訳，上智大学中世思想研究所編訳／監修『中
　　世思想原典集成18　後期スコラ学』平凡社，1998年。
堀米庸三『正統と異端——ヨーロッパ精神の底流』中央公論新社，2013年。
山本芳久『トマス・アクィナス——理性と神秘』岩波書店，2017年。
森本あんり『異端の時代——正統のかたちを求めて』岩波書店，2018年。

第Ⅱ部　近代の政治思想

第1章　ルネサンスと近代政治学の誕生
厚見恵一郎『マキァヴェッリの拡大的共和国——近代の必然性と「歴史解釈の政治学」』木鐸社，
　　2007年。
鹿子生浩輝『マキァヴェッリ——『君主論』をよむ』岩波書店，2019年。
佐々木毅『宗教と権力の政治——「哲学と政治」講義Ⅱ』講談社，2012年。
ポーコック，J.G.A『マキァヴェリアン・モーメント——フィレンツェの政治思想と大西洋圏

の共和主義の伝統』田中秀夫・奥田敬・森岡邦泰訳，名古屋大学出版会，2008年。

マキァヴェリ『君主論』佐々木毅訳，講談社，2004年。

マキアヴェリ『君主論（新版）』池田廉訳，中央公論新社，2018年。

マキァヴェッリ『ディスコルシ――ローマ史論』永井三明訳，筑摩書房，2011年。

マキァヴェッリ『フィレンツェ史 上・下』在里寛司・米山喜晟訳，筑摩書房，2018年。

第2章 宗教改革と個人主義の萌芽

ウェーバー，マックス『プロテスタンティズムの倫理と資本主義の精神』大塚久雄訳，岩波書店，1989年。

古賀敬太『近代政治思想における自由の伝統――ルターからミルまで』晃洋書房，2001年。

徳善義和『マルティン・ルター――ことばに生きた改革者』岩波書店，2012年。

ルター，マルティン『キリスト者の自由・聖書への序言』石原謙訳，岩波書店，1955年。

ルター，マルティン『宗教改革三大文書 付「九五箇条の提題」』深井智朗訳，講談社，2017年。

第3章 主権国家と社会契約論

佐々木毅『主権・抵抗権・寛容――ジャン・ボダンの国家哲学』岩波書店，1973年。

重田園江『社会契約論――ホッブズ，ヒューム，ルソー，ロールズ』筑摩書房，2013年。

デカルト，ルネ『方法叙説』小泉義之訳，講談社，2022年。

ホッブズ，トマス『リヴァイアサン 上・下』加藤節訳，筑摩書房，2022年。

ロック，ジョン『統治二論』加藤節訳，岩波書店，2010年。

第4章 スコットランド啓蒙

スミス，アダム『道徳感情論』高哲男訳，講談社，2013年。

スミス，アダム『国富論 上・下』山岡洋一訳，日経BP，2023年。

ヒューム，デイヴィッド『人間本性論 第1-3巻』伊勢俊彦・石川徹・中釜浩一訳，法政大学出版局，2019年。

マンデヴィル，バーナード『蜂の寓話』泉谷治訳，法政大学出版局，2015年。

第5章 フランス啓蒙思想とルソー

スタロバンスキー，ジャン『ルソー――透明と障害』山路昭訳，みすず書房，2015年。

ディドロ，ダランベール編『百科全書』桑原武夫編訳，岩波書店，1995年。

森岡邦泰『増補版 深層のフランス啓蒙思想――ケネー，ディドロ，ドルバック，ラ・メトリ，コンドルセ』晃洋書房，2003年。

モンテスキュー『法の精神 上・中・下』野田良之・稲本洋之助・上原行雄・田中治男・三辺博之・横田地弘訳，岩波書店，1989年。

ルソー，ジャン＝ジャック『学問芸術論』前川貞次郎訳，岩波書店，1968年。

ルソー，ジャン＝ジャック『人間不平等起源論 付「戦争法原理」』坂倉裕治訳，講談社，2016年。

ルソー，ジャン＝ジャック『社会契約論』中山元訳，光文社，2008年。

第6章　フランス革命と保守反動

『シャトーブリアン／ヴィニー／ユゴー　世界文学大系25』辻昶他訳，筑摩書房，1961年。

宇野重規『保守主義とは何か――反フランス革命から現代日本まで』中央公論新社，2016年。

小野紀明『フランス・ロマン主義の政治思想』木鐸社，1986年。

川上洋平『ジョゼフ・ド・メーストルの思想世界――革命・戦争・主権に対するメタポリティークの実践の軌跡』創文社，2013年。

コンパニョン，アントワーヌ『アンチモダン――反近代の精神史』松澤和宏監訳，名古屋大学出版会，2012年。

バーク，エドマンド『フランス革命についての省察』二木麻里訳，光文社，2020年。

第7章　功利主義と自由主義

コンスタン，バンジャマン『近代人の自由と古代人の自由』堤林剣・堤林恵訳，岩波書店，2020年。

トクヴィル，アレクシ・ド『アメリカのデモクラシー　第1巻上・下，第2巻上・下』松本礼二訳，岩波書店，2005-08年。

バジョット，ウォルター『イギリス国制論　上・下』遠山隆淑訳，岩波書店，2023年。

深貝保則・戒能通弘編『ジェレミー・ベンサムの挑戦』ナカニシヤ出版，2015年。

ベンサム，ジェレミー『道徳および立法の原理序説　上・下』中山元訳，筑摩書房，2022年。

ミル，ジョン＝スチュアート『代議制統治論』関口正司訳，岩波書店，2019年。

ミル，ジョン＝スチュアート『自由論』関口正司訳，岩波書店，2020年。

ミル，ジョン＝スチュアート『功利主義』関口正司訳，岩波書店，2021年。

第8章　ドイツの社会主義

ゲイ，ピーター『ベルンシュタイン――民主的社会主義のディレンマ』長尾克子訳，木鐸社，1980年。

佐々木隆治『カール・マルクス――「資本主義」と闘った社会思想家』筑摩書房，2016年。

廣松渉『今こそマルクスを読み返す』講談社，1990年。

ヘーゲル，ゲオルク・ヴィルヘルム・フリードリヒ『法の哲学――自然法と国家学の要綱　上・下』上妻精・佐藤康邦・山田忠彰訳，岩波書店，2021年。

マルクス，カール／エンゲルス，フリードリヒ『共産党宣言』大内兵衛・向坂逸郎訳，岩波書店，1951年

マルクス，カール／エンゲルス，フリードリヒ『共産党宣言』森田成也訳，光文社，2020年。

第9章　適者生存から福祉国家へ

ダーウィン，チャールズ『種の起源　上・下』渡辺政隆訳，光文社，2009年。

名古忠行『ウェッブ夫妻の生涯と思想――イギリス社会民主主義の源流』法律文化社，2005年。

早川誠「多元的国家論」杉田敦編『岩波講座　政治哲学　第4巻』所収，岩波書店，2014年。

ホブハウス，レオナルド『自由主義』吉崎祥司・社会的自由主義研究会訳，大月書店，2010年。

フリーデン，マイケル『リベラリズムとは何か』山岡龍一監訳，寺尾範野・森達也訳，筑摩書房，2021年。

安川悦子『イギリス労働運動と社会主義——「社会主義の復活」とその時代の思想史的研究』御茶の水書房，1993年。

山下重一『スペンサーと日本近代』御茶の水書房，1983年。

行安茂編『イギリス理想主義の展開と河合栄治郎〔日本イギリス理想主義学会設立10周年記念論集〕』世界思想社，2014年。

第Ⅲ部　現代の政治思想

第1章　両大戦期の政治思想

アレント，ハンナ『人間の条件』牧野雅彦訳，講談社，2023年。

アレント，ハンナ『全体主義の起原（第1-3巻）新版』大久保和郎訳，みすず書房，2017年。

ウェーバー，マックス『プロテスタンティズムの倫理と資本主義の精神』大塚久雄訳，岩波書店，1989年。

シュペングラー，オスヴァルト『西洋の没落　第1・2巻』村松正俊訳，五月書房，1996年。

シュペングラー，オスヴァルト「シュペングラー・人と思想」『運命・歴史・政治』八田恭昌訳，理想社，1967年。

シュペングラー，オスヴァルト『人間と技術——生の哲学のために』富士書店，1996年。

シュミット，カール『現代議会主義の精神史的状況　他一篇』樋口陽一訳，岩波書店，2015年。

シュミット，カール『政治神学——主権の学説についての四章』中山元訳，日経BP，2021年。

シュミット，カール『政治的なものの概念』権左武志訳，岩波書店，2022年。

谷喬夫「カール・シュミット——〈政治〉と〈神学〉の間」藤原保信・飯島昇藏編『西洋政治思想史Ⅱ』新評論，1995年。

仲正昌樹『マックス・ウェーバーを読む』講談社，2014年。

脇圭平『知識人と政治——ドイツ・1914〜1933』岩波書店，1973年。

第2章　実存主義からポストモダンへ

岡本裕一朗『ポストモダンの思想的根拠——9・11と管理社会』ナカニシヤ出版，2005年。

サルトル，ジャン＝ポール『実存主義とは何か』伊吹武彦他訳，人文書院，1996年。

サルトル，ジャン＝ポール『嘔吐』鈴木道彦訳，人文書院，2010年。

杉田敦『権力論』岩波書店，2015年。

ドゥルーズ，ジル『記号と事件——1972-1990年の対話』宮林寛訳，河出書房新社，2010年。

フーコー，ミシェル『監獄の誕生——監視と処罰』田村俶訳，新潮社，2020年。

フーコー，ミシェル『性の歴史1　知への意志』渡辺守章訳，新潮社，1986年。

第3章　プラグマティズム

『プラグマティズム古典集成——パース，ジェイムズ，デューイ』植木豊編訳，作品社，2014年。

伊藤邦武『プラグマティズム入門』筑摩書房，2016年。

上野正道『ジョン・デューイ——民主主義と教育の哲学』岩波書店，2022年。

魚津郁夫『プラグマティズムの思想』筑摩書房，2006年。

ジェイムズ，ウィリアム『プラグマティズム』桝田啓三郎訳，岩波書店，1957年。
・ソルニット，レベッカ『定本 災害ユートピア――なぜそのとき特別な共同体が立ち上がるのか』高月園子訳，亜紀書房，2020年。
デューイ，ジョン『学校と社会』宮原誠一訳，岩波書店，1957年。
デューイ，ジョン『民主主義と教育 上・下』松野安男訳，岩波書店，1975年。
ローティ，リチャード『哲学と自然の鏡』野家啓一監訳，伊藤春樹・須藤訓任・野家伸也・柴田正良訳，産業図書，1993年。

第4章 現代正義論
宇佐美誠・児玉聡・井上彰・松元雅和『正義論――ベーシックスからフロンティアまで』法律文化社，2019年。
後藤玲子『潜在能力アプローチ――倫理と経済』岩波書店，2017年。
サンデル，マイケル『自由主義と正義の限界』菊池理夫訳，三嶺書房，1992年。
セン，アマルティア『不平等の再検討』池本幸生・野上裕生・佐藤仁訳，岩波書店，1999年。
ムルホール，スティーヴン／スウィフト，アダム『リベラル・コミュニタリアン論争』谷澤正嗣・飯島昇藏訳，勁草書房，2007年。
田中拓道『リベラルとは何か――17世紀の自由主義から現代日本まで』中央公論新社，2020年。
ドゥオーキン，ロナルド『平等とは何か』小林公・大江洋・高橋秀治・高橋文彦訳，木鐸社，2002年。
ヌスバウム，マーサ・C.『女性と人間開発』池本幸生・田口さつき・坪井ひろみ訳，岩波書店，2005年。
ロールズ，ジョン『正義論』川本隆史・福間聡・神島裕子訳，紀伊國屋書店，2010年。
若松良樹『センの正義論――効用と権利の間で』勁草書房，2003年。

第5章 現代自由論
ノージック，ロバート『アナーキー・国家・ユートピア』嶋津格訳，木鐸社，1994年。
ハーヴェイ，デヴィッド『新自由主義』渡辺治監訳，作品社，2007年。
バーリン，アイザイア『自由論』小川晃一・小池銈・福田歓一・生松敬三訳，みすず書房，1979年。
ハイエク，フリードリヒ『隷従への道』西山千明訳，春秋社，2008年。
ハイエク，フリードリヒ『自由の条件 Ⅰ-Ⅲ』気賀健三・古賀勝次郎訳，春秋社，2021年。
フリードマン，ミルトン『資本主義と自由』村井章子訳，日経BP，2008年。
森村進『自由はどこまで可能か――リバタリアニズム入門』講談社，2001年。

第6章 政治と文化
アビィ，ルース『チャールズ・テイラーの思想』梅川佳子訳，名古屋大学出版会，2019年。
ガットマン，エイミー編『マルチカルチュラリズム』佐々木毅他訳，岩波書店，1996年。
キムリッカ，ウィル『多文化時代の市民権』角田猛之・石山文彦・山崎康仕監訳，晃洋書房，1998年。
ケニー，マイケル『アイデンティティの政治学』藤原孝・山田竜作・松島雪江・青山円美・佐

藤高尚訳，日本経済評論社，2005年。

サイード，エドワード『オリエンタリズム　上・下』今沢紀子訳，板垣雄三・杉田英明監修，
　　平凡社，1993年。

本橋哲也『カルチュラル・スタディーズへの招待』大修館書店，2002年。

第7章　フェミニズム

ウルストンクラフト，メアリ『人間の権利の擁護』清水和子・後藤浩子・梅垣千尋訳，京都大
　　学学術出版会，2020年。

オーキン，スーザン・モラー『政治思想のなかの女――その西洋的伝統』田林葉・重森臣広訳，
　　晃洋書房，2010年。

岡野八代『フェミニズムの政治学――ケアの倫理をグローバル社会へ』みすず書房，2012年。

キテイ，エヴァ・フェダー『愛の労働あるいは依存とケアの正義論』岡野八代・牟田和恵監訳，
　　現代書館，2023年。

ギリガン，キャロル『もうひとつの声で』川本隆史・山辺恵理子・米典子訳，風行社，2022年。

清水晶子『フェミニズムってなんですか？』文春新書，2022年。

竹村和子『フェミニズム』岩波書店，2000年。

バトラー，ジュディス『ジェンダー・トラブル』竹村和子訳，青土社，2018年。

姫岡とし子『ヨーロッパの家族史』山川出版社，2008年。

ボーヴォワール，シモーヌ・ド『第二の性』『第二の性』を原文で読み直す会訳，河出書房新社，
　　2023年。

三成美保・姫岡とし子・小浜正子『歴史を読み替える――ジェンダーから見た世界史』大月書
　　店，2014年。

ミル，ジョン＝スチュアート『女性の解放』大内兵衛・大内節子訳，岩波書店，1957年。

【日本編】

◆　日本編全章に共通する参考文献

石田雄『日本の政治と言葉　下――「平和」と「国家」』東京大学出版会，1989年。

出原政雄編『戦後日本思想と知識人の役割』法律文化社，2015年。

出原政雄・望月詩史編『「戦後民主主義」の歴史的研究』法律文化社，2021年。

岩崎稔・上野千鶴子・成田龍一編『戦後思想の名著50』平凡社，2006年。

岩崎稔・上野千鶴子・北田暁大・小森陽一・成田龍一編『戦後日本スタディーズ1-3』紀伊
　　國屋書店，2008-09年。

宇野重規編『リーディングス　戦後日本の思想水脈3　民主主義と市民社会』岩波書店，2016
　　年。

大井赤亥・大園誠・神子島健・和田悠編『戦後思想の再審判――丸山眞男から柄谷行人まで』
　　法律文化社，2015年。

小熊英二『〈民主〉と〈愛国〉――戦後日本のナショナリズムと公共性』新曜社，2002年。

鹿野政直『近代日本思想案内』岩波書店，1999年。

苅部直・片岡龍編『日本思想史ハンドブック』新書館，2008年。

苅部直『基点としての戦後——政治思想史と現代』千倉書房，2020年。

酒井哲哉編『リーディングス　戦後日本の思想水脈1　平和国家のアイデンティティ』岩波書店，2016年。

佐々木毅・鶴見俊輔・富永健一・中村政則・正村公宏・村上陽一郎編『戦後史大事典 増補新版』三省堂，2005年。

高畠通敏編『討論・戦後日本の政治思想』三一書房，1977年。

中島岳志編『リーディングス　戦後日本の思想水脈7　現代への反逆としての保守』岩波書店，2017年。

長妻三佐雄・植村和秀・昆野伸幸・望月詩史編『ハンドブック近代日本政治思想史——幕末から昭和まで』ミネルヴァ書房，2021年。

ナジタ，テツオ・前田愛・神島二郎編『戦後日本の精神史——その再検討』岩波書店，1988年。

西田毅『概説　日本政治思想史』ミネルヴァ書房，2009年。

日本思想史事典編纂委員会編『日本思想史事典』丸善，2020年。

原武史『日本政治思想史』放送大学出版会，2017年。

日高六郎『戦後思想を考える』岩波書店，1980年。

松本健一他『論争の同時代史』新泉社，1986年。

宮村治雄『日本政治思想史——「自由」の観念を軸にして』放送大学教育振興会，2005年。

森政稔『戦後「社会科学」の思想——丸山眞男から新保守主義まで』NHK出版，2020年。

米原謙編『政治概念の歴史的展開　第9・10巻』晃洋書房，2016-17年。

米原謙『日本政治思想　増補版』ミネルヴァ書房，2017年。

渡辺浩『日本政治思想史——十七〜十九世紀』東京大学出版会，2010年。

第Ⅰ部　近代の政治思想

第1章　秩序の揺らぎ

『日本思想大系55　渡邊崋山・高野長英・佐久間象山・横井小楠・橋本左内』岩波書店，1971年。

桐原健真『吉田松陰』筑摩書房，2014年。

松浦玲責任編集『日本の名著30 佐久間象山・横井小楠』中央公論社，1970年。

松浦玲『横井小楠（増補版）』朝日新聞社，2000年。

吉田敏純『水戸学と明治維新』吉川弘文館，2003年。

第2章　「維新」の諸相

安西敏三『福澤諭吉と自由主義——個人・自治・国体』慶應義塾出版会，2007年。

安西敏三『福澤諭吉と西欧思想——自然法・功利主義・進化論』名古屋大学出版会，1995年。

大久保利謙『明六社』講談社，2007年。

河野有理『明六雑誌の政治思想——阪谷素と『道理』の挑戦』東京大学出版会，2011年。

小股憲明「西洋思想の摂取——明六社の『文明開化』」西田毅編『近代日本のアポリア——近代化と自我・ナショナリズムの諸相』晃洋書房，2001年。

田中彰『明治維新と西洋文明——岩倉使節団は何を見たか』岩波書店，2003年。

丸山眞男『福沢諭吉の哲学　他六篇』岩波書店，2001年。

山室信一『思想課題としてのアジア——基軸・連鎖・投企』岩波書店，2001年。

第3章　憲法構想をめぐって——自由民権運動を中心に

新井勝紘『五日市憲法』岩波書店，2018年。

瀧井一博『文明史のなかの明治憲法——この国のかたちと西洋体験』講談社，2003年。

牧原憲夫『客分と国民のあいだ——近代民衆の政治意識』吉川弘文館，1998年。

牧原憲夫『民権と憲法（日本近現代史②）』岩波書店，2006年。

松沢裕作『自由民権運動　〈デモクラシー〉の夢と挫折』岩波書店，2016年。

米原謙『兆民とその時代』昭和堂，1989年。

米原謙『日本近代思想と中江兆民』新評論，1986年。

第4章　欧化批判とナショナリズム

入江昭『日本の外交』中央公論社，1966年。

嵯峨隆『アジア主義全史』筑摩書房，2020年。

佐藤能丸『明治ナショナリズムの研究——政教社の成立とその周辺』芙蓉書房出版，1998年。

中野目徹『政教社の研究』思文閣出版，1993年。

長妻三佐雄『三宅雪嶺の政治思想——「真善美」の行方』ミネルヴァ書房，2012年。

西田毅・和田守・山田博光・北野昭彦編『民友社とその時代——思想・文学・ジャーナリズム
　　集団の軌跡』ミネルヴァ書房，2003年。

米原謙『近代日本のアイデンティティと政治』ミネルヴァ書房，2002年。

和田守『近代日本と徳富蘇峰』御茶の水書房，1990年。

第5章　教育勅語の制定とその余波

小沢三郎『内村鑑三不敬事件』新教出版社，2004年。

海後宗臣『海後宗臣著作集　第10巻　教育勅語成立史研究』東京書籍，1981年。

関皐作編『井上博士と基督教徒　正・続』みすず書房，1988年。

平山洋『大西祝とその時代』日本図書センター，1989年。

吉馴明子『海老名弾正の政治思想』東京大学出版会，1982年。

第6章　二つの戦争と「戦後」／天皇制をめぐる「正統」と「異端」

大濱徹也『庶民のみた日清・日露戦争——帝国への歩み』刀水書房，2003年。

大河内一男『幸徳秋水と片山潜——明治の社会主義』講談社，1972年。

神崎清『革命伝説　大逆事件（全4巻）』子どもの未来社，2010年。

千葉功『南北朝正閏問題——歴史をめぐる明治末の政争』筑摩書房，2023年。

長尾龍一『日本憲法思想史』講談社，1996年。

山室信一『日露戦争の世紀——連鎖視点から見る日本と世界』岩波書店，2005年。

第7章　国際状況の変化と「デモクラシー」

上田美和『石橋湛山論——言論と行動』吉川弘文館，2012年。

王柯編『辛亥革命と日本』藤原書店，2011年。

鹿野政直『沖縄の淵——伊波普猷とその時代』岩波書店，2018年。

田澤晴子『吉野作造と柳田國男——大正デモクラシーが生んだ「在野の精神」』ミネルヴァ書房，

2018年。

松尾尊兊『民本主義と帝国主義』みすず書房，1998年。

松本三之介『吉野作造』東京大学出版会，2008年。

三谷太一郎『大正デモクラシー論――吉野作造の時代（第3版）』東京大学出版会，2013年。

望月詩史『石橋湛山の〈問い〉――日本の針路をめぐって』法律文化社，2020年。

第8章　女性の地位向上と社会主義運動の高揚

今井小の実『社会福祉思想としての母性保護論争――"差異"をめぐる運動史』ドメス出版，
　　2005年。

梅森直之『初期社会主義の地形学――大杉栄とその時代』有志舎，2016年。

黒川伊織『帝国に抗する社会運動――第一次日本共産党の思想と運動』有志舎，2014年。

香内信子編集・解説『資料母性保護論争』ドメス出版，1984年。

進藤久美子『ジェンダーで読む日本政治――歴史と政策』有斐閣，2004年。

第9章　「不安」と「不満」の時代／「自由主義」論争

石田雄『日本の政治と言葉　上――「自由」と「福祉」』東京大学出版会，1989年。

上田貞次郎『上田貞次郎全集　第7巻』上田貞次郎全集刊行会，1976年。

上田美和『自由主義は戦争を止められるのか――芦田均・清沢洌・石橋湛山』吉川弘文館，
　　2016年。

河合栄治郎『河合栄治郎全集　第12巻』社会思想社，1968年。

スピルマン，クリストファー．W．A．『近代日本の革新論とアジア主義――北一輝，大川周
　　明，満川亀太郎らの思想と行動』芦書房，2015年。

筒井清忠『二・二六事件とその時代――昭和期日本の構造』筑摩書房，2006年。

萩原稔『北一輝の「革命」と「アジア」』ミネルヴァ書房，2011年。

福家崇洋『満川亀太郎――慷慨の志猶存す』ミネルヴァ書房，2016年。

松井慎一郎「自由主義」，山口輝臣・福家崇洋編『思想史講義【戦前昭和篇】』筑摩書房，2022
　　年。

松沢弘陽「自由主義論」，『岩波講座　日本通史　第18巻』岩波書店，1994年。

山本義彦編『清沢洌評論集』岩波書店，2002年。

渡辺京二『北一輝』筑摩書房，2007年。

第10章　国内改造論の諸相／「大東亜戦争」の時代

石井知章・小林英夫・米谷匡史編『一九三〇年代のアジア社会論――「東亜協同体」論を中心
　　とする言説空間の諸相』社会評論社，2010年。

植村和秀『「日本」への問いをめぐる闘争――京都学派と原理日本社』柏書房，2007年。

大橋良介『京都学派と日本海軍――新史料「大島メモ」をめぐって』PHP研究所，2001年。

片山杜秀『近代日本の右翼思想』講談社，2007年。

酒井哲哉『近代日本の国際秩序論』岩波書店，2007年。

鈴木貞美『近代の超克――その戦前・戦中・戦後』作品社，2015年。

橋川文三『日本浪曼派批判序説』講談社，1998年。

廣松渉『「近代の超克」論──昭和思想史への一視角』講談社，1989年。

第Ⅱ部　現代の 政治思想

第1章　「戦後」の始まり
宇野重規『日本の保守とリベラル──思考の座標軸を立て直す』中央公論新社，2023年。
久野収・鶴見俊輔・藤田省三『戦後日本の思想』岩波書店，2010年。
古関彰一『日本国憲法の誕生』岩波書店，2017年。
姜克實『石橋湛山の戦後──引き継がれゆく小日本主義』東洋経済新報社，2003年。
都築勉『戦後日本の知識人──丸山眞男とその時代』世織書房，1995年。

第2章　独立日本の針路
河出書房新社編『福田恆存──人間・この劇的なるもの』河出書房新社，2015年。
奥武則『論壇の戦後史──一九四五─一九七五』平凡社，2018年。
大嶽秀夫『再軍備とナショナリズム──戦後日本の防衛観』講談社，2005年。
竹内洋『革新幻想の戦後史　下』中央公論新社，2015年。
山本昭宏『教養としての戦後〈平和論〉』イースト・プレス，2017年。

第3章　「戦後」の変容
ケネス・ルオフ『国民の天皇──戦後日本の民主主義と天皇制』高橋紘監修，木村剛久・福島
　　睦男訳，岩波書店，2009年。
中央公論編集部編『中央公論特別編集　江藤淳1960』中央公論新社，2011年。
趙星銀『「大衆」と「市民」の戦後思想──藤田省三と松下圭一』岩波書店，2017年。
中島岳志・平山周吉監修『江藤淳──終わる平成から昭和の保守を問う』河出書房新社，2019
　　年。
日高六郎編『1960年5月19日』岩波書店，1960年。

第4章　「戦後民主主義」の問い直し
大熊信行『日本の虚妄──戦後民主主義批判』論創社，2009年。
清水靖久『丸山真男と戦後民主主義』北海道大学出版会，2019年。
中村政則・天川晃・尹健次・五十嵐武士編『戦後日本　占領と戦後改革4　戦後民主主義』岩
　　波書店，1995年。
根津朝彦『戦後『中央公論』と「風流夢譚」事件──「論壇」・編集者の思想史』日本経済評
　　論社，2013年。
山本昭宏『戦後民主主義──現代日本を創った思想と文化』中央公論新社，2021年。

第5章　歴史認識をめぐって
赤澤史朗『靖国神社──「殉国」と「平和」をめぐる戦後史』岩波書店，2017年。
加藤典洋『敗戦後論』講談社，1997年。
賀茂道子『ウォー・ギルト・プログラム── GHQ 情報教育政策の実像』法政大学出版局，

　　2018年。

熊谷奈緒子『慰安婦問題』筑摩書房，2014年。

上丸洋一『『諸君！』『正論』の研究——保守言論はどう変容してきたか』岩波書店，2011年。

高澤秀次『江藤淳——神話からの覚醒』筑摩書房，2001年。

高橋哲哉『「歴史認識」論争』作品社，2002年。

高橋哲哉『戦後責任論』講談社，1999年。

波多野澄雄『日本の歴史問題——「帝国」の清算から靖国，慰安婦問題まで』中央公論新社，
　　2022年。

第6章　日本のフェミニズム

「アグネス論争」を愉しむ会編『「アグネス論争」を読む』JICC 出版局，1988年。

井上輝子『日本のフェミニズム——150年の人と思想』有斐閣，2021年。

江原由美子『増補　女性解放という思想』筑摩書房，2021年。

鹿野政直『婦人・女性・おんな——女性史の問い』岩波書店，1989年。

松井久子編『何を怖れる——フェミニズムを生きた女たち』岩波書店，2014年。

松井やより『女性解放とは何か——女たちの団結は力強く，国境を越える』未來社，1975年。

執筆者紹介

（①所属・職位，②主要業績，③担当章）

長谷川一年（はせがわ　かずとし）

①同志社大学法学部教授

②「ジュリアン・バンダの政治思想──理性主義のリミットとしての」『同志社法学』
　　第440号，2023年。

　　『国民とは何か』（翻訳）講談社，2022年。

　　『混沌の共和国──「文明化の使命」の時代における渡世のディスクール』（共著）
　　ナカニシヤ出版，2019年。

③西洋編第Ⅰ部第 **5 ～ 8** 章，西洋編第Ⅱ部第 **5・6** 章，西洋編第Ⅲ部第 **2・3** 章

竹島　博之（たけしま　ひろゆき）

①東洋大学法学部教授

②『政治リテラシーを考える──市民教育の政治思想』（共著）風行社，2019年。

　　『原理から考える政治学』（共編著）法律文化社，2016年。

　　『土着語の政治──ナショナリズム・多文化主義・シティズンシップ』（共訳・監訳）
　　法政大学出版局，2012年。

③西洋編第Ⅰ部第第 **1 ～ 4** 章，西洋編第Ⅱ部第 **1・2・8** 章，西洋編第Ⅲ部第 **1** 章

萩原　稔（はぎはら　みのる）

①大東文化大学法学部教授

②『近代日本の対外認識Ⅰ・Ⅱ』（共編著）彩流社，2015年・2017年。

　　『大正・昭和期の日本政治と国際秩序──転換期における「未発の可能性」をめぐっ
　　て』（共編著）思文閣出版，2014年。

　　『北一輝の「革命」と「アジア」』ミネルヴァ書房，2011年。

③日本編第Ⅰ部第 **1 ～ 4・6 ～ 10** 章，日本編第Ⅱ部第 **5** 章

望月　詩史（もちづき　しふみ）

①同志社大学法学部准教授

②『思想史講義』（共著）筑摩書房，2022年。

　　『「戦後民主主義」の歴史的研究』（共編著）法律文化社，2021年。

　　『石橋湛山の〈問い〉──日本の針路をめぐって』法律文化社，2020年。

③日本編第Ⅰ部第 **5・9** 章，日本編第Ⅱ部第 **1 ～ 4・6** 章

村田　陽（むらた みなみ）

①日本学術振興会特別研究員 PD，京都大学経済学研究科特定研究員（学振 PD）

②「ギリシアへの陶酔──ジョージ・グロートとジョン・スチュアート・ミルのアテ
　　ナイの民主政論」『政治思想研究』第23号，2023年。

　　"John Stuart Mill and Political Reform: Responses to Bentham and Grote", *Revue
　　d'études benthamiennes*, Vol. 16, 2019.

③西洋編第Ⅱ部第 **3**・**4**・**7**・**9** 章，西洋編第Ⅲ部第 **4** ～ **7** 章

Horitsu Bunka Sha

政治思想史
──西洋と日本の両面から学ぶ

2024年3月15日　初版第1刷発行

著　者	長谷川一年・竹島博之
	萩原　稔・望月詩史
	村田　陽

発行者　畑　　光

発行所　株式会社 法律文化社

〒603-8053
京都市北区上賀茂岩ヶ垣内町71
電話075(791)7131　FAX 075(721)8400
https://www.hou-bun.com/

印刷／製本：西濃印刷㈱
装幀：白沢　正

ISBN 978-4-589-04310-8

出原政雄・長谷川一年・竹島博之編

原理から考える政治学

A5判・236頁・3190円

領土紛争，原発政策，安保法制，格差・貧困など危機的状況にある現代の政治争点に通底する政治原理そのものに着目し，原理と争点を往復しながら，改めて具体的争点を解き明かす。目前の政治現象への洞察力を涵養する。

大井赤亥・大園　誠・神子島　健・和田　悠編

戦　後　思　想　の　再　審　判
―丸山眞男から柄谷行人まで―

A5判・292頁・3300円

戦後思想はどのようにして生まれ，展開し，何を遺してきたのか。これまでの知見をふまえ，戦後日本を代表する12人の論者の思想と行動の検証を通じて，戦後思想を体系化し，見取図を示す。いまリアリティを増しつつある戦後思想の継承と再定位の試み。

望月詩史著

石　橋　湛　山　の　〈　問　い　〉
―日本の針路をめぐって―

A5判・272頁・6600円

戦前は東洋経済新報社の記者として活躍，戦後は政治家に転身して大蔵大臣，通商産業大臣，総理大臣を歴任した石橋湛山。彼の思想を思考方法から読み解くことで，「小日本主義」として体系化されてきた従来の湛山論とは異なる人物像をあぶりだす。

出原政雄・望月詩史編

「戦後民主主義」の歴史的研究

A5判・304頁・7260円

「戦後民主主義」とは何か。自由民権から大正デモクラシーに至る戦前の民主主義の思想と，戦後知識人や女性史の観点からみる戦後の民主主義の思想の分析を通じて，「戦後民主主義」の内容・特質を探求する。

出原政雄編

戦後日本思想と知識人の役割

A5判・416頁・9350円

戦前・戦中と戦後の間にみられる断絶と継続という問題意識から，講話や外交・天皇制等が熱く論じられた1950年代に注目。時代の変革をめざす「知識人」たちが，人権・平和などの課題とどう格闘してきたのかを分析する。

――法律文化社――

表示価格は消費税10％を含んだ価格です